我还是更喜欢失败者

十三邀 1

"我还是更喜欢失败者"

许知远 著

广西师范大学出版社

·桂林·

图书在版编目（CIP）数据

十三邀.1,我还是更喜欢失败者/许知远著.——
桂林：广西师范大学出版社，2021.1（2023.5重印）
ISBN 978-7-5598-3343-3

Ⅰ.①十…　Ⅱ.①许…　Ⅲ.①名人－访问记－
中国－现代　Ⅳ.①K820.7

中国版本图书馆CIP数据核字（2020）第203547号

SHISAN YAO
十三邀1：我还是更喜欢失败者

作　　者：许知远
责任编辑：王辰旭
特约编辑：徐　露　胡晓镜　苏　骏
装帧设计：山　川
内文制作：陆　靓

广西师范大学出版社出版发行

　广西桂林市五里店路9号　邮政编码：541004
　　网址：www.bbtpress.com
出版人：黄轩庄
全国新华书店经销
发行热线：010-64284815
北京华联印刷有限公司印刷
开本：889mm×1194mm　1/32
印张：12.375　字数：300千字
2021年1月第1版　2023年5月第6次印刷
定价：60.00元

如发现印装质量问题，影响阅读，请与出版社发行部门联系调换。

自序

意外的旅程

许知远

"那么，你最想见到谁？"

我至今清晰记得，2015年初夏的那个午后，在花家地一幢小楼的杂乱会议室里，李伦、王宁、朱凌卿坐在我对面，和我讨论一档访谈节目的可能性。

这是一个意外的邀请。彼时，我正为创业兴奋与忧心，与朋友苦苦支持了十年的小书店，得到了一笔风险投资，它给我们带来希望，以及更多的烦恼。我在小业主与作家之间摇摆，后者的日益模糊令我不安。我亦对自己的写作不无怀疑，我喜欢的一整套价值、修辞在这个移动互联时代似乎沉重、不合时宜。

这个时刻，他们出现了。尽管只匆匆见过，我对他们有本能的信任。李伦谦和、富有方向感；王宁敏锐、细腻；总斜身半躺在椅子上的小朱，笑声过分爽朗，总有惊人之语。

我没太认真对待这个提议。不过，倘若有些事能把我从办公室中解救出来，却不无诱惑。而且，我总渴望另一种人生，水手、银行家或是一个摇滚乐手，总之不是此刻的自己。采访是满足这种渴望的便捷方式，在他人的故事中，我体会另一种生活，享受暂时遗忘自我之乐。年轻时代的阅读中，法拉奇、华莱士更是传奇式的存在，他们将对话变成一个战场、一幕舞台剧。

在一张打印文件的背面，我胡乱写下了几个名字：哈贝马斯、周润发、黑木瞳、莫妮卡·贝鲁奇、王朔、陈冲、比尔·盖茨、奥尔罕·帕慕克、陈嘉映……他们皆在我不同的人生阶段，留下鲜明印记。他们对这串名字颇感兴奋，小朱摇晃着脑袋，说这不是十三不靠吗？

节目就这样半心半意地开始了。它定名为"十三邀"，每一季发出十三次邀请，或许，它们也能构成一次意外的和牌。

我将之当作生活的调剂，每当我因公司管理与梁启超传的写作窒息时，就去拍摄节目。打印纸背面的名单无法立刻实现，我们努力去寻找每一个富有魅力的灵魂。他们大多是各自领域的杰出人物——小说家、哲学家、成功的商人、武术名家、导演、演员，令人不安的是，娱乐界占据着过大的比例，这不仅因为他们有丰富的故事可供讲述，也缘于他们可能带来的影响力，一个娱乐至死的年代。我多少期待借助这种影响力，对知识分子日渐边缘的趋势作出某种报复。

我和他们穿过三里屯街头、在桂林吃米粉、在无人的电影院里吞云吐雾，还在九龙的武馆里练习咏春拳……最初的目的开始退隐，我越来越被探访过程吸引，我喜欢和他们时而兴奋、时而不咸不淡的交谈，一些时候甚至陷入不无窘迫的沉默。沉默，与言说同样趣味盎然。

这个尝试比原想的更富诱惑。不管多么自以为是，你都不能通过几个小时的相处，就声称理解另一个人。但谈话自有其逻辑，它逼迫双方勾勒自己的轮廓、探视自己的内心。在陌生人面前，人们似乎更易袒露自己。

镜头令我不安，它充满入侵性，尤其在人群中，我尤为不适。我也害怕屏幕上的自己，远离后期制作，也从未看过一期节目，心中亦多少认定，这并非是我的作品。但我对影像产生了新的兴趣，那些无心之语、一点点尴尬、偶尔的神采飞扬，背后的墙壁上的花纹，皆被记录下来，它提供了另一种文本。比起写作，它也是一种更即兴的表达，带来意外的碰撞与欣喜。

我意识到，它逐渐成为我生活的一部分。镜头也没那么讨厌了，它给交谈带来正式感，令彼此的表达更富逻辑与结构。也借助镜头，我的经验范围陡然增加，一些时候，甚至是梦幻的。是的，哈贝马斯与贝鲁奇尚未见到，但我的确与坂本龙一在纽约街头闲逛，在东京与黑木瞳喝了杯酒，与陈冲在旧金山海边公园的长椅上闲坐。

我同样不会想到，在薇娅的直播间卖货，置身于一群二次元少女之中，听罗振宇讲他的商业之道。当接触到这一新的时代精神时，我发现没有看起来那么新，亦不像我想的那样浅。

相遇拓展了感受，又确认了身份。当面前所坐是西川、项飙、陈嘉映时，我清晰地意识到，自己的热情更为高涨，表达更为流畅，期待这谈话不会结束。而吴孟达、蔡澜又让我感受到另一种人生态度，智性与生活之滋味，缺一不可。

我亦遭遇到崭新的困扰，被卷入大众舆论的旋涡。作为一个习惯藏在文字背后的写作者，这实在是个令人焦灼的时刻，我觉得自己掉入了泥潭。偶尔，我也陷入自我怀疑，是不是不该进行这个尝试。

短暂的动摇后，一切反而坚定起来。它还带来一种意外的解放，我愈发意识到表现（performance）的重要性。倘若观念得到恰当的表现，它的影响将更为深远。书写也是多向度的，文字只是其中之一，声音、画面、空间也同样重要。

这些对话以四卷本的形式出现在眼前时，给我带来另一种慰藉。我的印刷崇拜再度被唤醒，似乎认定唯有印在纸上，才更可能穿越时间。比起节目，它更像是我的个人作品，我们的对话也以更全面的样貌展现出来。

感激也在心中蔓延。我常对李伦与王宁颇感费解，他们对我的盲目信任从何而来。作为制片人的朱凌卿，尽管常有混乱与饶舌之

感，但他的敏锐与判断力，常与我心有灵犀。从小山、刘阳、新力
到继冲、正心、学竞、龙妹，我喜欢与导演和拍摄团队四处游荡，
在路边摊喝啤酒。很多时刻，我们有一种家人式的亲密，正是这种
亲密与信任，驱动着这个节目。需要感谢的同事们众多，我无法
一一列举。雷克萨斯的 Kevin 与 Kathy，亦要特别致谢，当 Kevin
说最钟爱寻找谭嗣同一期时，我感到得觅知音的庆幸。我还暗暗期
待，这个节目能延续到第十季、第二十季，如果可能，至少有三十
季，邀请每一个人参与对自己时代的理解。腾讯新闻始终是最值得
信赖的合作伙伴。

　　范新给出了出版的提议，并笃信这套书能折射时代心灵。刘婧、
晋锋、丹妮、陈麟、明慧和一页团队的编辑们皆参与了编辑与整理。
他们都深知，对我来说，一本书永远意味着最隐秘的欢乐。节目的
不足，我尚可推诿给导演团队，这本书的瑕疵、错漏，则全归于我。

推荐序

礼物般的交谈时光

陈冲

许知远第一次在上海采访我的时候，我也许是有所保留的，那时我还不认识他。如果现在重新做一回是否会更好些？不过从陌生到了解的过程应该也是有趣的吧。忘了那次我们具体聊到了些什么书，但我清晰记得当时的那份惊喜和感动——这个比我小十几岁的人居然也爱老书——那些我年轻时代迷恋的东西，不，那些我至今仍然迷恋的东西。

2019年的春天他来旧金山，我们一起去了一家叫"绿苹果"的书店，这个不起眼的地方是我在这座城市的圣所。美国的商店一般关得早，但"绿苹果"开到晚上十点半，我喜欢晚饭后来这里逗留，在旧书堆里慢慢翻阅，那些悠哉悠哉的时光是幸福的。孩子们还小的时候，我常带她们来这里买书，后来大些了，她们就把看过后不再需要的书拿回书店去卖掉、捐掉或换新书，呵，那都是在她们发现亚马逊之前。许知远那天跟我在"绿苹果"的书架间闲逛，随意聊着各自喜欢的书籍，一份默契感油然而生，对于生性慢熟的我来说这是很少有的。

后来，我们的对话也经常从书开始。我在泰国拍戏的时候，正逢雨季，雨水蒙住了窗外面的湄南河，把我像蚕蛹一样裹在屋里阅读、听音乐，与世隔绝。接连不断的倾盆大雨让我想起毛姆的精湛短篇《雨》，就跟许知远聊起了毛姆在东南亚和太平洋岛屿写下的一系列悲剧，都是关于亚寒带的欧洲人到了融化与腐蚀一切的热带后的生活。也许我俩都属于那种有古典情怀的人吧，从毛姆的作品，我们聊到悲剧的价值。古希腊思想家亚里士多德认为，只有在悲剧中灵魂才得以洗礼和升华，它是人类精神生活的必要部分，而今天，悲剧作为一个剧种被误认为是负能量。

记得那天我还给许知远发了我酒店的照片，他说很像他在仰光时住过的 The Strand[1]，那是他十分喜爱的殖民地式建筑。说到他的仰光之旅，又让我联想起他写的游记，其中提到了我非常欣赏的作者奈保尔。许知远说奈保尔是他的最爱，深刻影响了他观察世界的方法。就这样，我们的对话从毛姆的殖民地作品绕到了奈保尔的后殖民地作品——两个截然不同的人生和时空，两个针锋相对的视角和风格。我们似乎总是这样，问一下互相在看的书，然后漫不经心地闲聊，有一搭无一搭的，却也说出了不少内心深处的感想。

其实，从上海第一次采访到现在近两年的时间里，我也只见过许知远两回，但是他似乎已经成了一位老朋友。或者用他的话说，是两个小朋友在聊天，傻乎乎的，特开心。或者说得严重一点，我们是为同一种精神而欣喜，同一种人格而坚持，同一种逝去而悲哀；我们是被同一种情操所感染，同一种养料所滋润，同一种温暖所安抚……

人生轨迹中有无数擦肩而过的陌路人，偶尔我们幸运地跟另一条轨迹志同道合一段，也许是半辈子，也许是半天，也许是半小时，都是礼物，值得珍惜。

1　The Strand（斯特兰德酒店）位于仰光市中心，是一家维多利亚风格的百年五星级酒店。

目

录

1950 年　生于陕西西安

1978 年　进入北京电影学院摄影系学习

1987 年　执导第一部电影《红高粱》，次年获柏林国际电影节金熊奖，此后执导的《菊豆》
　　　　《大红灯笼高高挂》《秋菊打官司》《活着》等影片屡获各大电影奖项

2002 年　转型执导商业片，曾两次刷新中国电影票房纪录、四次夺得年度华语片票房冠军

2008 年　担任北京奥运会开幕式和闭幕式总导演，获得当年的影响世界华人大奖

2015 年　筹拍好莱坞电影《长城》

2017 年　执导动作电影《影》，获金马奖最佳导演奖

扫码观看视频

张艺谋

我们都是时代的产物，
但我愿意去做各种尝试

Chapter 01

难忘那碗油泼面。

敦煌的郊外，张艺谋正在拍摄一部新片。我坐在监视器背后，看他指挥现场，一次次重来。主演的表情不对，厨师的身手变形，群演的队形过分稀疏，我只看到显示屏上的人的移动，他却分辨出每一个细节。他还用对讲机不断地追问，饭怎么样了，大家何时可以吃饭？他面面俱到，尽管助理都在身旁，他却事事操心。

午休时，我们在一个集装箱式的房车中吃油泼面，陕西人最钟爱的一种食物。他精力过分旺盛，滔滔不绝，一上午的工作似乎对他毫无影响。他也坦诚，问到林妙可事件，他如实回答，也流露出一丝懊恼。

与很多人一样，我对张艺谋抱有怀疑。这位八十年代的文化英雄，似乎过分响应时代。在一个反思的年代，他拍摄《红高粱》；在国际市场好奇于中国故事时，他导演了《活着》《秋菊打官司》；当中国市场成熟后，《英雄》《十面埋伏》又出现了。他还从一个电影导演，变成了奥运会开幕式的总导演。

过去四十年，没人比他更能象征艺术家与时代力量之关系。他获得了世界性的名声，也遭受种种误解，但没人能质疑他的生命力与创造力。四十年来，没人像他一样，即使在高度受限的环境下，仍做出如此广泛的尝试。

当我前往咸阳陕棉八厂——他度过青年时代的地方，听他的老朋友谈及往事时，对他的挣扎和妥协多了些了解。

我不排斥商业片，
因为我们处在一个新的时代

许知远：刚才在楼下看了会儿你的电影的海报，这些海报跨越了几十年的时间长度陈列在一起，很惊人。你自己每次走过有什么感觉？

张艺谋：我都习惯了。这是个国际传统，我去斯皮尔伯格那儿，去那些美国大导演的工作室，还有大的电影公司，他们的走廊和办公室主要挂的就是电影海报，从三四十年代一直到今天。也不是臭美，也不是炫耀，这好像就是一个电影圈的传统。

许知远：我很少看到什么地方挂着费穆或者谢晋的电影海报。

张艺谋：国内的老电影海报很少，我们好像喜欢新鲜的，喜欢时髦的。

许知远：你记得自己看的第一部电影是什么吗？

张艺谋：那忘了，小时候和爸爸妈妈看的。清晰记得的就是"文革"时候了，那时候看得比较多的是"三战"——《南征北战》《地道战》《地雷战》。印象最深的就是朝鲜的那部《卖花姑娘》，我的天啊，全场哭成一片。

许知远：那是哪一年？

张艺谋：七十年代，"文革"后期了。还有就是高仓健，那时候他成了男性荷尔蒙的代名词——硬汉，酷，沉默寡言的酷。他是我的偶像，有幸在他生前还能合作一次。

许知远：跟他接触后，对他是什么感觉？

张艺谋：中国古代那种士的精神，全部体现在他身上。每一次见面，无论你多早去，他已经在楼下守候。晚上，老先生七十多了，在角落里候着——因为他是公众人物嘛——你的车一停，他就从角落出来，远远地在灯光下给你鞠躬。送你也是这样。

《千里走单骑》是我第一次站着拍完的一部电影，因为老先生一直都是站着的。我说没有您的戏，您坐旁边休息。他说"不，对这份工作，我永远怀着敬畏之心，所以我工作时候都是站着的"。我特别惊讶，就让摄制组把凳子全部拿掉，我们陪他站着拍完这部电影。

再说个小例子，比如今天你最后一个镜头拍完了，你先回去休息，这是天经地义的，在全世界，在我合作过的所有的演员里，都是这样的。我也这样和他说了，然后我们开始扫尾，突然一扭头，暮色中，老先生远远地在那树底下站着。我马上把制片叫过来，准备发脾气。制片说，不是，他说大家都在工作，他不能休息，但是又不能打扰导演，所以一直站在远处等待。我心里边那种感觉真是说不上来。拍完，撤队，他朝大家一个一个鞠躬，最后才上车。

他是个老派的日本人。

许知远：老派绅士。

张艺谋：在日本，都叫他电影皇帝，他在日本的地位简直和天皇一样。比如我和他在咖啡厅聊天，从大堂经过的日本人，只要认出他来的，都会走到距离十几米的地方给他鞠个躬，有年轻人，有老人，鞠完就走，不打扰他。我能看见，他背对着看不见，他完全不知道。他在日本就是这样的地位。

许知远：你觉得一个人有这么强的秩序，既是外在也是内在的秩序，对人的创造力会是什么样的影响呢？

张艺谋：我觉得这是他的一种习惯，我看他自己都是不经意的。有一次我们要拍监狱的戏，和云南监狱商量后，他们拉来了几十个年轻一点的犯人，所以《千里走单骑》里的都是真犯人。每个人都签了字，愿意出演，监狱也很支持，让他们来接受教育似的。演了几天后，老先生才知道他们是真犯人，拍摄结束的时候，他突然提出，想跟他们说几句话。他说"我这一生，从来没有主动要求讲过话，我想讲几句话"。在我印象中，才说了几句，老爷子就泣不成声。他说，"我从来没有这样的经历，你们来给我做群众演员，我们是有缘分的人，你们还很年轻，希望你们日后会好好改造"，等等，大概这类勉励的话。我第一次看到一个老人这样捂着脸抽泣，他说不下去了，于是就一直在说感谢你们、感谢你们。他就是想谢谢他们。我们组一百多人都哭了。他对人的那种爱，会让你很感动，在他身上你会看到很多很多这样古典的风骨。

许知远：那你跟美国演员合作，比如说马特·达蒙，又是什么感觉呢？

张艺谋：他们是另外一种风格的。我有很多这样的经历，比如拍《长城》时，会面试很多演员，其中面试的一个是"超人"[1]，他老兄在一个东欧国家正拍着戏呢，跟我们的制片人说要飞过来面试，当天还得飞回去。而且他是一个人从机场过来的，没有带任何人，就自己来的。包括《达拉斯买家俱乐部》的那个男演员马修·麦康纳[2]，刚刚拿了奥斯卡奖，也来参加面试。包括马特·达蒙，我

---

1 此处指美国漫威电影《超人：钢铁之躯》中的主演亨利·卡维尔。

2 马修·麦康纳，美国著名男演员，2014年凭借《达拉斯买家俱乐部》获得奥斯卡最佳男主角。

以前见过他，也一定要跟我谈一下，每次到现场来都是一个人，从来没有前呼后拥。这一点我体会很深，在我们中国恐怕不会这样，大演员还得面试啊，你面试陈道明？你面试葛优？天下谁人不识君啊，不面试了吧。而欧美的电影明星全部都要面试。对他们，这就是一种规矩、制度，他们的心态也都很平常。

许知远：你期待中国建立对应的制度吗？

张艺谋：我觉得我们还是需要慢慢形成这样的行业规矩。这种规矩不是强制性的，而是行业里默认遵守的。当然好莱坞也要分两面看，我刚才跟你讲的是他们行业规矩、做人上比较严谨的一面，但是也有我很不喜欢的。国内很多人还不了解，一直推崇说要推行好莱坞的制片人化，但我自己走进好莱坞以后，很不喜欢那儿的制片人制度。

许知远：说得具体一点呢？

张艺谋：就是你的创作不自由。我在那儿拍《长城》拍了三年，非常怀念在中国做导演的日子。

许知远：这个片子应该是制片人主导的吧？

张艺谋：对，公司主导。主要是看投资，如果是低成本的、独立制片的电影，导演有很大的主导权。如果是一亿五到两亿美金以上的这种爆米花大制作，就是公司主导。八大公司基本上都是这样。我觉着不舒服，制约特别多，管得很细。它不是对你不尊重，不是对你不信任，制度就是这样。

许知远：当时为什么会接这部电影？

　　张艺谋：接《长城》，我都知道它是个老剧本，而且没有太大意思，写的中国也不像中国，工业爆米花，我不想接。后来经纪人跟我说，你想没想过，一部中国电影，在全世界一百五十个国家首周上影，同时开花，你想没想过这件事情？你愿不愿意有这样一个机会，这可是个中国电影啊。如果你不接，你可能就没有这个机会了，日后也不一定有。于是就心动了，那就试一下吧，结果一拍三年半。

　　许知远：在这么一个大型的爆米花电影制作中，现在回忆起来最重要的收获是什么？

　　张艺谋：我们一直把好莱坞挂在嘴边，但没有一个人曾这么近距离地走近它，做一个这样的重工业产品，包括和美国的工业光魔[1]、新西兰的维塔公司[2]这两家全世界顶尖的特效公司也合作了两年多。我长了很多的见识，但同时也看到其中的糟粕，看到我们的优势，人就会清醒很多，最后才得出结论——其实是一个大白话——做回自己。我把三年多的时间搭在那个电影上，最后大家一片骂声，我觉着我就是得出这么一句话。

　　许知远：票房上并不成功，对你来说有什么直接的感觉吗？

　　张艺谋：那没有。它的票房不会有那么大的爆发，在很大程度上是两个原因，第一，毕竟是一个十几年以前的老剧本，是投资人自己喜欢的剧本，它带有那种老式中外合拍片的陈旧劲儿，而且导演没法改，没这个权力。第二就是，它是个中国故事。坦率地说，

1　工业光魔公司是美国导演乔治·卢卡斯为拍摄第一部《星球大战》于 1975 年专门建立的特效公司，从此开创了电影特效行业。

2　维塔数码是新西兰导演彼得·杰克逊创立的电影特效公司，随后由于《指环王》的轰动效应而名声大振。

即便搭乘好莱坞这辆车，又是马特·达蒙主演，但由于它是个彻头彻尾的中国故事，你还是会感觉到，即使在全世界一百五十个国家上映，也不会成为爆款，陌生性太多。所以我觉得很正常，基本上打平也就可以了。在他们来说也是做了一个尝试。

许知远：刚才说，这三年让你感觉到要重新做自己，这种感觉具体是指什么呢？

张艺谋：其实我们出门之前也知道要做自己，道理都知道，但体会不同。大伙儿老是这山看着那山高，你做一次就清楚了。回来之后，你更是知道要做自己。商业的东西，爆米花的东西，三亿美金五亿美金，都没问题，导演其实也常常看客下菜，根据你的剧本，根据你的投资，根据你所感兴趣的东西，尽量把作品拍出自己的特点来。

许知远：会担心自己对电影的某种朴素的想法或者处理方式消失吗？

张艺谋：不会，我从《英雄》开始拍商业电影就被诟病，堕落了，退步了。我自己其实很清楚，以前的电影它就在你的心里头，它是你的成长经历，你转过来还可以再去拍那些东西。只是我自己认为还是要学习拍商业电影，而且要积累拍商业电影的经验。商业电影是另一种类型，从娱乐的角度走近大众，我从来不排斥它，因为我们处在一个新的时代。

我不是一个才华型的导演，
我是一个用功型的导演

许知远：你怎么评价《影》呢？包括它的缘起？

张艺谋：《影》我觉得是一部很有特点的电影，从古装类型上看很有特点。首先我自己很喜欢替身的故事，缘起就是三四十年前看黑泽明的《影武者》。

许知远：我也特别喜欢。

张艺谋：故事很有趣，黑泽明也是我喜欢的导演。我倒不是说一定要迷恋这样一个经典作品，而是当年我就想，中国也有替身，古往今来，一定有，但中国拍替身的电影很少，我将来也许能拍一个。后来这十年、二十年，古装戏拍得一套又一套，重拍又重拍，一直没人拍过替身，如果真的有某个导演拍出来了，也许我就不拍了。所以我把朱苏进这个小说[1]拿来，彻底改成了一个以替身为主的故事。通常这种古装戏就是宫斗，帝王将相，才子佳人，写来写去，就是一个贵族阶层的游戏。《影》这个故事，我认为主角是个平民，是个草根，这点我喜欢。它脱离了权谋，脱离了老一套古装戏的规范性主题，我喜欢这个。

许知远：但电影里权谋又无处不在，以至于这个草根的平民又变成一个新的权谋化身。

张艺谋：对，也许是这样，天使和魔鬼只隔着一层，它最后是

1　此处指著名作家、编剧朱苏进的小说作品《三国·荆州》。

一个开放式的结尾。所以我很喜欢那个面具扣到子虞脸上，他知道这个面具扣下来意味着什么。我倒觉得这个身份转换是有趣的，这是一个现代命题，从头到尾这个人都在问我是谁，我到底是谁。这种身份确认，是一个久远的现代哲学命题。我就是想拿一个古装戏来做我自己喜欢的命题。

许知远：刚刚提到面具，它是某种隐喻，对你来说，那个面具是什么呢？

张艺谋：我认为我从来不太装，我没有玩太多的面具，是大家给我很多面具。也不叫面具，那是一种印象，通过媒体，大家建立一种印象。其实没事，那都很正常，你不可能天天把自己弄成纪录片让大家看。

许知远：你对个人身份产生过哪些特别重要的困惑？现在还困惑吗？

张艺谋：我不困惑，我只是有很多次的庆幸。像我两个弟弟都是退休工人，我当年的伙伴也都退休了，而且就是普通工人退休。我本来也在工厂待了七年，家庭出身也不好，没有机遇。没有各种偶然性，就没有我。我常常倒回去想，当年如果不是这样子，不是那样子，我会做什么呢？我是谁呢？那就看我周围好了，我会是他们当中的一个。我的很多能力是后天激发出来的，被验证和锻炼出来的，然后突然发现，自己好像还有一些这样那样的能力，但不会沾沾自喜，我永远知道自己从哪儿来的。

许知远：拍了这么多年，你觉得你的电影里打动每一代观众的到底是什么？如果可以抽象表达的话。

张艺谋：我觉得是情感。可能影评人愿意讲一些道理，但我认为对普通人来说是情感。无论是亲情，爱情，还是家国情怀，任何情，哪怕是思辨带来的情感波动，最终都是情感。

许知远：随着时代的不同，情感会发生变化吗？

张艺谋：当然，细节不同，但我觉得在大的方面，人类都是一样的。全世界永远演绎着不同的故事，也永远重复着共同的情感。

许知远：对你来说，最容易击中你的情感是什么？

张艺谋：其实各种情感都行，我常常看电影感动得泪流满面的。在生活中基本上没人见过我哭，我是个不爱哭的人，觉得在人前流眼泪是特别丢人的事。我父亲教给我的永远是要喜怒不形于色。但我常常一个人在黑暗中被感动得乱七八糟的，而且泪点比较低，音乐一起来就不行了。

当然随着阅历增加，我又是干这行的，打动我的东西不多了，一般的小伎俩都能识破了。我老早就做准备，要开始了，要开始了，都有预设。但是出乎意料地，突然有一个瞬间戳动我，这种时刻特别可贵，不知道什么时候会来。

许知远：在拍摄过程中，这样的瞬间都是意外出现的，还是主动寻找、设计的？

张艺谋：不是靠设计，电影是个理性的东西，得安排很多很多的事，净是琐事，净是不满意的，净是觉着沮丧的。所以我是看演员的表演，在监视器前，像一个老师，他像学生一样地完成作业，我盯着看做得好不好，突然，心咯噔一下，我知道，这个表演成了。这个瞬间，可能许多导演都会有，有许多导演会情不自禁哭得稀里哗啦，哭得比演员都厉害。我一般是不动声色。演员进来了，我还会很冷静地跟他说不足之处。我很少用特别表扬的话。所以演员或者我身边的工作人员都知道，在我的剧组，"还行"，就已经是一百分了。我很少说太棒了，我几乎一生都不太这么说，我对自己就不这么说。所以也不是个好的导演，好导演是经常要把大伙儿煽惑得特别有斗志。

许知远：这个性格和你父亲的影响有关系吗？

张艺谋：对，我父亲就是一个很老派的人，过去是黄埔军校的军官，不苟言笑，而且不太懂得交流。我始终觉着他是很严肃的样子。

许知远：你现在想起来，少年时候记忆最深刻的场景是什么？比如因为成分问题，一定有过很多困境。

张艺谋：小时候有一次我钻到床底下玩，找到一粒扣子，国民党军服的扣子，居然在我们家床底下找着了。我很惊讶，也很害怕，知道那是代表反动啊。我就拿去给我奶奶，一句话没说完，奶奶脸色就变了，啪，一巴掌过来，一通训。从此之后，我就不太问家里这些事情。

还有比如小学二年级还是三年级，填一张家庭成分表，同学们填得热火朝天。捂着，不太愿意让大家看的，那就是填的地主、富农。那些填贫农、贫下中农的就特别高兴的样子，特别愿意公开。我就空着拿回家。我爸爸妈妈说等一会儿吧，等会儿再跟我说。他们俩就商量，长时间地商量，那种犹豫的样子，我印象很深。最后写了城市居民、职员一类很中性的词。第二天拿给老师，老师说，这什么成分啊。我心里就很忐忑。小时候记得的是一些这样的事情。

许知远：这些记忆对你的性格或者思考的影响是什么呢？

张艺谋：当然现在是当儿戏在说，但是小时候这些成长经历形成的阴影，在很长时间内是挺重的，它会让我养成一种非常隐忍的

性格，尤其是很自卑的性格。所以我现在对我的几个孩子，就特别
注意。

许知远：让他们阳光是吧？

张艺谋：对，让他们阳光。那个年代都不注意，大人都不知道
这些事情。

许知远：在艺术上，这会化为一个很大的前进动力吗？

张艺谋：会形成艺术表达上的一个逆向。大家说我色彩很张扬，
说我形式很极致，说我在作品中有时候不管不顾地掉到深渊里去了，
也许就是这种隐忍的一个逆向的表达吧。我和你讲的小时候这两件
事其实都挺压抑的，这种事情我经历过很多。尤其到了"文革"，
抄家就跟拉拉锁似的，我爸爸就这么被押着出去了……所以我在生
活中养成了循规蹈矩的习惯，从不出头，永远从众，随大流。范进
中举这种事情在我身上不可能发生，我就是把全世界的奖都得了，
全世界的票房就我最高，在我身上也不可能发生这种事。

许知远：真的没有过一丝的那种狂喜？

张艺谋：没有，从来没有。

许知远：甚至 1988 年，得这么大一个奖[1]。

张艺谋：也都没有。人面前当然表现得很高兴，也有很多这样
的照片，咧着嘴笑，但实际上内心很清楚，这一切都是偶然的，不
会因此就觉着自己是天之骄子，才华横溢。我的成长经历是这样子，

1　1988 年，张艺谋的《红高粱》摘得第 38 届柏林国际电影节最佳影片金熊奖。

它基本上决定了我的性格也是这样子，但到了作品中，会成为逆向的表达。我的作品从一开始，就比我的同学们要极致一点；似乎也有一种焦虑感，因为我是全校年龄最大的，起步也很晚，急于表现出原创的精神，就怕没有时间了，会有这样一种心态，所以作品就呈现出形式感的张扬。

其实直到今天，我仍旧非常喜欢这种形式感的东西。包括《影》也一样，它的黑白泼墨风是非常形式感的。我和创作人员常常一起谈论的是，这个电影会长成什么样子？它的画面、节奏、声音、色彩，它的形式是什么样子？我很在意这个。就算《秋菊打官司》《一个都不能少》这种偷拍类的[1]，也是一种形式。

只是到了今天就更理性一点了，不是要特意表现什么，而是我认为中国电影的形式太少了，框框多，形式本身开掘得就不够。像《2047》[2]，它根本就是一种新形式，我很愿意去做。对这种形式上的东西，我有天然的好奇心。

许知远：在这些形式组成要素里，你对什么最有天赋、最敏感？

张艺谋：世人认为我是对色彩，其实不一定。我现在都拍了这么多年了，快四十年了，要总结自己的强项，就是对造型有一定的悟性和敏感。进而我可以去做各类演出，剧场演出、室外演出，大到奥运会，小到《2047》这样的观念演出。因为做这些更需要有造型感。

1　《秋菊打官司》《一个都不能少》是张艺谋拍摄的两部现实主义题材电影，为了呈现出真实感，使非专业演员表现自然，影片都采取了最原始的纪录片方式拍摄，组织拍摄和抓拍、偷拍相结合。

2　此处指《对话·寓言 2047》，张艺谋执导的全新观念演出，以中国传统文化结合现代科技的方式呈现出独特舞台效果。

这个造型感分两部分，第一部分就是你要对造型感有一种清晰的认知，要追求造型的原创性。第二你要有完成度，光想不知道怎么做不行，或者超出现实，花钱也做不到，时间也来不及，这也不行。尤其很多大型活动，你常常会忽略它的完成度。我经常提醒大家，这个柱子要多粗，这个钢丝要多粗，需要多长时间才能拉上去，你们应该想一下，不要被做效果的视频和PPT所诱导。图很漂亮，到了现场成这样了，傻了，乱了，怎么办？光空想是不行的。

许知远：这来自天分，还是大量的后天训练？

张艺谋：一半来自天分，一半来自后天训练。长期的训练，长期的经验，以及长期的追求——我是特别追求原创性的——最后激发你的潜能，激发你内心深处都不知道的那些东西。我在导演群中，不是一个反应敏锐的才华型导演，我是个用功型的导演。

许知远：你觉得你的同代中，谁是才华型的？

张艺谋：姜文就比我天才，感觉，性格，才华，大家都公认。我觉得李安还不是，李安跟我差不多，吭哧吭哧老黄牛似的。像卡梅隆、诺兰，属于才华型的。斯皮尔伯格现在就是大师级的，经验也很棒，才华也很棒。你会接触到很多同行，会觉着他们很牛，我有时候很羡慕他们，想得真棒！比如王家卫，我觉得是才华型的，不管别人说什么，拍得超支，拍了三个月又不要了，后头又补戏，乱哄哄的。最有意思的，《东邪西毒》首演的时候，梁朝伟跟我说，你知道吗？我原来演的是东邪，最后剪完一看，我成西毒了[1]。各种谣言，各种不满意，各种不可知。可是你看王家卫的作品，那种

---

1 《东邪西毒》中，梁朝伟扮演"盲刺客"一角，而据传原饰演"东邪"后被剪辑为"西毒"的是张国荣，此处应为张艺谋口误。

老上海的味道、城市感的味道，一流。这种是才华，我不是。我是笨鸟先飞，吭哧吭哧。

答应了的事就要做好，
你必须挺着

许知远：你什么时候感觉到，你的这么多经验突然变成一种新的创造力？

张艺谋：也不敢说，我觉得人的脑子还是要用，要逼自己。

许知远：但是逼自己是一个很难的事情，每个人都充满了懈怠的欲望。

张艺谋：是很难，但你接了这个事，你必须逼自己，你懈怠不了。这就是为什么他们说我老不睡觉，我老在这拼命想来想去。我没办法，担子在这压着，开什么玩笑，我能睡着觉？就说奥运会开幕式，我的天啊，中国人那时候的那心情，我敢弄砸了？我怎么可能睡得着觉，又怎么可能满意得了，必须挺着。

许知远：是出于一种不断自我证明的欲望，一种饥饿感，还是别的什么呢？

张艺谋：倒没有，其实就是答应了的事，就要给人家做好，不能耽误。

许知远：这是你一个很重要的人生原则，是不是？

张艺谋：对，不能对不起别人。大到国家任务，小到一个电影，都是集体创作，不是说写诗，自己在家里写，压到枕头底下就完了。也不是画画，我就画给自己看。不是的，我们的创作永远是公众性的，而且是大集体的团队创作。小到一个场工，他期待跟导演合作完这一部，下一部能涨工资，因为我跟了张艺谋；大到一个大演员，他也觉得跟张艺谋有一个合作，希望能得到历练，或者演艺事业能有一个提升。所有人都是有很世俗的期望才跟我合作的呀，才集合在我的旗帜下一起冲锋。所以我怎么能不用心，怎么能嘻嘻哈哈就做了？当然最后失败了，大家也丧眉搭眼的，也不说啥了，走了麦城了。但是这个过程，我得百分之百努力。

许知远：刚刚提到奥运会，你觉得奥运会开幕式这件事情对你的个人影响多大？

张艺谋：奥运开幕当然很有趣，你看我们的纪录片，结束后大家含着热泪拥抱，我也跟大家一起，就是不扫大家兴，但心里头一直觉着可能不行。当晚出来一接受采访，媒体问，你打多少分？这么大的事，多少万人为这个开幕式努力，辛苦了多少年，我打多少分？打十分，只能这样子。所以你看我当年的采访，我特别强调，我说我为团队打十分。真要给自己打分，也就七分左右。

许知远：现在回想起来，比如像林妙可的事情，你内心是什么感觉？

张艺谋：那个就很懊糟，很懊糟。本来让林妙可唱也行，就是音准差一点，我们技术团队一直强调音准不行，一定要换声音，我就觉得不要变成一个假唱嘛，对吧？但他们说这个音准真不行，声音还是要讲究一点。我就吃不准了，就去问人家国际传播团队。我说你们先看看这几个孩子，他们说喜欢穿红色的孩子——就是林妙可——形象不错，表演也很好，我说但声音可能不是很好，所以希望换一个声音，这是不是有问题？弄虚作假？他们告诉我没问题，说我们转播了多少开幕式，你们这不是商业性的演出，录的是一个大合唱，五十六个民族儿童作为背景，衬着一个小女孩在前头，这是一个情境性的表演，没问题。所以我特别问了专业的国际传播团队，他们说没有任何问题，我才最后同意的。其实也没多想，真没多想。当时也是中国媒体先炒出去的，然后国外媒体开始转载。后来媒体把这个事情放得很大，我就很后悔，我说哎呀，那就用林妙可的声音就行了嘛，对吧？

许知远：是，主要中国媒体对真实的个体更执着。

张艺谋：其实最早的方案是童声独唱，一个小女孩独唱，然后国旗飘扬起来，我觉得这个方案非常棒，特别不一样，很动人，不是那种宏大审美的传统。当时就那么设计的，但是审查了几次以后，人家可能还是觉得有点太艺术了，所以后头就配了一个童声合唱队。我后来很后悔，当时要是坚持就好了。

许知远：对，要坚持这个会更好。

张艺谋：我要是坚持就用林妙可的声音，音不准就不准嘛，其实领导也不知道，这是我个人的问题。我后来也很后悔。这个事件被放得那么大，你看大家辛辛苦苦做了那么一个开幕式，在这个事上被说东说西的，而且国外媒体也做了很多转载，好像给我们抹黑似的。我就特别自责，很长时间我都不高兴，我就想着，当时我就坚持一下，就用她的声音，又有合唱衬着，能不准到哪儿去？

许知远：包括当时的媒体也是质疑你，一个艺术家跟权力之间的关系过近，不知道当时你对这些是什么感觉？

张艺谋：我认为那就言过其实了。其实我和国外很多团队也讲过这个事，我说你们不了解我们中国人的心态，那时候有人抢火炬，你们认为这是一个政治行为，那是你们不了解，奥运会是全体中国人的一个盼望，我们叫百年奥运。中国人好客，我们有一个机会，可以请全世界的人来开会了。我们就是这种心态。把奥运完全等同于政治，或者完全跟政府挂钩，是反中国国情的说法。后来我的朋友斯皮尔伯格就在压力下退出了。当时《时代周刊》把我列为那年的年度人物，他自告奋勇地说写篇介绍我的文章，因为退出后他有点遗憾，当然他也受到自己国内的压力。后来他上网看，全是中国年轻人在骂他，他很难过，非常难过。我说中国人在这个事情上，不是看政治的，看的是情感，觉得你退出了，你把我们抛弃了，他们就是心里有情绪。最后他跟我讲，后来他看了一条留言，就可以睡觉了：有一个年轻人说，不过《E.T.》我们还是非常喜欢的。

许知远：做这么多项目，外在有很多压力和需求，那个更内在的张艺谋始终被压抑着吗？

张艺谋：不能这么说，对艺术创作来说，压抑和自由的关系都是相对的，当然我们有我们的限制，我们的国情，我们的题材，我们的很多禁区，这是每个导演都知道的。所以活在这个时代，完全的创作自由很可能是不存在的。你跟每一个艺术家去谈，他可能都有他的苦水。但也许这就是创作的一个衍生品，它就是让你去突破这些，去坚持自己的一些东西。你可能放弃，妥协，但你能坚持一点是一点，它弥足珍贵，这大概就是创作的苦和乐。

许知远：怎么去理解，艺术家必然的批判性和时代之间的一种紧张关系？

张艺谋：其实批判性也好，深刻也好，并不是我们本身自带的，但作品又确实有深刻的地方。所以我们过去学艺术概论，那种关于批判性的论点是非常对的，我自己也认为，深刻一定是来自于批判现实主义。广义地来说，它不仅是指政治、社会，甚至包括你自己，包括人类这个物种本身，你得去严厉地批判你自己，黑你自己。这一类东西都是深刻的，但也往往是冒险的，所以常常你也做不好。

许知远：你自己也说过，你对时代潮流相对是接受的，有没有想过做那种逆潮流式的人物呢？

张艺谋：我其实偶尔会有个逆潮流。像当年，拍商业片的时候，好像有点先行一步。

许知远：对，其实那是开创一个新时代了。我觉得大家把这点故意忘掉了。

张艺谋：包括《有话好好说》，当年那样一种风格，有一点嬉闹风格的，其实还挺早的。现在都不稀罕了，当年大家还看不惯的。所以逆潮流而动，也可能是一种后人的总结，得到这一切都过去之后，才能说，他真厉害，敢与所有人反着来。很多人在选择做一些事情的当时，也未必想那么全。真正的逆潮流而动是没有犹豫的。

任何一部作品想要对历史做出回答，都是野心太大

许知远：八十年代，你刚开始拍电影时，包括当时的这一代人，都在下意识地回应巨大的历史，你还怀念那个时刻吗？

张艺谋：任何一部作品，想要对历史做出一个回答，都是野心太大了。我们回答不了。但我觉得八十年代非常好，在我的回忆里，八十年代就是热血沸腾的。改革开放刚开始，打开了一扇窗，大家想看世界，想了解世界，也想反过来了解自己，寻根也罢，反思也罢，那种渴望是特别有趣的。你没有见过，看影展，看美术展，像挤地铁一样的，前胸贴着后背，人挤人，五层以上。开玩笑地说，那个时代你想谈恋爱，只要手里拿一本弗洛伊德，你就能谈成。全民都在谈文化，哪像今天，都在谈票房。那个年代是人的求知欲和看世界的渴望迸发出来了。人们追求梦，那是特别可爱的时代。

对于电影来说也是，那个时候，就是没有杂念的纯创作。现在作为一个导演，作为一个编剧，你说你拍一部电影，没有杂念，我不太信。那是说给媒体听的，一般都是姿态。我们都是俗人，脑子里肯定要过各种事情，只是说尽量不去管它，尽量少受干扰，尽量让自己清心寡欲，能做到这一点就很好了。

许知远：你的杂念是什么时候开始出现的呢？

张艺谋：那个早就有了。当然最开始时，是为了考大学，为了找条出路，但当你真正做了电影这一行，你会发现它是个名利场，影响力又巨大，这些影响附加给你的东西，就变成了杂念。

许知远：现在再说起"第五代"这个词，你是什么感觉？

张艺谋："第五代"，产生于改革开放初期，产生于非常可爱的八十年代。它是历史的产物。其实它也未必统一行动，也未必有一样的印记，只是套上一个名词，到后来大家都是多元的。现在用第六代、第七代、第八代来套，就套不上了。

许知远：那个集体年代过去了。

张艺谋：已经过去了，那是特定的一个时代，但第五代是非常可爱的，也非常幸运。

许知远：是不是也有明显的缺陷？

张艺谋：当然。"第五代"成长于寻根和反思的时代，所以作品大体都是从历史题材过来的，这导致"第五代"的导演不太善于拍当代，或者当代题材很少。

许知远：有思想和审美上的局限性？

张艺谋：那是一定有的。每个人的思想、审美、情绪都是随着时代的变化而不断变化的。那个时代一定有它独特的东西，一定有它的审美定式。

许知远：在中国做一个创作者，不管是哪个类型，想保持那种长期的开放性，好像都是挺难的。总是被推到一个地方，然后就凝固在那儿了，这种现象是不是跟西方世界不太一样？

张艺谋：其实差不多。我觉得大部分人都是这样子。

许知远：在最好的时机爆发出来。

张艺谋：对呀，这是你的时代，你的时代过去了就是过去了，你有啥不服气呢？你还想在各个时代都行？

许知远：你以前也说过，其实电影和时代的情绪有很大的关系，八十年代是一种情绪，九十年代是一种情绪，现在又是另一种情绪。你怎么看现在这十年的情绪呢？

张艺谋：这十年变化非常大，我会明显地感觉到，更新换代更快，九零、零零后迅速成为观影的主力军。网络时代迅猛来临，新东西层出不穷，这些都是完全没有想到的。回到我们这行来说，也面临一个全世界最大市场的到来，是突然的到来。全世界的电影节都感觉中国是暴发户，"第五代"当年在各个电影节摘金夺银、逢奖必拿的时代过去了，不是我们的水平退步了，是他们的眼光变了。现在国际电影节不再青睐中国电影了，不像当年了。他们觉着中国很有钱，中国市场很好，觉着你们现在不缺我们了，你们的"毯星"在每一个电影节的红毯上都很出风头，都成了你们的主场了，所以他们就是另一种眼光了。

变化这么大，是始料未及的，未来十年到二十年，还会有更大的变化。中国的人口红利，还会有一个非常好的尾声，因为中国身躯巨大，又很复杂，老龄化的过程也比较缓慢。我自己觉着，一旦老龄化严重以后，电影也很难翻身。但是现在，我们还在享受人口红利，中国有最大的市场，因为有最多的人。全世界都需要这个市场。

其实，东西越多，发展越快，信息越多，反倒会回到最本位来看，无论技术怎么发达，市场怎么发达，观念怎么发展，我们就是缺好作品，我们大家都觉得，好作品太少了。

许知远：你觉得原因是什么？

张艺谋：有句老话叫"十年树木，百年树人"，人才的成长没有这么快，它和这个社会发生的变化，不是一个速度。大数据的速度是很快的，是可以算出来的，人才就是这么多，它是上帝的事，是有规律的。这么多人，这么多需要，那就只能注水。

许知远：甚至因为注水，本来的人才也给注没了。

张艺谋：有可能，都兑水了，接单都接不过来。现在每个人身上没有三五单那就不叫干电影了，你去问，都签到三年以后了。现在最笨的投资商也都知道要抓剧本。所以中央戏剧学院戏文系一年级、二年级那些刚刚学写作的写手，就被公司签了，大家都抢资源，抓剧本。所以越来越难有十年磨一剑的东西，越来越难有真正有力量的东西。本来创作就有很多天然的限制，自己也有各种杂念，心中还有魔鬼，除此之外，整个社会也太过于浮躁，过于急功近利，所以精品很难。我现在越来越觉着拍一部好电影是很不容易的。听说文牧野《我不是药神》拍得不错，我还没有看，我觉得徐峥演得也可以，原来还想找徐峥演电影的。

许知远：他还是有挺打动你的东西。

张艺谋：中国现实主义的电影本身就薄弱，也是我们"第五代"的薄弱环节。虽然我还没看这部电影，但一个现实主义题材，能真正切近到民生，而且能获得这么高的票房和口碑，我相信是非常难得的，能做到这一步很不容易。其实这种电影如果票房好，是一件非常有历史意义的事情，就等于说会有更多的投资人投这种电影，也会起用一些新导演来赌一把，对吧？哪怕从纯商业的角度来说，它不再是受冷遇的，更不是一日游式的，那这样的题材就会多起来，这当然是好事。其实现实主义题材始终是最重要的一个类型，"第五代"从成长初期开始，就是从寻根的年代过来的，所以我们这一类题材本身就少，你看我这一类作品就少。我其实很希望能有这样好的故事被我碰上，但是一直碰不上，或者说自己有眼无珠，没找着。

许知远：你觉得中国导演这些代际的差异显著吗？

张艺谋：还是挺显著的，这是自然的。

许知远：你觉得你在其中的责任呢，或者说你对他们的影响？

张艺谋：可能是另一种影响，就是"我们得甩开张艺谋，张艺谋那套不行了"。

许知远：你应该成为一个镖靶，是吧。

张艺谋：如果是这样也很好啊。张艺谋这套过去了，我们俱往矣，前浪死在沙滩上——如果能叫前浪的话。你要能当前浪，你死在沙滩上那也好啊。

创作永远不会让你满足，
所以要永远想着下一部电影

许知远：刚才说在你的创作中，对于造型你是特别敏锐的，对人物呢？

张艺谋：人物就是一个更深的话题。我觉着全世界的导演，哪怕有伟大作品的导演，你问他，你把这个人写好了没有，我看他也不敢很牛地说，"这回我把人写好了"。人是永远的话题，多有意思，我们人类这个物种对自己有太多的谜要解了。人是我们永恒的目标。

许知远：你怎么评估你在电影中对人的塑造能力呢？

张艺谋：我写人的能力，有时候及格，有时候不及格，这是我的评价。好一点的就几个。

许知远：观众都有种普遍的感觉，总觉得你的形式感压过了人的特性。包括早期的电影，比如说《大红灯笼高高挂》，人在里面似乎也只是一个历史形态的符号。

张艺谋：《大红灯笼高高挂》其实是个寓言式的电影，形式感的电影。虽然它似乎很有名，但其实对人物的刻画还是比较类型化的，人更多的是作为符号。《活着》，或者《秋菊打官司》，对人物的刻画更好一点，是人自己的命运。所以是不一样的类型。电影，你永远要清楚这一点，它的特色是不一样的类型导致的，所以你不会痛苦，不会困扰，也不会沮丧，不会日后没有勇气，没有志气，都不会，因为在某个类型中，人物塑造可能就是不及格的，它是胎里带来的，不是每一部电影都能把笔墨集中在写人上。

当然，宏观来说，写人是第一命题，是最终命题，可是常常笔墨和力量的份额到不了那儿，故事也到不了那儿。这就是作品本身要面临的一个很大的困难。而且今天的年轻人，他们是网络世界熏陶出来的，他们全部是世界性的眼光，见多识广，你写的人物要让大家觉着很深刻，很有力量，更难了。

许知远：但反而现在电影世界里看到的人物好像更单调了。

张艺谋：那是有各种原因的，其实你去问每一个导演，他都有他的苦衷。要论讲道理，每个人坐在那儿讲的都是一样的，但是具体地，你要问他这个人物为什么这么简单，他肯定能跟你说一大堆。都是因人而异。其实作为创作者，我很体谅，不管大小导演，他在创作中一定有自己非常难以逾越的东西。这就是创作，它永远不会让你满足。所以真的是那句老话，要想着下一部电影，永远想着下一部电影。

许知远：你的电影中有这么多不同的女主演，特好奇这些年你对女人的理解变化大吗？

张艺谋：大家不是一直在说嘛，说我的审美是固定不变的。我自己觉得也有道理，我还是比较喜欢偏传统的女人。但是我的作品中很多女性很强，很有意志力。

许知远：挺烈的那种。

张艺谋：创作总是希望女性更个性一点。

许知远：这些年，你给大家的感觉是，做了各种尝试，基本上没有停下来的时候，你从来没出现过真正的懈怠吗？

张艺谋：从来没有，我就是劳碌命。忙碌让我更充实。我现在有点儿空闲，是因为孩子们都在读书，太太给我规定，寒暑假必须陪陪他们，所以我一定要挤一点时间，哪怕只有几天，也要陪陪小孩。之前完全三百六十五天不放假。这也真的不是为了什么，也不是要证明什么，你还想证明什么呀，你还当人精啊，就是喜欢。我现在可以说这个话了，可能二十年前说这个话，有点假，有点装艺术家，现在就是因为热爱。呕心沥血，大概因为你热爱吧。

许知远：高产这么重要吗？

张艺谋：高产不重要，有人跟我说过，十年磨一剑，会比现在好。但这不适合我，我闲不住，也愿意做各种尝试，也不在乎，砸了就砸了。

许知远：你觉得这些年最重要的失败是什么？

张艺谋：就是有一些电影不尽人意吧。但这都是我自己预料到的，有些是剧本的原因，有些是我自己的原因，眼高手低。你也知道它有可能是这样的结果，只是你愿意去尝试。在这一点上，我不太爱惜自己的羽毛，也不太精心打造自己的品牌。也许我一生拍到最后，也没有一个自己极满意的作品，那也没啥遗憾的，我已经为我心爱的工作做了这么多，已经很幸运了。

许知远：一个导演会意识到这是一个坏作品吗？

张艺谋：一开始不会的，除非你就是为了挣把钱，为了完成一个人情，为了各种创作以外的目的，那另当别论。当你真正创作的时候，没有人认为这是坏作品，要不然干不下去，对吧？但常常也不用别人说，基本作品拍完，剪出来一看，我心里就知道了，关起门来我会和几个创作人员说，其实这电影一般。我身边的工作人员都知道，我对自己作品的苛刻程度有时候比外界大。大家如果骂声一片，那我早有准备，也不会急，也不会跟人辩论。当然配合宣传、路演的时候，也还是要挑点好的说，满世界说，说得自己都要吐了，但是得把工作做完，这也是一个导演应该有的职业道德。

许知远：你讨厌自己的闲不住吗？本来可以憋一憋。

张艺谋：我不讨厌，真成习惯了。我觉得这样挺好，人总归要有一种自己的规律。

许知远：未来还有什么特别想去拓展的？

张艺谋：也不是刻意的，但是有机会我就做一点其他的，因为我喜欢尝试不同的东西。但其实我也就这几种，忙不过来的。拍电影是肯定的，我也一定会拍网剧或者电视剧，我一点都不排斥。我从来不认为只有电影才是伟大的，网剧和电视剧可以把故事讲得更好，可以把人物写得更生动，它的容量很大。另外年轻人也爱看，我只是没有碰到合适的。

许知远：会担心自己很努力地想去理解年轻人的世界，但实际上还是隔得很远、很笨拙吗？

张艺谋：不会，首先你不是年轻人，你也不要装嫩，对吧？但同时我也很自信，我是从年轻过来的，其实是一样的，心态都是一样的，只是不同的时代有不同的情境而已。

许知远：但正常来讲，很多创作者都容易被凝固在一个时代，不能够进入下一个地方，看起来你好像总是可以穿过，至少已经在同代人之间最远了。是动力足够强，还是自己足够敏锐？是什么在起作用？

张艺谋：可能还是作品种类比较多一点吧。如果今天还有人要看你的东西，你的东西得比较多元一点。还有一个，商业片、文艺片都有，你的受众面可能就广一点。如果我咬死了一条路，比如说我就拍《活着》，把这个类型一直拍到今天，也就活不下去了。当然也许另一种结局是，特别大师范，特别深刻。

许知远：特别符合某种期待。这个模式你期待吗？

张艺谋：我根本就没打算这样干。创作不是提前给自己画一个像，给自己选择一个姿态，不是的，创作就是随心而动，这是根据人的性格，还有人的想法来决定的。我就是喜欢尝试不同的东西，仅此而已。你让我专门选择一个姿态，坚持不懈地打造下去，那对我来说也很痛苦。

你还想超越时代?
能把这事做好就不错

许知远:年轻时候那么喜欢黑泽明这样的导演,现在还会吗?

张艺谋:还会,当然我有了很多新的导演偶像,比如诺兰,我非常喜欢他。他的想象力、创造力都很打动我,而且也够任性。《敦刻尔克》,整个一大制作,全世界好像都期待弄出一个商业片,结果他用商业的号召力做了一个文艺片,把全世界都涮了一把,也够任性,比王家卫还任性。也是到了他这个份上才敢这么来,公司也不敢拿他怎么样。最主要,现在的导演应该有这样的综合能力,不是单一的,不是清高的,不只是一个独立制作的小文艺片。他的想象力和他的类型搁在一块儿,雅俗共享,这种综合的能力是很强的。而且诺兰的稳定性也比较好,不像我跌宕起伏。

许知远:你觉得你的不稳定性是怎么导致的?

张艺谋:就是我自己的不安分,过去的人生经历带来的那种压抑在电影这里释放了,我有时候完全就是,拍吧,就这样,不多想。所以首先就可能出现选材不慎。

许知远:诺兰特别喜欢博尔赫斯,他觉得博尔赫斯那种一层套一层的文学叙事对他的影响很大。对你来说,有没有某种文学母体?

张艺谋:我倒没有,我从来没有特别记忆不忘的某种人、某种文本,或者某种我永生追求和沉淀的东西。

许知远:这会是遗憾吗?

张艺谋:也不一定。

许知远：诺兰所具有的这种稳定性，会不会是他拥有某种固定的文学母体所带来的？

张艺谋：也可能，但那些东西都是由他的成长经历形成的，你现在去学人家也学不了。像诺兰的成功，就和前几个大师级导演不一样，科技使得他如虎添翼。他的完成度又非常好。我现在特别看重完成度，对导演来说，我觉得完成度是第一的。想象力，创造力，可以次一点，但完成度第一就不得了。诺兰的完成度是一流的，像《盗梦空间》，我很喜欢，我觉得是很难的。

许知远：中国文学从八十年代的高峰走到现在，明显在衰落，这种文学的衰落，对你的电影影响大吗？

张艺谋：对大家都大，因为文学是电影创作的母体，影视离不开文学。所以我刚才说大家那么抓剧本。

许知远：什么样的文学趣味特别容易打动你？

张艺谋：首先第一个要好看，我不太爱看闷的东西，我喜欢看引人入胜的。这就是我做影视的一个基本前提。你看我的电影，好和不好单说，各有标准，但是都不闷吧，我没有拍过大闷片吧。这大概是我的一个性格，我自己不太爱看大闷片。

许知远：好像你的电影哲学是，它应该是过去的戏剧舞台的延伸，它应该是一种大众娱乐的方式？

张艺谋：可能我觉得影像的本质就是这样子。有趣的东西特别流行，你看今天抖音小视频流行，不管里面有任何寓意、任何启发，一定首先要吸引人，它要在一分钟以内吸引人。所以我觉得电影电视这种艺术门类，天生需要先吸引人。我们把电影当文学来使用，大概是二十世纪五六十年代开始，终结在七十年代左右。电影作为思想、作为文学的探索已经过去了。好莱坞为什么大行其道，对全世界的市场都有一个统治和碾压，就是抓住了那种所谓的娱乐性和观赏性的东西，当然也抓住一些本质的东西。它给你炮制的虽然是精神垃圾，但架不住它对年轻人有吸引力。你在这儿捶胸顿足，说你们这些观众简直不求上进，可观众照样还是一茬一茬地追啊，你怎么办？比如《复仇者联盟》要上映的时候，全世界都等着。

许知远：但你会觉得，自己作为这么重要的一个导演，有责任把这种作为思想者的角色、作为文学创作者的角色呈现出来吗？

张艺谋：那句老话说得很对，寓教于乐。针对今天的年轻人，你可真别老说教，你老在这儿九斤老太，肯定不行。

许知远：库布里克、黑泽明在这个时代还能被接受吗？

张艺谋：今天很难了。今天是诺兰这些人成为新的大师，所以我说他们很厉害。

许知远：在你心里有高下之分吗？

张艺谋：没有高下。大家都是时代的产物。

许知远：你不觉得其中有些人可能更超越时代，比如说过了五十年，库布里克的电影还是非常经典。

张艺谋：有个别人是这样的。但是，很少很少了。

许知远：你有那种超越时代的欲望吗？

张艺谋：没有。我觉着，"你还想超越时代？能把这事做好就不错了"，你放心，人走茶凉。

许知远：但一个伟大的创作者，是不是应该既生活在当下，又有一部分应该超越当下，跟过去，或者跟未来连在一起，才构成一种紧张感？你的阅历、你的际遇应该是朝向那个位置的。

张艺谋：我不做这个设想，因为那个目标太伟大。还有一个，你成心那么想，也根本没用。库布里克当年肯定也有一大堆不得已而为之的东西，只是后人把很多东西经典化了，后人不断叠加自己的解读，附加了很多想法。当年他要想那么多，他都累死了。只是他的作品本身力量够，具有穿透时空的能力。

许知远：但某种意义上，西方的这些创作者，他们的自我意识是相对清晰的。

张艺谋：有可能，首先他们有做思想先驱者的情怀。回到中国今天的现状，这种产业飞速发展的现状，我们距离这一步是很远的。把当下的事情先做好，等到社会财富积累到一定程度，再沉静下来，这时会出现你所说的这样的创作者。这是时间来决定的。

许知远：你觉得个人还是时代的产物，个人很难去逆时代。

张艺谋：一定，很难。

许知远：这种对个人与时代的判断——你自己肯定也知道，很多人诟病你的一点是，大家认为在你的电影中，个人都变成群体的一部分，或者是不重要的一部分，你怎么面对这些批评呢？

张艺谋：我觉得其实批评得不对。我倒认为，我的作品里深深地带着我自己的烙印，和我们这个时代走过的烙印。难道不是吗？今天我们推崇个人英雄，崇尚个人的性格特色、个性张扬，也不过仅仅二三十年的事情，而且是舶来品。所以我觉得我的作品带有那种强烈的烙印是正常的，因为我们就是这么走过来的。今天中国人讲的家国情怀，在很大程度上还是集体主义的，只是一个大的民族观念的集体主义。它是中国文化的一部分，我们不能说它一定就不对。何况今天西方也在重新解读中国的制度，中国的社会发展，因为他们也有很多困惑和不解的地方，他们也很难当下就断言，你这个社会是不对的。

还有很多大的东西，人类都在探索，所以我自己觉着，你的作品中呈现出某种时代的特质和个人所受的教育体系的特质，很正常，这是你的民族和传统打上的烙印。我倒认为，在中国要出现一个特别推崇个人的、性格张扬的、孤胆英雄式的作品，可能还挺奇怪的，你会觉着这个人物挺像外国人的。中国人的人情世故，方方面面，都跟西方不一样。所以对这一类的批评，我永远觉得，"你讲得有一定道理，但我习惯是这样子，也可以"。

许知远：但是你在七十年代末上大学，一直到八十年代，整个气氛就是对个人主义的追寻，这是你青春时的烙印。你觉得这会是一种倒退吗？这些杰出的人物、文学、电影，其实都是在推崇个人的时候产生的，说明这是有力量的，有很大价值的。

张艺谋：今天更多元化，我觉得年轻人更多元化。我们在快速发展，我们在汲取，在吸收——我觉得，还要沉淀。我们常常问自己，中国电影什么时候走向世界？不知道。走向世界的概念是什么？美国人从来不说走向世界，他说我就是世界。我们常常用终极的思考来看当下，可我们是发展中国家，发展速度非常快，泥沙俱下，方方面面都在一起滚动着向前走，所以我觉着其实根本不需要回答。

许知远：现在还有什么困扰你的问题？

张艺谋：没有啥，就是有时候常常恨自己才华不够吧。我的认知还不错，只是有时候恨自己眼高手低，恨自己不能做到让自己满意。其实我要是不拍电影，我会是很好的影评人，又很内行。有一阵子我还说，将来写影评文章算了。

许知远：如果想更加了解你，哪个地点能更多地代表你，理解你呢？

张艺谋：其实还是咸阳的工厂。我做了七年工人，三年农民，但是很奇怪，我也是城里人，西安市长大的，只是插队时做了三年农民，从此之后，很多人说我是农民。其实七年工厂对我更重要一些。你刚才讲的集体主义那些，那七年工厂的生活，也许能代表很多。

1952 年　出生于日本东京

1978 年　组建电子组合 YMO

1983 年　主演《圣诞快乐，劳伦斯先生》并为其配乐，获英国电影学院奖最佳配乐奖

1988 年　为电影《末代皇帝》创作的配乐获得奥斯卡最佳原创配乐奖

1991 年　为电影《遮蔽的天空》创作配乐，获金球奖最佳电影配乐奖

1992 年　为巴塞罗那奥运会开幕式谱曲并担任指挥

2002 年　被授予巴西国家勋章

2009 年　出版口述自传《音乐即自由》，同年获法国艺术及文学勋章

2018 年　获釜山国际电影节年度亚洲电影人奖

扫码观看视频

坂本龙一

我的声音是一个小岛，
而音乐宽阔如海洋

Chapter 02

　　我趴在水泥围栏上，试着把录音杆伸得再远些，让毛茸茸的收音器贴近水面。一个春日午夜，紫禁城的红墙在灯光照耀下，衰败与庄严的气息混杂在一起。白日的游人早已散去，宫殿似又归还给逝去的皇帝、妃嫔与宦官们。

　　护城河微微荡起的波纹，若隐若现的水草，耳中却只有风声，汽车压过景山前街马路的噪声，一对情侣的私语。我想录下护城河的水声，带给身在纽约的坂本龙一听。三十三年前，他是一个庞大电影团队中的一员，进驻紫禁城，他们试图复原溥仪的一生以及他身后的时代。

　　《末代皇帝》成为电影史上的典范之作，贝托鲁奇丰富、浓烈，对权力、异域风情、孤独都有着令人惊叹的理解。原本只是出演一个小角色的坂本龙一，意外地参与了电影配乐，获得翌年的奥斯卡最佳原创配乐奖。

　　在中国，这部电影更意义非凡。一个正在重建自身的中国，急于了解外部世界，也对自己的过去感到陌生。这个由意大利人、日本人、美国人、中国人，还有一大群讲英文的海外华人构成的团队，创造出一种熟悉又陌生的中国叙事。它是八十年代最难忘的文化事件之一，同时通往外部与自身。

　　二十世纪八十年代末，在北京大兴的一家影院，我第一次看到这部电影，几年后，在一张盗版 VCD 上，我开始反复听它的原声音乐，它似乎来自中国又与中国无关，我记住了三位作曲者之一的坂本龙一。

　　这只是一晃而过的印象。日本文化在我的青春时代几乎毫无印记，我钟爱的是二十世纪二十年代的巴黎与纽约，是流放者与进步主义者们混杂的天堂，他们雄心勃勃又愤愤不平。我也受困于文字的世界，迷恋思潮、主义与书写，色彩、形象与声音很少引起我的注意。

是坂本龙一的回忆录，而非他的任何一张专辑，再度引起我的兴趣。《音乐即自由》的封面上，坂本龙一脸上挂着天真与严肃，头发一丝不苟、黑白夹杂，令人过目难忘。

翻开回忆录，你随即被他自由自在的语调与丰富多彩的人生所迷惑。生于1952年的坂本，在战后日本重建中度过青春期，是学生运动的活跃分子，是早熟的天才，自幼在钢琴上弹奏巴赫与德彪西，又沉迷于约翰·凯奇[1]与披头士。他在懵懂中成了YMO（Yellow Magic Orchestra）的一员，这个组合随即成为世界电子乐的先驱；接着，他成为大岛渚电影的男配角，不仅与大卫·鲍伊演对手戏，还创作出了《圣诞快乐，劳伦斯先生》的电影配乐，为他赢得了国际声誉。贝托鲁奇的邀请也随之而来，它将坂本龙一推到了世界舞台的中央。

自1990年搬到纽约后，他不仅是位电子音乐先驱或电影配乐家，且展现出一个国际艺术家的新形象，他与世界各地的艺术家合作，参与反战、环境保护等诸多的社会活动，他的人文关怀与艺术感受同样鲜明。世上有很多富有才华的人，成为icon却需要一种更独特的品质，一种形象上的简约感，一种超越自身领域的热忱。

这本回忆录出版不久，坂本被诊断出咽喉癌。他与病症对抗，再度投入工作，这为他增添了新的传奇色彩，透过照片与录影，他展现出一种似乎是东方人才有的镇定、淡然与禅意。他的音乐风格也随之改变，他开始采集形形色色的声音，风声、雨滴落在屋檐上的声音、铁轨敲击垃圾桶的声音、车厢压在铁轨上的声音，他多少相信，声音比旋律重要，它更可能回到音乐的本质。他尤其喜欢水的声音，我不知，这是否因为水是一切生命的源头？他喜欢将录音比作钓鱼，他四处逡巡，寻找独特的鱼类，将这些声音化为音乐时，

1　约翰·凯奇，美国先锋作曲家，他打破传统作曲技法，作品极具争议。

像是将鱼做成佳肴。

我没能录到护城河的水波声，录音机中只剩下种种杂音。我还是决定将这盘杂音带给坂本先生，或许能在一片嘈杂中，听到鱼游过水底的声音，或者对他来说，这盘录音已经是一个拥挤的鱼塘，他能听到紫禁城的昨日与今日。

在纽约的一间半地下室内，我见到了坂本先生。他比照片上略显憔悴。在谈话时，他要不时吞咽薄薄的润喉片，自罹患癌症之后，他的唾液分泌比正常时低了三成。

我有点紧张，不知这一切该如何开始。我的生活依赖音乐，醒来、写作、走路、出租车上，总在听，从德彪西到谷村新司¹都是我的至爱。我却没有任何天分去辨别音乐之间的细微差异。我也不是一个真正的聆听者，音乐只是我的日常生活背景，而不是全情投入的倾听对象。或许，我还有一种创作类型的自卑，在一切艺术形式中，音乐代表了一种最高形式，它既轻易地抵达内心，又兼容了更广阔、更不可描述的情感。

但我对于将坂本神话化的方式感到不安，尤其不喜欢那些动辄以"教授"称呼他的人。这种昵称所带来的"亲切感"，似乎将他视作某种不可解释，只能赞叹、喜爱的对象，他的天才、风度，温暖、严肃的内心世界，都那么完美、无懈可击。他有不可解释之天才，却并非是抽象的存在，他的身后有着清晰的文化脉络，他的创作从属于近代日本的思想、创作传统，始终在应对个体与日本社会、日本与世界之间的紧张感。

我带了一本双语的《三四郎》，一半中文，一半日文，是日本最富盛名的作家夏目漱石的作品。我记得，坂本曾说过，他钟爱夏目。尽管他们之间横亘了大约一个世纪的时间，却有某种相似之处。

1　谷村新司，日本大阪出身的音乐家及歌手，在日本以及亚洲音乐界享有盛名。

贯穿了明治与大正时代的夏目，同样身处日本与西方之间。他将西方现代小说的风格引入日本文学传统，他跨越两种文化，也要应对两种文化带来的焦灼。他在伦敦的留学生涯充满不快，他为自己东方人的矮小身材自卑，无法融入当地生活，感到日本仍处于文明的边缘；而在东京，他又不安于日渐兴起的民族主义情绪，相信它将把日本引向灾难。

坂本这一代有着天然的质疑权威的情绪，战后日本也瓦解了明治以来的国家体制，日本迅速的经济起飞，更是带来一种新的自信。当 YMO 前往洛杉矶、柏林演出时，坂本仍有着突然到来的责任感，他意识到，作为第一支走向西方的日本电子乐团，他们是这个领域的领先者，似乎就有了某种责任去保持这种领先。

他收下书，感慨此刻的日本人不能再阅读汉字，不能像过去的中国人与日本人之间用笔谈交流。我又递给他在夜晚紫禁城的录音，说起我刚刚在旧金山见过陈冲，《末代皇帝》的女主角。"她的英语非常好。"坂本脱口而出。有那么一刻，他似乎回到了三十三年前，带着兴奋与甜蜜，于是，我们的谈话开始了。

我讨厌对日本文化负责，
但我觉得那是我的角色

许知远：你最喜欢的日本历史人物是谁？

坂本龙一：应该是夏目漱石。

许知远：为什么会对他这么感兴趣？

坂本龙一：因为他是一个复杂的人。他经常处在中间的位置，日本和中国之间，抑或东方和西方之间，还经常在公众和个人之间。他还没有找到最终答案就逝世了，去世得很早。

许知远：你觉得自己和他相似吗？

坂本龙一：嗯，可能有那么一两点相似之处。

许知远：你提到过 1979 年去伦敦演出的经历，这让我想起了夏目漱石也在伦敦生活过，你当时对夏目漱石在伦敦的生活有什么感受？我记得他不喜欢伦敦。

坂本龙一：我能感受到夏目漱石在伦敦将近两年的时间里有一种奇怪、沮丧的感觉，他非常孤独，且为英国社会感到沮丧。可能因为他不怎么出门，也没有交多少英国的朋友。虽然他对英语和英国文学了解得非常深，可能比普通英国人还多，但是他不会说，所以他很沮丧。不仅如此，他还是明治维新后崛起的日本的代表人物。作为代表，他肩负着巨大的责任，但他无法与英国人交流，这给了他第二重打击。我认为这影响了他一生，直到逝世。

许知远：对于夏目漱石那一代人来说，他们对西方国家仍然有着非常强烈的焦虑。到了你这一代，这种焦虑还会很强烈吗？

坂本龙一：当然情况很不一样，在夏目漱石的那个年代，西方国家和亚洲或日本之间仍有很大不同，首先是经济和工业实力之间的差异很大。

所以我认为当时夏目漱石肩负的责任一定很大，而到了我们的年代，这种责任和焦虑没那么重了。主要由于我是战后出生、东京长大的，我从小就看很多美国电视剧。当然，是有日文同声配音的。

对我而言，西方文化和习俗并不遥远，反而感觉离得很近。但我们第一次在国外演出仍然是一件刻骨铭心的事情。

许知远：是你的第一支乐队 YMO 的国外演出？

坂本龙一：是的，当时我们的电子组合 YMO 算是七十年代末从日本去到西方的第一支乐队。我不想肩负责任，但不知怎么我感觉到了某种领先于趋势的那种责任感。大概也在那个时候，日本的产品，像电视、汽车，还有日本流行文化，都陆续开始出口，那是日本经济增长的一个开始。

所以虽然我讨厌对日本文化负责，讨厌肩负责任，但是在某种程度上，我觉得那是我的角色，我们的角色。虽然我感觉很糟糕，但也有很多好的经历。

伦敦是 YMO 第一次世界巡回演出的地方。我们巡演的第一个晚上，就在一个狂暴且有放克音乐风格的舞蹈俱乐部里演出。表演中途，一对时髦又有朋克色彩的、非常漂亮的情侣开始在我们面前跳舞。当时我们表演的正好是我创作的乐曲。那种感觉特别好。当我的音乐第一次为一对时尚情侣的舞蹈伴奏时，那种感觉真的很棒。

许知远：你曾经说过，在你年轻的时候，像约翰·凯奇这样的西方前卫艺术家对你影响很大，那么有没有哪一位日本艺术家或者歌手影响了年轻时候的你？

坂本龙一：除了西方的前卫艺术家以外，白南准[1]或许是六十年代早期非常活跃的极少数亚洲艺术家之一，同时期活跃的还有小野洋子、草间弥生。十几岁的时候，我还不太了解草间，但受白南准的影响很大。

我还受了一点小野洋子的影响，当我知道洋子的时候，她已经是约翰·列侬的妻子了。我当时没有认为她是一位艺术家，但到后来，我发现她是六十年代非常前卫的活跃艺术家。

在文学上，夏目漱石肯定是对我影响最大的，此外还有一些战后的日本小说家。我父亲是一名文学图书编辑，他和许多战后作家一起工作过。理所当然的，我很小的时候就拥有了很多我父亲编辑的书，知道了很多作家。我当时读过很多日本现当代的诗歌，还喜欢读大江健三郎的书。

许知远：我也很喜欢他。

坂本龙一：还有安部公房[2]的书，你可能不知道野间宏[3]。

许知远：我知道野间宏，我喜欢他。他好像一个哲学家，很有平衡感。

坂本龙一：他的小说特别长，有的小说有一千多页，而且他的

1　白南准，美籍韩裔影像艺术大师，他的作品将艺术、媒体、技术、流行文化和先锋派艺术结合在一起，影响着当代艺术和影视。

2　安部公房，日本小说家，剧作家。1951年他的短篇小说《墙》获芥川文学奖，奠定了他的名声。

3　野间宏，日本战后派代表作家，代表作有《脸上的红月亮》《崩溃感觉》等。

创作都有点像真实的故事。他是真正的反战反法西斯作家，我很欣赏他。再下一代，我受到的是高桥和巳[1]的影响。

许知远：如果没有当音乐家，你会想当小说家或者作家吗？

坂本龙一：不会，我写作很差。我当时对人类学或考古学有更多的兴趣，我至今对人类例如智人的起源还是很感兴趣。

许知远：所以你应该成为人类学家。

坂本龙一：在读大学的中途，我考虑过从作曲学转到民族音乐学，所以其实我对人类学的兴趣与我对音乐的兴趣密切相关。我一直的疑问是，音乐是从哪里来的？我知道是来自于我们人类的远古时期，那么三万年前的音乐是什么样的呢？在智人的起源初期，有什么样的歌曲呢？是这样的疑问勾起了我对人类学的兴趣。

许知远：你有没有读过布鲁斯·查特文的《歌之版图》？

坂本龙一：当然读过，讲原住民，澳大利亚土著人。

许知远：你去冲绳的时候也有过类似对音乐源头的探索，那冲绳的音乐来自哪里呢？

坂本龙一：这是个谜。日本曾经在德川时代有二百五十年的时间是闭关锁国的。但在那期间，冲绳是开放的，它是一个独立的王国——琉球王国，与中国、朝鲜半岛和越南等许多其他亚洲国家和地区都有过经济上和文化上的来往。所以无论是古代的琉球还是今

1　高桥和巳，日本作家，长篇小说《悲器》探讨知识分子的责任和命运问题，受到文坛赞赏。

天的冲绳音乐，都深深受到中国传统音乐的影响。

另外，它还有一些传统音乐与印尼或菲律宾传统音乐有关系，比如 kecak（凯卡克舞）和 gamelan（甘美兰）[1]。实际上，冲绳传统音乐的一种音阶与巴厘岛使用的非常相似，但是它们相隔千里。这世界上只有这两个岛屿是共享完全相同的音阶，非常神秘、非常奇怪，但又有什么不好呢？

人的活力、日常生活的活力，这能让我微笑

许知远：昨天我在旧金山见到了陈冲，她让我向你问好。

坂本龙一：是那个演员吗？她住在旧金山？我都不知道。

许知远：她聊了很多拍摄《末代皇帝》时候的回忆[2]。

坂本龙一：真好，她在中国出名吗？

许知远：非常出名，现在她也是导演。

坂本龙一：我知道，她以前就特别聪明，我认识的她既聪明又了不起。即使是八十年代的时候，她的英文就讲得特别好。

1　凯卡克舞表演时间以黄昏居多，现场灯光极弱，它的名字源于跳舞时"kechak-kechak"的伴唱声音；甘美兰是印度尼西亚历史最悠久的一种民族音乐形式，是传统印度尼西亚锣鼓合奏乐团的总称。

2　陈冲出演了《末代皇帝》的女主角，坂本龙一担任电影配乐并出演配角之一。

许知远：我们还谈到 1987 年的时候你曾住在紫禁城，你对那时候的记忆深刻吗？

坂本龙一：至今印象还非常深刻。现在我感到很幸运的是，能够在那个时候了解中国，现在的中国社会已经与我在八十年代认识的中国大不相同了。当时在我看来像一个黑白社会，没有颜色，或者说只有红色。但是我觉得中国人很有活力。

在当时，外国人不被允许进入百货公司、商店或者餐馆，但因为我长得像中国人，我就混进去了。而北京当时只有一家迪斯科舞厅，只有外国人才能进去，中国人不被允许进去。在长春时，我想去百货公司买一辆自行车。当然我不会说中文，我就在纸上写汉字。我当时写下的是"我想一辆自行车"，那个女孩就开始笑，甚至还找来她的同事。她们觉得这个日本人想一辆自行车，很好笑。之后她们教我怎么正确地写下"我要一辆自行车"，并且最后我买到了。

许知远：你谈到当时的颜色是黑白的，那么北京这个城市的声音是什么样的呢？

坂本龙一：我记得自行车的声音，当时汽车并不多，却有许多的自行车，自行车和人声的喧闹让我印象深刻。新的百货公司开张后，大家都在门口等着。到点一开门，所有人都冲进去，还会吵起来，特别喧闹，是一种很好的活力。人的活力、日常生活的活力，这能让我微笑。

北京还总是很安静，特别是当时我们住在北京非常有名的酒店里，周围街道很宽阔，到了傍晚就会特别安静。当时晚上是不允许随便走在街上的，步行的人不多，周围也没那么多车，非常安静。房间太大，我一个人感到特别孤独。

许知远：紫禁城的声音是什么样的？紫禁城和北京应该不同。

　　坂本龙一：那个地方是关闭的，有一些空旷。建筑既精致又华丽，非常宏伟。看着那里的院子、墙壁和宫殿，就仿佛皇帝还住在里面，但我知道它是空的，所以有点悲哀。也许这也是为什么我还记得风的声音。有种孤独，但不是悲剧的感觉。我们不能说它是悲剧。

　　许知远：但它是悲剧。

　　坂本龙一：这是清朝黄金时代的没落。不仅是清朝，也是中国的帝国。

　　许知远：你在为这部电影制作配乐时，会常常想象皇帝的失落和孤独吗？北京的场景和色彩会浮现在你的脑海里吗？

　　坂本龙一：不只是北京，在中国的所有记忆都会。我们当时去了北京、大连，还有长春。这些记忆深深地影响了我为《末代皇帝》谱写配乐，不仅如此，我还读了书和剧本。我需要对末代皇帝溥仪的生活有更多的了解。

　　我还要学习中国传统音乐的悠久历史，因为我没有关于这方面足够的知识。虽然中国和日本离得很近，我对中国音乐的意象也有一点了解，但并不完全够。在七十年代中期，我就开始收集"文化大革命"时的音乐了。当时的音乐是为革命而创作的，西方音乐被禁止，不允许演奏贝多芬，这在音乐上是非常有趣的。当时我从中国收集了很多红色音乐的录音带，还有朗诵毛泽东诗歌的录音带。很有意思。

　　许知远：谈谈你的工作流程吧。当你为电影配乐的时候你需要任何理由或者图像吗？什么样的事情会给你留下第一印象？

　　坂本龙一：没有任何固定的方法。我总是说，如果有一种方法可以让我遵循着去做音乐，我应该会遵循，但没有这样的方法。所以任何事都能帮助我获得灵感，气味、记忆、声音、照片、电影、书，或者是电视新闻什么的。

在制作《末代皇帝》配乐的时候，我没有足够的时间。我原本被要求一周之内要把音乐做出来，这不可能，最后我争取到了两周的时间。于是，我在东京创作了四十三首曲子，并在一周内录制完成。我把乐曲带到了伦敦，在两天内录制了更多的管弦乐，再把音乐融合在一起，所有事情都在两周之内完成了。后来，导演贝托鲁奇只用了我一半的音乐，所以你知道的……

许知远：你当时生气了？

坂本龙一：我很伤心，很受挫。因为当时时间太紧，已经没有空余从我的记忆、气味或书籍里去寻找灵感。为了作曲和录音，我一个礼拜都没怎么睡觉。

我的创作是以中国传统音乐为基础的，中国末代皇帝的故事也给了我很大启发，他从出生就是个皇帝，到最后变成一个普通人，这感觉就像一种逆向进化，从蝴蝶变回了毛毛虫。但他是被强迫变成了普通人，而且是一个贫困潦倒的人。所以这个故事带来的不只是伤感。这是一个有着历史背景的故事，这很重要。

当时日本和西方国家都在压制中国，清朝没落是必然的，也是沉重的，这个背景非常重要。贝托鲁奇也给了我明确的音乐创作方向。虽然讲述的是中国的历史，但它被认为是一部西方电影，同时也是一部现代电影，很多不同的因素结合在一起，演员甚至在电影中用英语交谈。所以导演说音乐也应该结合电影里面的不同层面。这是一个非常抽象的指令，但我从中得到了灵感。

许知远：陈冲告诉我贝托鲁奇给她最大的感受是诗意，他看所有事情都是带着诗意的。对你来说，他的个性或性格是什么样的？

哪些事情影响了你？

坂本龙一：非常多。他是一个很难理解的人，有着很多不同的面貌和个性。有时候他就像个孩子，一个小男孩；有时他表现得像个独裁者；有时像一个非常生气的父亲；有时他就像我的哥哥，让人感觉非常熟悉。总之他很有魅力。

他总爱开玩笑。他是个诗人，十九岁就开始了他的诗人生涯。他的父亲也是一位诗人，一位和帕索里尼走得很近的意大利诗人。所以贝托鲁奇的青春期是和帕索里尼在一起度过的，他几乎每个周末都带贝托鲁奇去电影院看沟口健二或者罗西里尼[1]的老电影。

因此，贝托鲁奇十六岁时就当上了罗西里尼的助理导演，很早就进入了这个行业。十九岁时，他作为诗人获得了很重要的奖项，所以就像陈冲告诉你的那样，他的观点的确总是带着诗意。

我们需要给自己画一条线，
画出该做还是不该做

许知远：现在你对旋律不再有太大的兴趣了吗？比起旋律更喜欢声音？

坂本龙一：处于中间。

1　罗西里尼，意大利著名导演，意大利新现实主义电影滥觞的发起人。他拍摄的一系列低成本电影用最大的真实记录了战后意大利的民生。

许知远：现在对你来说声音意味着什么？

坂本龙一：没有，没有什么意义，声音就是声音。

许知远：那会有什么感受或者心情吗？

坂本龙一：我不知道，心情是你们的，我只是在发出声音。我想要听到永恒。

许知远：永恒对你来说很重要？

坂本龙一：我们会腐烂，会死亡。

许知远：所以永恒就是违背死亡？

坂本龙一：是违背生命。生命总是有期限的。它会变。我们出生、死亡，一直都在变。

许知远：所以你是两者的结合。虽然经常在变，但却想要永恒。

坂本龙一：对，两种不同的姿态。

许知远：这一次到北京，北京的声音跟你印象中有什么变化？

坂本龙一：是完全不同的声音。有汽车的声音，施工的声音，城市的声音。这一次最令我印象深刻的声音可能是最后一个晚上在一个酒吧里，中国音乐家们为我演奏的音乐，它是现代音乐和传统音乐的结合。

我很喜欢懂一点儿传统音乐的音乐家，很喜欢中国的传统音乐家以不同的方式和现代音乐家一起演奏，这跟纯粹的传统音乐又不太一样。在日本也有很多这样的音乐家。但我有点担心那些日本音乐家所做的事情有点过于西方化了。他们演奏的音阶过于西方化，不是日本传统的风格，我认为这样不好。

许知远：你会认为自己也过于西方化吗？

坂本龙一：我不担心，尽管在西方人眼里我是一个亚洲人，因为我的皮肤和容貌都是亚洲人。虽然我的国籍是日本，但我的音乐并不那么日本。

我总是举一个例子，与布莱恩·伊诺[1]的音乐相比，我的音乐更西方化，有一个类似旋律以及和声这样的西方声乐基础在里头。反之布莱恩·伊诺的音乐通常没有旋律，没有特定的和声结构和元素。但这并不意味着他的音乐就是亚洲的或者是其他什么。他的音乐就是属于他自己的。

所以，我的音乐也不是日本音乐，而是我自己的音乐。当然作为一个日本人，我既受到西方文化的影响，也受到亚洲文化的影响，但我基本上是在西方音乐的影响中长大的。后来我也开始学习其他类型的音乐，非洲、亚洲，包括印度音乐，等等。所以把某些人或某些音乐定义为一个类型并不是那么简单，日本人、亚洲人，或西方人其实都没那么容易定义。

许知远：从日本明治时代开始，人们就讨论很多东西方之间的矛盾，这种现象现在好像还存在着。

坂本龙一：对，明治时代是很强烈的。

许知远：在1990年搬到纽约的时候，你有想过要逃避这种日本的传统或者逃离日本社会吗？

坂本龙一：没有，那些对我并不是什么问题。对于很多普通人来说，搬到纽约感觉是很浪漫的，也许很多人会想象我来到纽约以

1　布莱恩·伊诺，英国歌手，曾与大卫·鲍伊合作过。

后，会为了爵士乐、音乐剧、地下音乐、嘻哈之类的音乐场景兴奋不已，但其实我完全没有感觉到那种兴奋。搬到这里只是为了一个很务实的理由，因为在八十年代之后，我在国外的工作越来越多，经常需要去纽约、伦敦或巴黎等各地工作。每次回日本都要花很长时间，身体很疲倦。所以我决定必须生活在世界的中心，住在纽约，可以轻松地去往洛杉矶、伦敦，或者巴黎，路上只需要六个小时。所以这是我搬来的理由，并不浪漫，而是为了实际需求。

许知远：当时离开日本去往世界各地的时候，你有没有重新发现你的国家或者文化根源？

坂本龙一：会的，这会发生在很多人身上。我更加清楚地看到日本好的一面和坏的一面，我比从前更加尊重日本的传统文化，因为它真的很独特。

我喜欢能乐堂，能乐是六百年前发展过来的，它很难理解，即使对我来说也很难理解。对我来说，其中的音乐和戏剧的东西很神秘，但又令我特别感兴趣，因为和其他音乐相比，它既奇妙又独特。

许知远：你感受到社会风气的巨大变化了吗？在 1980 年，昭和时代显得富裕和繁荣，但当泡沫破灭，平成时代变得非常黯淡。如何从旁观者的角度看待这个变化？

坂本龙一：我肯定是一个昭和时代的男孩。现在平成时代也快要结束了，新的年号马上要开始。有时候我会有疑问，平成时代意味着什么，但是我也想不到。平成时代的我基本上都住在纽约，并不在日本。我跟它没有交集，而总感觉我还是活在昭和时代。

对我影响最大的是六十年代，我的日本背景应该是停留在六十年代了。在那个时候，戏剧、电影、音乐，还有文学都产生了戏剧性和改革性的变化。1960 年我大概是八岁，1970 年我已经十八岁，活跃在政治和文化活动中。高中的时候，我看了这辈子最多的电影，好像一周能看五部或更多，有时候一天就要看两三部电影。也是高中时代，我开始听爵士乐，去爵士乐俱乐部，渴望听到所有最新的现代音乐。我觉得自己在那个年代很幸运，所以平成时代对我来说不重要。

许知远：在你三四十岁左右的时候，已经是一位很成功的年轻作曲家，而且非常英俊。那个时候的坂本龙一是个什么样的人？如果你在1990年遇见坂本龙一，可以和他成为朋友吗？

坂本龙一：他当时非常自私，认为自己可以做任何他想做的事情。他当时只在意自己，我们不可能做朋友，我不喜欢那时候的他。

许知远：你认为他是一个天才吗？

坂本龙一：十几岁那个时候比较好。但当他获得一点点成功后，他变得非常傲慢。

许知远：你什么时候第一次尝到成功的滋味，二十多岁？或者第一次感觉自己有了点名气，会被人认出来了，是在什么时候？

坂本龙一：在YMO发行第二张专辑的时候，事情突然有了非常大的变化。第一张专辑销量并不大，只卖了两千张，非常少，第二张专辑突然就卖到了一百万张，导致我那天晚上不能走在街上，因为每个人都在叫"坂本龙一！坂本龙一！"我不喜欢在街头上被叫名字。

我希望自己是匿名的，我从十几岁开始就喜欢成为匿名者。当有一天几乎每个人都在街上认出我的时候，我有十个月的时间都没办法接受这个事实。我基本上就让自己宅在家里，不出门了，并且觉得糟糕。

许知远：但是这很奇怪，很多年轻的艺术家都想成名，想要被关注。为什么你不想呢？和你的家庭背景有关系吗？

坂本龙一：是我的本性，也许受我父亲的影响。他就像个文化人，因为他是个很认真的图书编辑。也因为他来自九州，一个南方的岛屿，非常保守，像是一个古老的、旧风格的日本。他就像一个旧风格的日本男人，非常……怎么说呢，坚定的一个人。

许知远：非常坚定的，有点像武士。

坂本龙一：有点武士的精神，追求名望是反武士的，武士是匿名的，在某种程度上武士受到禅道的影响。当然，在日本我们依然可以看到很多禅道精神，例如茶道，到处可见，至今也是。我父亲就是这样的一个人，他对我影响很大。

许知远：当名誉成为你生活的一部分的时候，你仍然不喜欢它，怎么处理这个矛盾呢？

坂本龙一：我花了十个月的时间去接受，之后就慢慢习惯了。

许知远：在国际的名声会给你带来很多的优势，可以和很多艺术家合作。

坂本龙一：的确是。最开始的一步是感受到了 YMO 乐队的成功，第二步是《圣诞快乐，劳伦斯先生》。真的很感激大岛先生，我在十几岁的时候就是大岛渚的粉丝。再下一步是贝托鲁奇的《末代皇帝》，当时我在日本以外的地方开始有了名气，因此获得了很多的可能性。

许知远：你印象中大岛渚的特点是什么？

坂本龙一：他像是一个父亲，一个日本传统风格的、有点老派的父亲。他很坚定、很固执，坚信自己的想法，有自己的一套哲学。与其说是一个电影导演，他更像一个哲学家或者思想家。

在某种程度上，电影导演是艺术家的一种，有点接近于画家，但大岛先生是非常独特的一位导演，他知道自己的强项不在视觉艺术和音乐感上面，他是一个思想家，但他不是用书写的方式，而是想通过电影来传达他的思想和哲学。

许知远：你是一个什么样的人？你有自己的信念吗？

坂本龙一：我很复杂，我没办法定义自己，一个人应该由其他人来定义，也许你可以。

许知远：虽然表面上比较复杂，但你内心应该是个很坚定的人，不是吗？

坂本龙一：嗯，其实我也是个很柔弱的人。但有时候我们需要给自己画一条线，画出该做还是不该做的，对不对？

许知远：你是什么时候发现这条线很重要？毕竟年轻的时候总有很多诱惑，可能还想不到需要一条线。

坂本龙一：例如，我们在冲绳和福岛还存在着很多问题，但政府已经在计划着 2020 年的奥运会，我认为这是错误的。所以即使我被要求为奥运会做些什么，我是拒绝的。这是我的底线。对这样的事情，我必须有一定的判断力，但在其他的事情上我还是柔弱的。

艺术家的最终目标，
是寻找人类最深层的意义

许知远：可以给我们看一些你的书吗？书和音乐，是你的内心地图吗？

坂本龙一：都是跟音乐相关的书。全是乐谱，这个是德彪西的。

许知远：这是你十四岁时候的乐谱？

坂本龙一：是啊，因为我对德彪西特别感兴趣，我想知道德彪西的一切。但当时在日本没有那么多关于他的书。

许知远：当你看到这个的时候，你会回忆起十四岁的坂本吗？他那时是什么样子的？

坂本龙一：我当时很害羞，很黯淡。

许知远：不开心吗？

坂本龙一：不不，我很开心，但我当时不太想和朋友说话。放学后我回到家，就一直开着电视，然后可能碰几下钢琴，用类似这样的唱盘播放唱片。当我听德彪西的作品时，我总会盯着乐谱看，试图找出音乐背后隐藏着的秘密。

许知远：你当时的梦想是什么？

坂本龙一：我梦想着在巴黎的林中漫步，就像一百年前德彪西在漫步，然后看着灰蒙蒙的天空。

许知远：你现在还尝试写有关音乐历史的书，为什么这么做？

坂本龙一：我开始出版"Schola"系列音乐集[1]，主要面向初中生。因为现在的孩子只在 Youtube 或者手机这样的小型设备上听音乐。这样也很好，但是他们会错过些什么。所以我想介绍一些其他类型的音乐，也许是那些孩子平时不会去听的。我想展示音乐的世界是如此广阔，里面有如此之多的不同之处，世界上许许多多的不同角落，都会有音乐。就像语言，在山的另一边，人们说话的方式就会不同，音乐也会不同。即使在日本这样的小国，每个角落都有不同的音乐，食物也是如此。

许知远：一个男孩或一个女孩听不同时期的音乐，为什么这对他或她如此重要？

坂本龙一：对我来说，了解世间存在着诸多差异是非常重要的。我们必须享受这些差异。就像我们昨天吃了一顿很好的晚餐，但我今晚不能再去一次，我要去不同的地方。音乐也是同样的道理，我不能只听一种类型的音乐，因为在世界上有着很多不同类型的音乐，不单单有来自不同国家的，还有来自不同历史时期的。幸运的是，我们还能听到许多文艺复兴时期或中世纪时候的音乐。

许知远：在悠久的历史中，哪个阶段对音乐家来说算是最好的时代？

坂本龙一：很难说。也许是现在？我不知道。但现在一定是人类历史上最民主的时期，因为任何人都可以在自己的智能手机或笔记本电脑上制作音乐。这是人类历史上第一次发生的事情。

1　由坂本龙一总监制和主编，综合了古典音乐与非古典乐的系列音像读物。schola 是拉丁语，意为学校。

许知远：但有时民主也意味着庸俗化。

坂本龙一：你知道的，是会有不好的结果。

许知远：你十几岁的时候就在街上抗议过。当时就已经有了社会参与和政治意识了？

坂本龙一：六十年代就有了。我在六十年代的时候是非常叛逆的。六十年代日本的学生运动和法国、美国的比较相似，基本上都有反越南战争、反美国的情绪在里面。

许知远：听说在高中参与学生抗议的那个时候，其他学生在示威游行，你在弹钢琴，弹德彪西的曲子？

坂本龙一：是吗？我不记得了。很可能我当时做过类似于这样的事情。大家示威的时候我也在，我有参与。可能在我们休息的间隙里，如果有一架钢琴正好在那里的话，也许我弹过。

许知远：所以反抗精神是你DNA的一部分吗？

坂本龙一：是的，但是我也认为只是保持反抗有时是过于简单的，不够有深度。在"9·11"事件之后，我和我的朋友们出版了一本很厚的书——《非战》。我取的书名为"非战"而不是"反战"，因为"反战"是一场抗议，有明确的反抗主题和对象，而非战意味着远离矛盾，是关于和平、友谊，等等。因此我们想以"非战"而不是"反战"为标题来表明我们的态度。反派有时很容易变成正派，正派也很容易变成反派，正与反是紧紧联系在一起的，有时候会混为一谈，陷入二元对立并不好，我们要跳出框架去思考。

许知远：你是什么时候开始意识到反抗的问题的？

坂本龙一："9·11"之后。那大概是我第一次意识到反抗是过于简单的方式，我们需要探寻另外一种态度。

许知远：离"9·11"已经过去十八年了[1]，从你的角度看，它给纽约精神带来了什么样的变化？这种变化大不大？

坂本龙一："9·11"发生的那天晚上，绝大多数的纽约人都变得爱国了，这让我感到恐惧。几乎所有我在纽约认识的原本属于自由派的人都发生了思想转变，变得爱国且气势汹汹。某种意义上我能理解他们，纽约被恐怖袭击了，但是在"9·11"之后大家的情绪确实过激了，当地的报纸上甚至都写着类似"让冰河期降临阿富汗"这样的标题。我觉得很暴力，并不喜欢那样。好在四年之间美国又变回民主自由了。不幸的是，小布什被选为连任总统，但几乎一半的美国人是反对小布什的，我松了口气。我有点佩服美国人，因为他们没有走远，而是回来了。

许知远：有时在人类社会中，邪恶是不可避免的，你一定会面对难事和恶事。你是如何对付复杂的状况的？

坂本龙一：我没有一个正确的答案。我不想与任何人斗争，因为我不想受伤害，不想被任何人杀害，也不希望我的家人被杀害。因此我不会想去杀害或者伤害任何人。同样的，如果我不想要，我也不该对其他人做同样的事情。这是我的基本哲学，很简单。

如果有任何事情能让我开心，我也会对其他人做同样的事情。但有时候，像是在古代故事里会出现的情节一样，突然有不明部落来袭击，掠夺你的村庄，杀害你的家人。这种故事在人类历史上发生过很多。那么你该如何保护自己、家人和你的村庄呢？我没有正确的答案，我只是站着，不使用任何暴力而等待着被杀害吗？我并

1　本采访时间为 2019 年。

不知道。

许知远：对你来说，艺术家应该如何回应社会的病态或政治上的罪行？艺术家和社会责任之间的关系是什么？

坂本龙一：像不明部落突袭我们村庄的这种情况，艺术家是很无力的，没办法做什么。也许农民比艺术家更强大，至少体力上肯定是。但是在今天，很难想象会有不明部落突袭你，因为整个世界都在经济、科技和文化上有着密切联系。在文化上我们应该加强沟通，增进彼此的了解，一起创造更多新的事物。将来有很多的可能性，艺术家可以探寻很多东西，也许最终目标是寻找人类最深层的意义。

许知远：对你而言，现在人类最深层的意义是什么？

坂本龙一：我对人类很悲观。人类的存在对于大自然来说就像是患了癌症，我们正在摧毁许多其他物种，每一天都在。人类可能是历史上唯一破坏自然环境和杀害其他物种且没有自我意识的。我们的做法是非常糟糕的。所以我开始读很多例如《老子》这样的书，老子是一位重视生态环境的哲学家。

许知远：他不喜欢人类的欲望。

坂本龙一：我希望人类在未来可以更加谦逊地意识到大自然里其他物种的存在。我希望下一代可以意识到他们有责任去修复这些问题。

许知远：你的悲观情绪是从什么时候开始的？

坂本龙一：很久以前，甚至在"9·11"之前，大概九十年代的时候就感觉到了。

许知远：为什么呢？怎么发生的？

坂本龙一：因为我很关心环境问题，例如全球变暖。我们的环境问题是无限的，开始意识到这些问题以后我就变得悲观，不知道我们如何才能够在不久的将来修复这些问题。

许知远：思考未来让人感到很悲观，这会使你想立刻付诸行动，还是感到无力？

坂本龙一：如果我遵循中国哲学家老子的态度，那么无论发生什么，我也许都应该微笑接受。但我有家人，也有孩子。我爱大家，我爱我的朋友们。所以我强烈地感觉到我有重大的责任去减少这些问题，哪怕我能做的不多，也比不做要强。面临这些问题，我们每个人都应该做点什么，我真的很担心孩子们的未来。

许知远：这些迫在眉睫的问题和悲观的未来，会塑造你的音乐创造和对艺术的追求吗？

坂本龙一：我不认为我的音乐和面临的问题之间有很直接的关联。我的确是个做音乐且需要思考这些问题的人，这些问题和我内心有着强烈的联系。但在某种程度上，音乐是非常抽象的，有点像数学。在数学里，你看不出哪个部分是政治的或是经济的，这是一种非常抽象的体系。但是数学家肯定会受到其他一些问题的影响。情况跟这个有点相似。

许知远：艺术家会不会面临两者间的冲突？一面是像大岛渚这样以思想为主的，另外一面是以艺术为主的。这两者会产生冲突，还是可以合并？

坂本龙一：我不认为音乐是表达思想的工具，音乐就是音乐，有时会给我带来欢乐。有时我可以把它当成工具来表达一些政治上的东西，但我不经常这样做，我很少会把其他的信息、其他的表达放进我的音乐里。对我来说，音乐比作为传达我的声音的工具要广泛得多。音乐宽广得像海洋，而我的声音就像一个小岛，甚至还不如一个岛。音乐是一片海洋，就像巴赫。

许知远：如果巴赫至今还以音乐家的身份活着，他会做什么？

坂本龙一：他多半的音乐都是为信仰创作的，在他的音乐里有很多信仰的表达，有点帮当时的教会做宣传的用意。他也在其他场合为了欢乐而创作音乐。

他可能非常认真地想要传达他的声音，我想他那个时候应该为了当时人类的问题感到消沉。那时的人平均只能活三十年或四十年，有些人特别穷，也不识字。那个年代的患病率很高，也没有药物和医疗技术。我们几乎无法想象巴赫所处的社会，他对那些人的同情使他创作了有信仰的音乐。

许知远：你的音乐想传达什么呢？不单单只是为了欢乐吧。

坂本龙一：我并不是民谣歌手或流行歌手，我不写歌词，虽然也写过一点，但通常这不是我的主要表达方式。但正如我之前所说的，我希望人类能够意识到我们对大自然和其他物种所造成的危害，我希望我们的下一代可以修复这些问题。我们破坏了大自然，我们有责任去修复。虽然我还不知道该怎么做，但为音乐赋予这些复杂的信息并不好，音乐并不是这样写的。我音乐里面的信息更抽象，像祈祷或者安魂曲，至少是我为因我们而灭绝的物种写的"安魂曲"。

许知远：你提到过"9·11"之后你有一种强烈的恐惧。但是这种恐惧和现在的是不同的，你如何理解今天的恐惧感？

坂本龙一：在"9·11"之后，我感受到人类的极权主义倾向，我的意思是，人们在朝这个方向走，或者说他们被迫前往相同的方向。这也曾在战前的日本发生过，它和自由是反方向的，这让我感到非常害怕。我认为自由是非常重要的。

许知远：患病之后，如何应对癌症可能会复发的恐惧？

坂本龙一：我可以感受到很多种恐惧。我们是大自然的一部分，我们的身体也是，所以死亡是一个自然现象，即使我们有恐惧。它在任何时间都可能发生在任何人身上，我们必须像老子一样接受这个自然过程。这是很艰难的事情，也许我到生命最后一刻也还无法接受，但我希望我能做到。

1954 年　出生于台湾屏东

1978 年　就读于伊利诺伊大学戏剧导演专业

1993 年　《喜宴》获柏林电影节金熊奖

1996 年　《理智与情感》获奥斯卡最佳改编剧本奖、柏林电影节金熊奖

2001 年　《卧虎藏龙》获奥斯卡最佳外语片奖

2005 年　《断背山》获威尼斯电影节金狮奖

2007 年　《色，戒》上映

2013 年　《少年派的奇幻漂流》获奥斯卡最佳导演奖

2016 年　《比利·林恩的中场战事》上映

2017 年　接任金马奖执委会主席

2019 年　执导的科幻动作片《双子杀手》上映

扫码观看视频

李安

我希望能搅动人心，
搅动后又希望能平复它

Chapter 03

"如果特朗普当选，你会作何感？"[1] 我问李安。

下午三点，北京难得的晴朗，阳光猛烈射进房间，却也未将李安从一种显著的疲倦中唤醒。长途飞行、一个接一个的采访，不断重复对战争、对 120 帧、对创造力、对儿子，还有对人生的看法，这是一个导演漫长的中场休息，或许他也会感到与比利·林恩相似的荒诞。他仍保持着一贯的温文尔雅，礼貌地略过我的问题——自己不是美国公民，不能投票。

或许是害怕掉入窠臼，我没有询问他的电影理念与人生感悟。从《推手》开始的漫长拍摄历程，塑造了一个几乎大获全胜的导演。他能呈现东方之细腻，也对西方文化高度敏感，他让周润发、章子怡在竹林上飞翔，也能带领艾玛·汤普森和休·格兰特理解简·奥斯汀的世界。而且，不管获得多少认可，他始终保持着一贯的谦逊。他完美得不真实。但或许也是这种过分的完美，让他的作品产生了一种缺陷——它们都表现稳定，却没有一部令人惊呼。

我没有追问下去，自知这个问题是一个噱头，一方面觉得特朗普不会在两天后当选，这不过是美国人一次不满的释放，他们会在最后一刻恢复理智的；另一方面，一个艺术家应该对时代做出更缓慢与耐心的回应，他更不是政治立场清晰的导演。《比利·林恩的中场战事》算是他对历史最迅速的一次回应了——伊拉克战争爆发于十三年前。

荒诞感始终伴随着这群年轻的士兵。这部电影让我想起的不是他的另一部战争片《与魔鬼共骑》，而是二十年前拍摄的《冰风暴》[2]。那个故事发生在 1973 年的康涅狄格州，一个中产阶级家庭被无聊、压抑、无助、私通所支配。在这个家庭背后是一个被越战、

1　该访谈时间为 2016 年 11 月，正值特朗普竞选美国总统的白热化之际。

2　《冰风暴》，1997 年公映的美国电影，由李安执导。

水门事件、石油危机弄得焦头烂额、涣散不堪的美国。六十年代的激昂、奋进、试图改变的热忱都消失了，人们转而躲入个人生活，但这个人生活充斥着厌倦、不安、乏味的刺激。

此刻的美国处在一个相似的时刻吗？它陷入了一场漫长、毫无胜利可言的中东战争，它面临了一场 1929 年以来最严重的金融危机，更重要的是，它与欧洲盟友代表的那股自由民主政体与政治理念遇到了挑战。它似乎不再是人人向往的历史方向。美国不仅正失去自信，更有一种自我怀疑、自我否定，甚至因恐慌生出了新的偏狭与孤立。特朗普正是这种新情绪的象征，他大声疾呼出所有的恐惧与困境，然后提供了一套粗暴、偏狭的解决方案。他似乎征服了很多人的心。见到李安时，特朗普与希拉里在民调中的支持率再度接近，尽管我仍不相信他会当选，却震惊于他能走得这样远。

李安似乎不太同意对这两个时代的类比。他相信美国在二十世纪七十年代的困惑是一个少年式的"成长的烦恼"，如今则是一场真正的"中年危机"。我对他的判断不置可否。这或许也与他的个人视角有关。当他在七十年代末到达美国时，美国已度过了它最焦虑、混乱的时刻，他自己更是一个逃离禁锢、拥抱自由、对未来充满各种憧憬的青年。而此刻，他已在美国生活了将近四十年，他获得了超出意料的成就与荣耀，却也度过了生命力最旺盛的时刻，况且，对一个社会愈是了解，愈可能带有嘲讽与悲观。美国曾代表一个让人遐想的理念，如今更是一个强盛的国家。然而，借由比利·林恩之眼，你会觉得这硕大球场、万人狂欢中的美国精神、美国梦，是多么荒唐。

在见到李安两天后，特朗普当选了。或许当特朗普时代结束后，我们才能更准确地理解这个时刻。多年之后，李安会怎样用镜头来回应它？

现在是一个迷惑的年代，
我对美国的梦想有一种破灭感

许知远：你拍过关于伊拉克战争和南北战争的片子，这两次"战争经验"有什么区别？

李安：每一场战争都很不一样。我因为做电影，所以稍微研究了一下。大家以为军人去打仗是同一回事，其实每一场战争，军人经历的心理感觉、战争的性质、使用的武器、作战的环境，都是很有个别性的，所以我想这两场战争差得很多。包括越战的经验，你都不能放在伊拉克战争里面，心理因素差很多的。

许知远：你以前说你拍南北战争，是想探寻美国的动力。

李安：对，因为美国的动力其实在影响全世界。

许知远：你找到这个时代美国的动力了吗？

李安：更像是解构力吧，不是动力了。我在拍南北战争的时候，对美国还是有憧憬的。那些年轻人，包括托比·马奎尔演的角色，对所谓"解放""自由"有一种向往。现在就是一团糟吧。这两场战争体现不出来美国的动力、美国的理想是什么。我真的觉得对美国的梦想有一种破灭的感觉。老实讲，我觉得很荒谬，所以选了这么一本书。书都是别人写的，我只不过借了这个材料，这跟我关心的东西，跟我对美国的观察、对世界的观察，跟我自己的年纪有一些关系。是我年纪到了，这个世界永远是那个样子，只不过我以前没见到，还是说这个世界真的变了？这很难讲。我想那个片子你也看了。

许知远：看了。特朗普的出现，是对你理解的美国一个很大的嘲讽吗？

李安：我在冷战时期的台湾长大，对美国的印象是理想化的。精神上面，我对美国人的了解是通过电影电视，都是经过美化的。美国人的形象就是比较漂亮、高大、有理想、比较开放，对什么东西很坚持，这是自我理想化嘛。就像我们自己拍电影，也有这个倾向。所以真实的美国——当然也不都是假的——是一个虚的东西，是值得追求的感觉，是一个理想国的感觉。我觉得很多国家的形成来自血缘、历史、地缘，可是美国是一个理想，它是由一个个理念组成起来的，这个在历史上很少见，后来又变成历史上最强大的一个实体。我觉得对美国的了解应该是人人有责吧。这不光是美国的事情，因为它会影响到全球的心态。所以我在拍美国片时很难免会加一点我自己的观察在里面。我觉得现在是非常迷惑的一个年代，可能是我的认识开始比较缺失一点，也可能是美国人在变。

许知远：这种迷惑，包括这种荒谬感，跟你处理《冰风暴》的时候有相似的地方吗？七十年代初的美国也是有点失败主义。

李安：不太一样。那是美国的第一次成长经验，是比较类似于越战的经验。我觉得越战经验和伊拉克战争经验是差很多的。前一个像青少年期的危机，后一个有点中年危机的感觉——虽然《冰风暴》也是一个中年危机的故事，但它大概发生在三十七八岁，是一个理想刚刚崩坏的阶段，从热情的革命、改革变成嬉皮、颓废。所以七十年代可怕的地方在于它的影响进入了家庭，进入郊区了，它影响到了成人的生活，影响到了家庭生活和基本的价值观念。所以《冰风暴》的不一样在于，它发生在越战后期，那是美国第一次打败仗，而伊拉克战争时候的美国已经臭很久了。所以这两个阶段的国力啊，民族自信啊，成员的组合啊，社会的多元性啊，都很不一样。第二次世界大战后的美国是世界警察，到它幻灭，再到越战受到挫折，整个社会价值都在变动。六十年代的艺术那么迷人，而到了七十年代就已经开始比较自私、比较讲消费文化了，美国变得不是那么理想了。再到八十年代里根执政的时候，一直到打伊拉克战争，美国的变化其实很多，很难一言蔽之，我的功力还不够。

许知远：我印象很深，你在自传[1]里谈到第一次看《毕业生》，有一种巨大的冲击。现在差不多是它上映五十周年了，最近还看这个片子吗？

李安：最近没看。不过如果在电视上看到，我会把它看完。我觉得这个片子在我到美国以后看和以前年轻的时候看，不太一样的。

许知远：区别在哪里？

李安：年轻时候很单纯嘛，只看一个大意，可是对它的品质、细节没有那么了解。到美国生活以后，英文就比较好一点了，所以有一些结构、语言上的喜感，跟人的行为上的那些讽刺感，就更理解一些，后来当然是更喜欢，觉得它的喜剧讽刺做得非常有意思。不管是演的还是导的，那个时候电影拍得很有活力。在那个时代，那样的拍法，打破了过去很多片场的习性和惯用手法，感觉很自由。那种纯电影的感觉，在那个时候看着非常过瘾。

许知远：那部电影对一代人的思维方式有特别大影响。你有哪一部电影是受到时代的思维方式、情感方式特别大的影响？

李安：《冰风暴》有，其实我做美国电影时常常会有。《冰风暴》是我第一次拍美国片，去回应那个时代的情绪——我对那个时代特

1　《十年一觉电影梦：李安传》，张靓蓓著，中信出版社 2013 年版。

别有兴趣，可能是我那个时候刚刚离开台南的家到台北去生活，第
一次离家有一种解放的感觉，开始离开学校书本上的东西，我想那
个是我成长的一个阶段。所以我特别喜欢六十年代末、七十年代初。
在美国那也是一个青黄不接、很尴尬的年代。六十年代末的时候，
有政治活动、热情，到后来变得比较物质了，所以就是 1970 年到
1975 年中间，我特别有感觉，很尴尬。

许知远：尴尬的感觉是不是特迷人？

李安：对，我这个人到哪里都有一种尴尬感。各地为家，适应
性也不错，可是总有一种外来人的尴尬感，这种尴尬感，不上不下的。
我在做《冰风暴》的时候，第一个感觉是挺害怕的，这东西不能做，
可是也得硬着头皮做。我去故事发生的小镇上做研究、访问。第一
个人说他不记得 1973 年，1972 年的很多事情记得，1974 年也记得，
就 1973 年不记得。我就想，完了，这个怎么做。反映 1973 年的电影，
我大概就找到一两部。我觉得它是美国人不愿意记住的一个年份，
很不愉快，恨不得把它整个忘掉。但是我又觉得有意思，好像找到
了美国的七寸，打蛇打七寸，找到了节骨眼上的一个年份，你哪壶
不开提哪壶。而这次回应伊拉克战争的电影《比利·林恩》，时间
过去很短，只有十年时间来看这场战争，它甚至还没有结束，还在
继续呢。

许知远：困难主要在什么地方？

李安：它还在进行当中，后果还在持续发酵。不像我 1996 年
拍《冰风暴》，那时 1973 年已经过去了二十几年，它的一切都定格了，
演员已经可以做 sense memory（感知记忆）[1]，可以在记忆库里完

---

[1]　感知记忆（sense memory）是一种表演方法，演员根据某种私人的、情感的经历唤起
相应的身体感受，从而帮助自己在塑造人物时激发真实的情感反应。

整清晰地看到它。而现在的观众没有办法把握这场战争。它有可能是对的，也可能是错的，还很难讲。我只有在人情方面尽量专注，而很难谈政治议题，我也不太去碰它，书里已经有很多内容了。书里的火气很大的，我没那么大火气，我只是在人情上写实。我也尽量做一些研究，我跟那时服过役的人去谈，就是从难民营那边出来的人。我自己也收集一些材料，也察言观色，这点勤快的事情我还是要做，我觉得就大致不差啦。《冰风暴》出来，你喜不喜欢，结果反映后果。我后来还拍了一部片子叫《制造伍德斯托克》[1]。

许知远：看过，我特别喜欢那个年代。

李安：那个电影也是对时代的回应。我觉得我对那个年代，要做全的话，应该有一个五年的时差。就是说我做 1973 年，要从它的前五年看起。现在我还差一部片子，可能要做 1975、1976 年，这样这个观察过程才比较完整。

许知远：承载 1975、1976 年的会是一个什么故事？

李安：现在不能讲。据我对美国的观察，那段时间是很特别的。当然南北战争我觉得也很特别，1860 年也是美国转折的一年。我不晓得为什么选的故事总是正好在美国转折的时期，可能我这个人对转折比较有兴趣，因为生活本身总是要不断面临转折。

许知远：《色，戒》的年份是不是也很尴尬，在中国的现代历史上？

李安：我想是有的，但我觉得最大的尴尬，是那个时代的年轻

1　《制造伍德斯托克音乐节》是一部 2009 年上映的美国电影，讲述 1969 年的伍德斯托克音乐节，由李安执导。

人从爱国主义到幻想的破灭，角色认同上面有尴尬，这要比年份因素重一些。再有就是它有一个比较暴烈的结尾。

许知远：《比利·林恩》里面，有没有你特别想达到却没有实现的？

李安：我觉得有一个东西可能是我没有办法做到的，就是那本书其实是一个很明显的讽刺剧，但作者自己不觉得，大家甚至拿它跟《第二十二条军规》相比，很多书评这么写，但我觉得其实不像。我问那个作者，作者也说岂有此理，他们为什么这么讲。

所谓讽刺剧，其实是把人物卡通化，通过很夸张的方法来进行讽刺。在夸张的中间，有很多很犀利的描述，可思想中的描述不是能够电影化的。作者用一个年轻的形象，十九岁的比利·林恩来叙述一个中年知识分子的想法，这是很敏锐的观察，但本身就是不太合理的。可是在书里，你可以让它这么发生，这也是书好看的地方，电影上我没办法做到。加上我的本性比较温厚，所以要我做那么辛辣的东西，或是那么夸张地表现，我是没有办法的。比如说斯坦利·库布里克的《奇爱博士》，这个我没有办法做。当然，我换取的是一些眼泪、一些同情心，因为我的个性比较温和一点。

许知远：温和的个性会妨碍你做更深的探索吗？

李安：我想深浅跟个性没有关系吧，怎么样都有法门的。只是说这个书我拿到的时候，读者的期待是比较辛辣，比较讽刺，要超过幽默，甚至是很尖刻的。可是我要很写实地、很用心地表达的话，很多很好笑的东西其实是笑不出来的，这是我的表达方式。我觉得在深度上跟他的书是没有太大差别的，只是在形式上面，我没有办法做他那样的一个类型——虽然我用到了一些书里的形式，可是我很难上手。

做电影不能太自以为是，
还是要谦虚一点

许知远：刚才你说你总是一个旁观者，旁观者可以进入不同的领域研究、理解事物，但它的劣势是什么？

李安：就事论事地讲，劣势就是说我不够地道嘛，我只能用将心比心和勤快去弥补。弥补就是说，电影不是我一个人拍的，这么多人参与，我总是可以跟他们商量，看看对不对，试试风向。电影总是让别人来看的嘛，只要你够勤快，天分到，你合作的伙伴愿意投入，入木三分是做得到的。

外人的好处是他看得比较准，而且一看就能看到；局内人的话，你的成长经验、成见都会对你的看法产生影响。我觉得让外人去评价一个东西比较简单，但你要把自己的肉拿出来拧的话，其实有更大的难度。事不关己，关己则乱。像《色，戒》这样的片子，对我来说有很根深蒂固扎进来的东西，包括我的不安感啊、恐惧感啊、信赖感啊，很多东西，你真的要从自己肉里面拔，心里面拔的时候，难度可能比做美国片要高。

许知远：1991年的《推手》到现在已经快三十年了，你的哪些片子你认为最"地道"，除了《色，戒》？

李安：地不地道跟成不成功好像不能划等号，跟我下的工夫也不成比例，跟我们从小受的教育——只要努力，结果就会好——是不成正比的。《断背山》我觉得是非常地道的，但我其实没花那么大工夫。而且《断背山》是同性、是西部文化，好像是跟我不搭界的东西。他们有人说我是在怀俄明州长大的，看那个影像，可以闻到牛粪的味道。可是那个事跟我没什么关系，只是镜头一摆，它就到位了。所以我是跟自己下了工夫，我在台湾长大，跟西部牛仔有什么关系？我想那部片子挺地道。还有《冰风暴》也非常地道，这个我自己不晓得，可是在那个地点长大的那一代美国人看的时候，感觉会发抖。所以我们通常说地道，说内行，总会说是因为有经验，其实好像也不全是这个样子。

许知远：这种地道有什么非常感官式的反应吗？

李安：这个要看当地人的反应，我自己不见得有。我自己有反应的时候，跟他们的反应又不太一样，因为我是戏剧性的，跟他们生命里所谓地道的反应，又不太一样。我觉得电影、戏剧必须尊重这一点。我们地道的生活感是会改变的，有主观的因素，有错误的想象力在里面，常常是小时候你以为怎么样，长大后回去看，"唉，好像不是那么回事"，会有错位的感觉。可是你用艺术的形式定影以后，对人心的影响就成了一个永恒的东西。所以做电影我觉得也不能太自以为是，还是要谦虚一点，因为它本身有一个不朽的价值在那边，所以你不能太随便。

当然，对于当地人来说，我是外人嘛，所以不由自主地会这么想。如果是艺术的话，我个人觉得做别人的东西比较容易，自己的东西如果没什么艺术感，对这个事情没什么贡献，做起来也不见得有滋味。可是你的成长过程，对你人格、眼光的培育，肯定是有影响的，从这个角度出发可以看这个世界，地不地道我觉得可以由做工来弥补。

许知远：尽管你在书里说每部电影拍完都会精疲力竭，但实际上过去的几十年里，你保持了非常稳定的产出，而且基本每部都好。这种控制力是怎么来的？

李安：这我也没答案，唯一可以讲的是谢谢你的肯定。

许知远：或者说基本上没有失手的时候。

李安：不过我自己倒不是这样想的，我觉得我尽量去做。当我需要做一个片子的时候，我常常觉得它会上身，像一个魂，我只是把它从我这个系统里排出去。拍完以后我跟你们看电影也是不一样的，它好像被清除出去了，有一种净化的作用，然后新的东西又上身了。所以我看电影没有办法当一个故事看，这是很奇怪的感觉，我也不是很想去看它。我觉得它好像是我需要挣脱的东西，把它处理掉了而已。有时候那些东西你其实没有处理干净，它又回来，用别的方式，掺杂了别的因素，又这么过一下，我总是有这个感觉。

还有一个就是说，我看电影还不到发烧友级别，或者说年轻时候很"发烧"，现在不看也无所谓，可是我真的很喜欢拍电影。每个环节、手感，只要碰到它，我就很喜欢。我没有所谓失不失手，好不好，评论在人家嘛。当然讲我好，我很高兴；讲我不好，我就觉得不能苟同，生一肚子气，其实也没有什么大不了。我很珍惜拍片的那段时间，真正在做的时候，虽然很苦，也有很多不安，可是总是有一种充实感。我想我会一直做到做不动为止。而现在我还是能够摸到，我就觉得很好，只能这么讲吧。

许知远："上身"的感觉是什么呢？比如说这部电影，描绘一下它对你"上身"的过程。

李安：讲"上身"有点可怕，不过也确实有点可怕。我记得我好像是在拍《卧虎藏龙》时开始有了一点感觉，就是我会变成那部电影。《色，戒》里我觉得张爱玲好像一直阴魂不散，一直缠着我，确实有那种感觉。我也不是迷信，不是见神见鬼，我讲的是一种感受。

我想到有一次我开车，发生了车祸，太太在旁边，小孩在后边，那一两秒钟我下的决定可以花十分钟来叙述。而《比利·林恩》里这个战士大概也是这个样子，他所有的感官是开通的，肾上腺素会让他看上去是很容易受伤害的，所以他从战场回来以后有适应的问题，反而是正常的生活让他觉得很荒谬。我觉得把这两个东西，一个半场秀和一个真实的战争，放在一起很有意思——当然小说还有其他的议题——所以我决定拍这部电影。那时我正好在追寻新的电影感受，一般的电影比较迷糊、平面，而这个战士好像更清晰。

在拍摄过程中，我的经历、不安全感跟比利·林恩似乎很像，我就觉得我变成了比利·林恩，发生在他旁边的事情就发生在我身上。最后我还是要"回去"。有些我现在在讲的主题，不是我当初所想的，是拍片的时候慢慢发生的。我觉得自己无形中进入那个世界，对伊拉克还有美国人都产生了感觉，而且人生中很多别的事情好像都会进来，跟那些人和事呼应。我不是刻意去追求那种东西，可能会有一些感应。

许知远：被"上"了这么多次不同的身，面对不安全感、恐惧、挣扎，然后走出来，你觉得人变得更安全了吗？

李安：我想我们的成长不必靠电影去修炼，你可以用别的方式。我觉得我可能很像演员吧，年轻的时候我想过做演员，做不成，英文不会讲，就做了导演，所以我跟演员扮演角色的感觉很像。我记得梁朝伟跟我讲了一句话，他说"我们做演员很痛苦"，当然，好的演员才会这样讲。因为我每天都在说服他相信一些东西，他自己也相信了，然后就变成了那个人。拍完以后，又要说服自己不要去相信，要走出来，好累。而我可能就是用电影来扮演不同的角色吧。

就像《色，戒》里的主题一样，通过假装一件事情，你才会有胆量去触摸真实。我想人生倒是不可能没有一些好奇心，我们有自己的课业要学，这一辈子有很多东西要学，而这是一个很好的学习方式——假装是谁。

许知远：所以我现在碰到的李安实际上不是真实的李安，更真实的李安是在片场？

李安：也不能那么讲吧。人总有表里，翻来覆去，没有办法一言蔽之。人都有复杂性和自然性，老天爷设计的东西我们摸不透，我们只能虚心地去学啦。

我觉得我也需要去摸自己不同的面向。根据成长经验，你到了某一个面向，又到了某一个时间，你会对其他的主题产生兴趣，会遭遇一个困境，需要去触摸它，如果不去触摸的话，它会骚扰不休的。首先是要面对，然后去处理它。去处理它以后就可以把它理性化了，你就定型了。可是一个议题处理以后，又会有新的东西骚扰你，你又要去面对它、处理它，然后把它理性化，这就跟剥洋葱一样，我想人生是剥不尽的。

许知远：那你现在最想剥的是哪块"洋葱"？最想处理的是哪个主题？

李安：我不晓得，看下部电影吧。我可能会处理不同的议题，也可能是用不同的角度来看同样的事情，这都很难讲，我不是天天思索这种问题的人，我不是搞哲学的。对，哲学有这个需要，它一定要有道理，而我是拍出来再制作道理。我相信道家的玄之又玄，因为真的就是这样，摸不透，我只能在我可以触摸的地方去感受它。而且，在触动别人的心的时候，也是有感应的，毕竟我们不是单独的存在嘛。感应多了有时候也有烦的时候，也有想独自一人的时候，人生其实没有什么太大的需要解答的东西，摸摸石头过河。

艺术这件事没有那么暴烈，
好的平衡感就是美感

许知远：你给我们大部分人的感觉是平衡感、分寸感非常好的一个创作者，你会有失衡的时候吗？

李安：会有，身体会抗议。我们做这一行，年龄到了，你以前积的因一定会告诉你，你怎么对待你的身体，你的身体就会怎么对待你。我们的工作很忘情，跟一般规规矩矩的、刻板的生活不一样，所以它本身就是一种纵情。我们这么蹂躏自己的情感，肯定不是养生之道。养生之道是大事化小、小事化无，尽量不要太去玩弄那些情感的东西。可演员也好，做艺术的也好，都是拿自己的命在手上玩儿的，就像跳伞、滑翔翼、登山一样，有点玩命的个性在里面。对绝对值的追求有点杀手的个性在里面，坚持、执着。老天爷给人的东西是有限的嘛，不可能无限地给你，你过瘾了以后，它就会告诉你没了。

我觉得我宁愿自己这样活，也不要什么都不去触碰。每个人的个性不一样，做这行的，尤其是做表演事业的，喜欢触碰这些东西。有时候碰到也会警惕，因为超过了你神经可以承受的范围。所以你说我平衡，不平衡也不行，人天生不可能全是那么强烈的东西，如果我希望长久的话，我不能是那种爆发型的导演，我还是得有点分寸，也可能我的个性就比较温和，我也没有很好的答案。

许知远：会担心这种分寸感或者平衡感影响你的创造力吗？

李安：会。但创造力本身又要有平衡感，我想艺术这件事情应该不是完全爆发的，应该没有那么暴烈，一个最好的平衡感就是美感，而不是一种绝对。尤其是中国人在做艺术的时候，他有留白、意境，这些东西都是要给你保留一个余地、一个回响空间的。力气不是光你出，观众也得分一半。全部力气都是你出，别人看把戏，这演得太笨了嘛。我希望观众也能一起来交流。我们的艺术形态不是一个人在穷过瘾，穷伤神。我常常讲我们不要忘记做这个事情的喜悦感、满足感，如果全是痛，那就没有人会一直往里面走，我们也不是被虐待狂。我们制作电影时最不会发生无聊的情况，都是比较有意思的。

许知远：你那么迷恋六十年代末、七十年代初，那段时间实际上是整个西方世界特别有创造力的时期，包括日本也是，你觉得那个创造力的源头是什么？

李安：不晓得，真的没研究。我觉得好像是老天爷有意为之，跟那个时代比，现在有点无聊。那段时间这个世界好像正处在一个青少年时期，而且是一个早熟的青少年爆发的时代，真的很迷人，很可爱。当然，尤其是电影，真的有意思。

许知远：对八十年代的台湾是不是也有这种感觉？八十年代到九十年代转折中的台湾社会，是否也有小小的爆发的感觉？

李安：有一些，不过那个时候我已经离开台湾了。时候也到了。过去都是军事戒严，后来压抑的东西突然爆发出来了，我这一代基本上也还是这样，跟后两代的导演有差别，我们都是深受压抑，在那个时代突然又解放出来。

许知远：如果当时没有去美国，留在台湾，会是什么样？

李安：不晓得，我的命就是那个时候该离开。我说年纪到了，

跟我的朋友冯光远一起去了，后来我们在纽约的人，大部分都回了台湾，也有不少人到了北京和上海，留在纽约的其实已经很少了。我那时候其实也想回来，可是刚好申请了绿卡，因为美国有一个经纪人签了我。学校刚毕业，太太还在读书，又生了小孩，于是就在那边耗着。申请绿卡又好几年不能离开，也不能回台湾找工作，就这么耗着。

说真的，我在念书的时候，从来没有想过可能在美国拍电影，这个事情在我脑子里还不构成一个想象，连"梦想"都还没有。后来我得了台湾的一个奖，非拍那个片子不可，故事写的是美国，我才开始。后来那个片子又得奖了，一得国际奖，我又进了美国的艺术院线，这也不是我设计出来的，好像是命运规定我这么走。现在好像东西两方我都沾到，有时候也会落到"缝隙"里面，这种经验也不少。

许知远：落到"缝隙"里是什么感觉？怎样描述这个"缝隙"？

李安：有一种黑暗无助的感觉。我不是每部电影都那么卖座、成功的，我也受过好多打击，刚开始的时候也吃过很多苦头。

许知远：印象最深的打击是什么？

李安：不一而足啦，片子不卖座，没人看，都有。但我觉得那片子也挺好，跟我成功的片子一样，我一样的拍，觉得差不多，可为什么别人不看呢？电影真的不晓得，人算不如天算。还有就是说这边有市场，那边也有。比如《断背山》这样的，突然大家都喜欢上了，这是没有国界的，我也不晓得为什么。我让一个台湾人看，他为什么会感动，我真的是不晓得。其实我第一次受打击是拍完《冰风暴》，真没人看，《绿巨人》也是受打击的。其实我受到的打击，我自己也不太知道，即便大约知道是什么，我也不敢肯定，所以会有一种惶恐的感觉，我也不是习惯受打击的。

许知远：没人习惯的。

李安：也不是，有的人属于烈士型吧，或者说是孤独的艺术家型。我不是那样的人，我这个人好像还蛮容易受大家喜欢的，所以受到打击的时候，会比较敏感，挺难受的。

许知远：比如有一天如果你不拍了，你觉得会给电影史留下的遗产是什么呢？

李安：拍电影蛮努力的一个人吧，就是这样子。我真的不敢讲。我觉得我对世界的了解是有限的，我就是对世界有足够的好奇心。当然，电影是文化事业，跟人性也有关系，我希望在搅动人心上面有一些作用。搅动之后，我希望也有点平复的作用，按我的说法，其实我那个也不管，我就是一个蛮喜欢拍电影的人。

许知远：你刚才讲对美国的动力感兴趣，中国在过去十多年里其实也发生了很大的变化，你觉得中国动力是什么呢？

李安：中国对我来讲有点像一场春秋大梦。我是在台湾长大的，我对中国根深蒂固的历史观念是父母灌输给我的，是理想化的一个中国。现在的中国当然和以前不太一样，可是跟历史又是有联系的。相较起来还是美国的东西比较简单，才两百年历史。中国真的是很复杂，你要从历史开始讲，为什么会成为现在这样子，真的不是我三言两语可以给你回答的。你觉得呢？

1955 年　生于重庆

1987 年　获得中央美术学院硕士学位

2007 年　担任中央美术学院副院长

1999 年　获得美国最重要的个人成就奖——麦克阿瑟"天才奖"

2006 年　获全美版画家协会"版画艺术终身成就奖"

2010 年　被美国哥伦比亚大学授予人文学荣誉博士学位

2015 年　获得美国国务院颁发的艺术勋章

2018 年　在北京尤伦斯当代艺术中心展出回顾性展览——"徐冰：思想与方法"

扫码观看视频

徐冰

艺术家的价值,
在于我们依托的这个文明所做的探索

Chapter 04

　　我特意去了收粮沟村。车在山道中绕来绕去，冬日的萧瑟愈发显著。北京比我想象的大，延庆竟如此之远。二十世纪七十年代初，徐冰在此插队，他昔日的同伴，一个爱好文艺的本村青年，仍居住在此，也很愿意回忆往昔的岁月。

　　"愚昧作为一种养料"，徐冰这个论述，曾让我豁然开朗，我们该怎样诚实地面对自己的经验。徐冰是一个罕见的结合了艺术想象力与知识思辨的艺术家。对于我着迷的那些宏大命题——传统意味着什么；文明的特质是什么；怎样将个体经验转化为普遍的命题；中西之间的冲突和理解，包括不同文化之间的误读，可理解与不可理解之关联——他也总能给出巧妙的、引人深思的回应。不管是《天书》《凤凰》，还是《何处惹尘埃》，都有一种令人叹服的巧思，展现了思想与传统的沉重，又有某种轻逸。

你一辈子的经验都埋在你身体里头，
它有时候出来害你，有时候出来帮你

许知远：这么多年你一直在世界各地做展览，不同场馆的不同空间对你的感受影响大吗？包括每次撤展时那种空荡荡的空间。

徐冰：大啊，因为装置艺术或者说综合材料就是与空间本身发生关系的，空间是艺术语言的一部分，所以每一次面临一个不同的空间，就得让你的作品去适应那个空间，然后做某种调整。

许知远：比如你这次回顾展的这个空间呢，是什么感觉？

徐冰：这个空间其实不好用，它不够大的，所以有一点像标本式的展览。很多作品得穿插在一个空间里头，让它们之间有相互的关系，所以空间就像是一个艺术家的思想实验室，作品与作品之间有相互的发现和相互的这种……

许知远：呼应性。

徐冰：对。另外这个展它有点浓缩，所以很多人都挺喜欢的。但是这种空间感损失了每一件作品的独立性，比如像《何处惹尘埃》那件作品，其实它应该独立在一个空间，完全独立的时候，感觉又是不一样的。

这次回顾展的反响倒是特别好，很多人来看，特别是很多孩子来看。

许知远：小孩们最喜欢什么？

徐冰：他们喜欢的东西我想应该是不一样的吧，当然了，至少家长是觉得孩子看了这样的作品对他们的智力激发会有帮助。

许知远：这么一个回顾展，你在准备的时候，肯定会想起你更年轻时候的状态，想起每个作品当时是在什么样的语境下产生的，这种自我回顾是什么感觉呢？

徐冰：其实有一点陌生感，这种陌生感一个可能是记性不好，再一个是我也一直也没有回头看过自己的作品。所以这次回头看的时候，会惊讶于自己当时的想法、思维方式，当时做出的这个东西怎么会是这样的呢？有时候自己看了以后，会有点感动，感动于这人当时怎么这么单纯，有点像看着别人。

许知远：有没有哪个让你觉得挺意外的，就是冲击性很强的。

徐冰：要说意外那还是比较早期的东西，在它的后头还有很多作品在推进着，所以能在这些早期作品中看到某些思维的原点。

许知远：你觉得哪个阶段的自己思想最活跃呢？

徐冰：别人一直问我有没有创作瓶颈，我想了一下，我好像基本上没遇到过创作瓶颈，一直感觉有很多东西要去表达。后来我发现，社会现场真的是产生新的思想动力的源泉，艺术系统本身其实是远远落后于社会现场的创造力和活力的，这是肯定的。

但是我们总有一个误解，艺术一定是最有天赋或者最具前沿思维的那部分人的事情，他们一定是走在社会和时代的前面，其实不是，因为当代艺术体系本身其实有很多弊病，而且变得越来越狭隘、固化。这个东西本身不太容易给我更多新的思想能量，而社会现场有它的创意，特别是中国社会聚集了很多的拐点，带来很多新的能量，这对艺术家思维的推进是极其有帮助的。

许知远：对社会现场更强烈的感受大概是从什么阶段开始明显

起来的呢?

徐冰:其实一直都有一种力量在催着我去寻找,就像是这辈子丢了什么东西似的,一直在找。而因为现场变异太快,所以我们就总是在急急忙忙地找。直到这几年我才意识到,艺术创作还真不是一个比智力水平的竞技,而是看你是否懂得怎么吸纳社会能量,它会不断强化你对艺术的理解和你的艺术概念。这个艺术概念基本就是在你的个人性格和艺术较劲的过程中塑造的,包括你对艺术判断的水平,跟艺术系统的关系和距离,对过去大师的风格流派的判断。

最后我发现,其实形式、风格、流派都不重要,因为这些都已经是被知识化的东西,你最多是把它们作为参照的系数来比照,而没有本质的意义。其实说到底,还是你自己得说你自己想说的话,说没人说过的话。要把这话说好,你就得找到一种特殊的说话方式。过去大师的说话方式,所谓他们的艺术风格,没有一个是可以被你直接拿来用的,绝对没有。而自己过去的说话方式,也不能直接拿来再用,因为你面对的是一种新的社会现场。

许知远:你早期的版画具有一定的抒情性,但后来的作品就体现出非常强的观念性,你怎么解释这件事?

徐冰:因为我过去其实是一个好学生。中央美院的创作思路遵循的是艺术来自生活,又要高于和回馈于生活这样一种概念。

这套东西我继承得挺好的。至于技术上,则是欧洲十九世纪的那套东西,我很努力地去练习,所以很多时间都花在了速写、深入生活上面,整天往林区、海边跑,哪儿穷、哪儿基层就往哪跑。我那会儿特别喜欢去太行山,因为和我插队时候的感觉一致。我整天往那儿跑,觉得老乡那种生活才是真正的生活。但是改革开放以后中国就变了,我这才发现,时代精神其实在城里。所以你越是深入生活,你离真正的生活越远。但是美术学院所鼓励的创作思想依然没有变化。所以有一个阶段，我真的不知道该怎么创作作品。

许知远：有些失语是吧？

徐冰：对，那时候特别失语。当时看了一个朝鲜的展览，以前没有这种机会，你看到的都是比你好的。但是朝鲜那些作品，工人、农民，全是这种写实的东西，像年画似的。那个展览不大，但是对我刺激极其深。

我看到了自己的艺术语境是何等的愚昧和糟糕，下定决心要从这种艺术中出来，做新艺术。但新艺术是什么，我也不知道，所以才有了《天书》。

许知远：你在自己的书里也提到过"愚昧作为养料"，那从愚昧到养料之间的飞跃是怎么发生的？

徐冰："愚昧作为养料"这种跨越，和后来在美国的工作有关系。

许知远：还是得获得一种新的观察视角，愚昧才能变成养料。

徐冰：后来在西方工作，跟西方当代艺术有了"短兵相接"。其实刚去的时候，我确实非常希望自己的作品能够和国际接轨，而且希望我的作品表达能够被接纳为一种国际语言、一种当代艺术语言。但艺术家的计划和结果，并不取决于艺术家自身，它有意思的地方就在于此。即使你想用西方的手法，但你身上原本带着的东西必然要跑出来。你一辈子的经验都埋在你身体里头，就看你什么时候需要，你需要的时候它就跑出来，有时候出来害你，有时候出来帮你。

许知远：害你？

徐冰：就是指你整体的文化判断能力还不够高的时候，它经常会把你身上不好的东西调动起来，即使调动出好的东西也会妨碍你。总的来说，就是会有一些判断的失误。有些东西本来没意思，但是你会在某种思维的情境下走偏。比如说，你觉得自己总是不被承认，去做东西时就有可能把主题放得特大；或者说你希望自己的作品给人一种更现代的感觉，所以不管在造型上，尺幅上，色彩上，可能都会不由自主地、不受控制地要过分一点，作品的沉稳度和内敛就会被破坏。

许知远：这个和《何处惹尘埃》有相通的地方吗？

徐冰：没有那么直接的关系，《何处惹尘埃》其实是面对一个重大历史事件而启动的想法。我当时就是在"9·11"现场周边收集那些灰尘，收的时候并不知道干什么，有一次读到"本来无一物，何处惹尘埃"那句诗，我才想到这包尘埃。这个作品也不是谈"9·11"本身的，其实还是在谈物质世界和精神世界的关系。

许知远：这种重大的历史事件对你的刺激非常直接吗？还是说它需要更长的时间慢慢积淀，然后再慢慢泛出来？

徐冰：当时看着双子塔倒下来，你不知道该怎么判断。我们工作室就在布鲁克林，只隔一条河，我是亲眼看着它们倒下的。当时第一栋楼已经着火了，后来就远远地看着一个东西（飞机），像小苍蝇似的，越来越大，越来越近，直到撞到第二栋楼上。最后这两栋楼不是倒下去的，而是像被地球（地心）给吸下去了似的。简直像是恐怖主义利用了这栋楼本身所聚集的太多不正常的能量——这个能量把自己给摧毁了，最终回归尘土。

我做了这个作品以后，美国有一个历史博物馆来问我，说知道我收集了一些"9·11"尘埃，能不能卖给他们一些，因为他们有个展览的一部分就是谈"9·11"的，但是他们忘了收集这些尘埃，只收集了一些救火队员的服装之类的。这个事后来给了我挺大的启发，原来很多最早的宗教里都有关于尘埃的概念，都有"来于尘土、回归于尘土"的思想，甭管东西方。但是最终由于各种各样的政治、经济概念和利益，最后这些东西都被遗忘了。

许知远：那么这个尘埃会部分丢失吗？比如说每一次展出完之后会丢掉百分之多少？

徐冰：会丢失一点，但是它又会补充进一些。

比如说最早是在威尔士展出，后来又去了柏林，每一个城市的展都不一样，所以它也混杂了不同的城市的灰尘，像是一直在生长。

现代艺术远远不是智力的竞技，它最终彰显着你对文明判断的水准

许知远：刚刚你提到，刚去美国的时候，希望能和国际接轨，具体是什么样的？

徐冰：我刚去美国的时候，带了很多过去的版画，但都藏在箱子底下不让人看见，因为我想让人觉得我天生就是一个当代艺术家。

许知远：要脱离自己的出身。

徐冰：对。但是后来我发现，当你的作品开始被大家关注，很多人自然会开始关注你这个人为什么是这样的，就开始关注你的背景，于是他们就很喜欢把你过去的作品给弄出来。我后来的创作确

实反映出一种——至少是美国艺术家没有的东西，比如《蚕花》。这件作品之后，很多美国艺术家就说，你来自中国，可你的创作思路怎么那么有意思——他们觉得这个思路太怪诞了。他们其实对东方、对东方艺术中无法判断的流动性、不可控性有着很强的兴趣。

后来很多艺术家都去了西方的文化中心城市，诸如伦敦、纽约。有些艺术家被认可，有些不被认可。这里面当然有运气的成分，但另外一点还取决于你的兴趣和全球性的趋向之间是不是带有一种重叠性和吻合性，这一点起了很大的作用。而这点也和那个时候的多元文化有关，这是更大的背景。

许知远：与时代潮流有很大的关系。

徐冰：对，你要没这个背景，再有本事也不行。很多艺术家都处在这样一个大背景中，所以他们的艺术品也与这个大背景产生重叠。比如对语言的探索，就和上世纪末那种对语言、对思维、对我们的行为与语言表述和写作之间的关系，这些上世纪末被探讨得特别多的当代西方哲学问题有很强的关联。

其实每一个文化都有它的利弊，都有它了不起之处和弊病之处。问题在于你怎么把你身上带着的自己文化中优质的部分，通过你的作品展现出来。这个优质的部分并不是什么时候都有效，它必须在文明发展到某个节骨眼上的时候，对调解这个文明的误区和盲点能够起到作用；或者它能够补充这个文明在认识中有缺陷的地方；或者它能让你的思维多少比现有的思维范畴大出一些。必须有这个部分，你的作品才能够有效，否则就是无效的。

而咱们这些人身上带着什么东西呢？当然传统文化一定是的，但是我觉得，不同的文化阶段给我们带来的文化基因，其实也是极其有效的武器。有些东西你虽然特别讨厌它，可它依然藏在你身体里。

许知远：对你来说，最讨厌的是什么？

徐冰：比如说我们觉得以前的我们是愚昧的，是我们不喜欢的，想扔掉它，但其实它藏在你身上你扔不掉。如今我们再反过来看这些东西，它有它特殊的方法和价值，这套方法同样是生效的。

许知远：你当时到了美国之后，把带去的版画压在箱底下，"我要做当代艺术家"，那时候你定义的"当代"是什么样子呢？

徐冰：那时候其实没有什么特别的理论概念，就是整天在美术馆转，然后去画廊，去看这些当代的作品。当时的认识很有限，其中一个认识就是：艺术家的智商得高。因为你老看各种各样的画廊，最后你会发现当代艺术体系其实很无聊，许多作品很没意思，很难看到真正特别有价值、对你特别有刺激的作品。无聊的作品看多了以后，你对自己的工作都会产生怀疑——这个领域是不是值得做，你是不是进入了一个很无趣的领域。但偶尔你看到一件作品，觉得太棒了，简直太聪明了，太有智慧了，这时候你就会觉得，不行，我还是得努力工作。这种创造，这种对人的启示特别有意思。

许知远：比如什么作品呢？你现在印象还很深刻的、对你刺激很大的。

徐冰：比如一个比利时的艺术家，他做了一个人体消化系统的流水线。画廊的工作人员从这头把食物倒进去，那头大便就出来了。他这流水线就是个加热罐子，然后加酸，模仿的是人体的消化过程。这个作品极其荒诞，但是我很喜欢，因为它给我的启发是每一个人都是非常值得尊重的。这个人甭管是流浪汉，还是皇帝，他的消化系统都这么复杂，这么精巧——这个艺术家做出来的消化系统一定是比咱们真正的消化系统要粗糙很多很多的。你不觉得每一个人都是这么值得珍惜吗?

许知远:都被这么精巧地造出来。

徐冰:是的,像这些东西真的是太有意思了。这种创作对我的提示就是,这真的是一个值得工作的领域,有一种"你看人家多聪明,我要是再聪明一点就好了"的感觉。那时候我的工作特别单纯。美术馆、画廊请你去做展览,策展方负责找好赞助,然后根据你过去的记录,比如你曾经做过什么展览,花了多少钱,以此证明你有能力把这钱用好、满足他们的要求,满足赞助方、美术馆的希望。单纯之处就在于,你的意图和美术馆的意图是一致的,都愿意做出最好的作品。它完全取决于你个人的思维到了什么程度,当时就有那种狭隘的认识——觉得就是智力的竞赛,现在看来,根本不仅仅是智力的问题。

许知远:觉得是个智力竞赛这种状态持续了多久?

徐冰:其实这个状态是随着这些年我对艺术作品的认识逐渐加深,随着个人与艺术系统之间的角力,与庞大的艺术史和大师的历史之间的角力而逐渐被纠正的。

跟他们较劲,其实也是和你生活的现场与世界的现场较劲,和你的个人性格较劲。作为艺术家,至少我们这一类艺术家,始终在这几种较劲的关系中,不断地认识这种关系。现在我觉得,现代艺术远远不是一个智力的竞技,它最终彰显着你对文明判断的水准。很多艺术家,包括导演、作家,其实最终出问题都出在对文明判断的失误上。世界给很多艺术家提供了太好的条件,但是就在这最关键的地方,你没有能力,那你的作品再花哨也是没有用的。

许知远:对文明的判断,这是非常大的一个概念,你一开始肯定很模糊的，这个想法怎么慢慢变清晰的？

徐冰：一个是反思自己过去的创作，尤其是那些后来觉得不太好的创作，看看它的问题出在哪；再一个是对别的艺术家的判断，最后你会发现他们的问题出在哪。其实出问题的地方，往往既不是技术上的，也不是材料上，而是更抽象的领域出了问题。

比如说，对我最有教育的，就是张艺谋的电影。我后来经常琢磨他的电影，总是在判断为什么那么好的一个导演，有些作品出了这么多的问题。比如《三枪拍案惊奇》，他在这部电影里所运用的节奏，包括最后结尾的手法，其实跟他最好的电影是一样的，他有自己的一套固有模式，因此，你去看他最差的作品，反而可以帮助你理解他最好的作品是怎么个好法。就是说，在他最好的作品与最差的作品中，运用的是同一种技巧、同一套模式，由此可见，左右作品好坏和决定作品价值的，跟技巧无关，而是另外的东西。

再比如《金陵十三钗》，这部电影在技术上毫无问题，最顶尖的烟火师，对色彩的处理也很棒，各种细节也非常讲究、到位。这些东西都没有任何问题，但问题是，这部电影讲了什么呢？十三个妓女的牺牲，换回来十三个处女，就讲了这么个故事。女性因其身份不同可以这么互换吗？或者说价值这么悬殊吗？所以问题出在对文明的理解和对价值的判断上。这是价值判断的问题。西方人就根本看不懂你这电影到底在讲什么，因为它完全是和当代文明的价值判断相悖的。这让我意识到，其实我们很多的艺术家缺少这种判断，而这种判断是至关重要的。

后来我就总在想，我们（五零后）这一代人的缺失，是不是就是无法弥补的，因为我们缺少一个完整的、正常的教育，没能系统地接受相对完整的、人类发展至今的文明成果。虽然我们也有很多特殊的历史语境和生活语境下的生活经验，也都是鲜活生动的经验，而且这些艺术家都是智慧无穷的，也非常努力，可是最终我们还是缺了一种实在难以弥补的东西。

许知远：这一代的艺术家、导演、作家也好，他们都是因为这套荒诞的经验才得以在艺术表现上大放异彩的。但是这套艺术体系，其实又离现代文明语境挺远的，它们在国际舞台上其实形成了某种奇观，这种悖论、矛盾性，对你来说意味着什么？

徐冰：意味着你随时要意识到自己的缺陷，并且思考怎么样把你的缺陷转换成相对特殊的东西，怎么样来使用它，哪怕只是一点点有用的东西，都得把它用好。

许知远：但前提是要非常清晰地承认这种缺陷，好多人好像并不明白。

徐冰：是，而且必须要寻找到某种带有规律性的东西，任何东西都是，艺术创作也好，素描也好。

我后来发现，有些人年轻时候画得特好，但是到老了、稍微精力不济以后就画得很差，这让我有种最基本的问题都没解决似的感觉。这些人其实就是没有真正找到这个规律性的东西。在他特别有精力，特别敏感，最主要是处在一个特别好的环境时，他可以做出特别好的作品，但实际上他未必真正掌握了素描的道理。于是当他精力不再或失去了一个好的语境之后，他的作品会变得很差，可此时他已经没有精力再去捕捉那个规律了。

许知远：内在的逻辑没有建立起来。

徐冰：如果根本的规律和内在的逻辑建立了，你即使画的东西笨拙一点，或者说你的作品产出得慢一点，终究也不会出现那种难以置信的错误。我刚才举的例子是素描，但是其实我们思维的方法也有这个问题。

许知远：这是不是中国文明的特质？在文明的青春期里，因为没能建立起某种更可持续的内在系统、逻辑、制度，所以我们坏的时候可以非常坏，好的时候也可以非常美好，你觉得是吗？

徐冰：其实在一个好的关系或者环境中，或者说在感觉最敏感的阶段里，艺术家对世界的认识经过长期积累之后，完全可以创作出很好的作品，但很多艺术家对"怎么算好"这个事情其实并不清晰。

所以我觉得很多东西都需要反省，这其实挺难的。比如说我做当代艺术的同时，得不断地反省这个体系的局限性和弊病。

许知远：对，比如那时候你刚去美国，肯定要进入这个游戏系统嘛，你什么时候开始意识到这个艺术系统其实挺荒唐的？

徐冰：主要还是感觉到这个系统的无趣，和它的自说自话。它整体其实是被套在一个很狭隘的体系当中的。

许知远：这个认识过程是不是跟你在这个系统中的位置越来越高也有很直接的关系？

徐冰：因为你长期处在这样一个关系中，到最后你总得判断自己这辈子到底在干什么，到底做出了什么东西，以及它对人的启示价值到底在哪里。后来确实发现，这个系统有很多的弊病，是各种各样的原因导致的。装置艺术其实是一个很年轻的领域，它本身就不成熟，因为它的不成熟，所以没有权威。没有人能够说这样就是好的，或者那样不好，这个领域是在不断地自我颠覆，自我摧毁，或者说不断地变异中生长的。

比起雕塑，比起绘画，装置艺术的历史太短了，所以我们每做一件作品，都得从这个作品的根上开始判断，我怎么做，用什么材料，怎么处理，或者别的什么细节。

也正因为这个领域太年轻，所以我老说我们的每一件作品都是不成熟的。这个是相对于欧洲或者中国古代的艺术而言的，像中国传统绘画和西方的古典艺术，它真的有一套极其成熟的方法和系统。

许知远：但如果你生活在那样的系统里边，是不是会觉得更压抑，更可怕？

徐冰：不是，其实我的很多作品就是对自己的认识，就是通过这个作品给自己提供一个空间来挖掘——这个东西是怎么认识的，通过它我可以刨出哪些有意思的结果，以及哪些东西又是我没有认识到的，这对我很有启发。

许知远：但是某些系统因其成熟而可怕，可怕的是你根本逃不出它所创造的那个世界，它会给你一种强烈的封闭感，对你来说，这是中国文明很重要的一部分吗？

徐冰：我觉得被封闭在里头也没关系，因为这些东西真的是很美的，它真的是太成熟了，无论什么时候去看，它都是美的。比如去看故宫的一些特展，真是不虚此行，太值得看了。就是你看着它会觉得不知如何是好，它实在是太好，但是很多当代艺术，每次看你都觉得极其无聊。

比如你去世界各地看各种当代美术馆，最后你会觉得在哪看都一样。全是同一批人的作品在那里展出，甭管是好的还是不好的，甭管是这个艺术家什么级别的作品，反正都有类似的一套东西，看到最后会觉得真的很无聊；而有些地方性的美术馆，比如说当地的一个艺术家，专门画他生活的地方的风景画，这我倒觉得有意思。因为它有独特性，会带给你有意思的信息，而那种艺术史的图片展，它能给你的信息太有限了。尽管当代艺术史是一个了不起的领域，可它毕竟还是一个有限的、被不断认知后构建出来的知识体系。

许知远：你经常会批评现在整个当代艺术的建制、思维方式，或者说这整个系统都在变得非常僵化和缺乏创造力，如果真要给它带来新的创造力或者新的方式，应该靠什么？

徐冰：我只能提供个人的经验。我个人的经验其实就是千万别把这个艺术系统太当回事儿。它本身有的东西就已经有了，没有的东西一定是在系统之外的，就是说，新鲜血液一定是从这个系统之外带进来的，这是一个最基本的道理。

我始终认为这个系统被人类供到了一个过高的位置上。文化当然是重要的，无论什么时候人们都会对文化充满敬畏，可这也就使得当代艺术中不管什么样的货色都被归纳到文化体系之中。但当代艺术系统其实是一个古典而陈旧的存在。我在学校的时候办过几次未来展，给年轻人办的，其中有一次让我体会非常深。我们那个题目叫"创客"，我后来发现当代艺术的系统不知道怎么归类这些人的工作，他们做的事情或者他们的生活都可以被"创客"统称。实际上，搞当代艺术的这些人做的就是"创客"做的事情。

我们请这些年轻的艺术家来辩论和提交作品，然后由这些"创客"来审查、评判。这些年轻艺术家的思维，对西方的态度和文化的自主性，以及他们的工作方法、生活方式和我们不同，但极有价值，而且真的很有意思。可是一旦做了展览，反而变得没意思了。不是他们的问题，也不是策展人的问题，而是当代艺术系统本身的问题，再鲜活、再有意思的东西被转换成以物质呈现的艺术作品，并被美术馆的系统呈现的时候，都会变得很无趣。这个系统和它本身的方式，真的不能够平行表达和取代现实思维的鲜和现实场景的生动，因为它就是要把思想物质化。另外，总体来说，它对于艺术是一种敬仰的姿态，艺术被视为一种特殊的神圣之物，所以才有了像欧洲城堡式的美术馆体制，一个个白盒子，把被认为必须受到尊重的神圣之物放在里面。可是这个东西跟当代和未来的方式正相反。

许知远：自我神圣化。

徐冰：对，去看这些看不懂的东西，反倒成为一种仪式。这个圈的人自娱自乐，自说自话，好像只有这个范畴的东西，以及在这个系统之内、了解这个系统历史的人才能够进入这个圈子，才能看到它的有价值之处。所以整体上，这是一个陈旧的系统。

而实际上，未来的系统就像是我们使用的智能手机，是发散状的，正好和当代艺术的方式相反。而且事实上，这些东西也在改造着艺术的形态，可我们仍然死抱着当代艺术不放。当代艺术的创作力其实太有限了，真的太有限了。这是我的判断，虽然我在做这个事儿，虽然我也必须在这个关系中工作。

许知远：所以你在关系中也进入了最上面那一层。

徐冰：对。但是我们必须要认识到它的局限性，而且要随时警惕它。就像我总拿《地书》来举例子，它是个对话软件作品，在很多年前曾在罗马的一个名为".com 之后"的艺术展览上展出，展览的副标题就是"艺术家如何面对新科技的挑战"。那个展览其实还是挺有意思的，而《地书》作为一个对话软件也挺受欢迎，因为有互动，也的确很有意思。

但其实我明白这个作品本身是有问题的，问题就在于它其实没必要让大家坐飞机来这里玩互动，我在北京、在纽约、在肯尼亚就可以完成这个互动。可是人们对艺术的期待和艺术对自我的证明，使得它"必须放在这里"才成为艺术，而散落在没有被认为艺术范畴的空间、时间、领域的东西，就不是艺术。

有价值的东西，
往往被你讨厌的东西包括着、掩盖着

许知远：让你选择一个古代的时期，你想去哪？

徐冰：那很难说，我相信任何时代都有它很有问题的地方，其实都是在于个人，对吧，还是在于你个人跟这个时代的关系。

许知远：如果当时不去美国，你觉得你的道路会是怎样的？

徐冰：首先工作的努力是不会变的。

许知远：因为你的内在逻辑是很一致的。

徐冰：内在逻辑就是这样，所以后来我是觉得很多东西差不多就是命定的，就是你努力其实也是你的命，你的基因注定了你这人就是那么固执，你就那么努力。

不过可以肯定的是，你生活在哪就得面对哪的问题，它一定是有它的问题的。在美国那样的社会语境中，它确实给我提供了更多的思维参照数据和机会，但是在中国也有中国的思维参照物。

许知远：你们这代中国艺术家，在九十年代以后，其实出现了一个非常大的、全新的成为国际化艺术家的机会，我相信后来会有批评家认为，你们其实有某种国际化策略，这种策略可能会跟小时候的成长环境有关。你觉得存在这种国际化策略吗？

徐冰：当然不能否认，有些艺术家有他的预谋或者策略，或者说像我们这些艺术家在国外获得一些认可之后，我们所共通的艺术特点、所共通的经验会被找到，被放大，而直接使用这种共同性，就有可能比较快地获得认可。这种东西你没法去指责，但是说实话，至少我自己，确实没有一种计划性的策略。

当时经常会认为，我们这些在西方获得认可的中国艺术家作品中有一种东方元素，但事实上，在我们还没有出国的时候，像《天书》这些作品，已经从里到外都充满了中国元素，但那时其实我完全没有跟西方对接的经验，不可能是由于西方需要中国元素才去做这个东西。后来我发现这里面有一个问题，那些批评作品中有中国元素的人，怎么感觉反倒像是用一种西方的视角来回看我们同胞的艺术。

许知远：回到个人的问题，比如说个人主义在过去曾是西方最重要的文化概念，但如今也面临着很大的挑战，科技大数据的出现，生物技术对人的身份的改变能力，以至于个人主义在当代反而开始衰微了。你怎么看这种个人主义的衰微跟你平时所思考的个人和历史、传统之间的关联？或者西方的个人主义对你产生过强烈的诱惑吗？还是一直保留着怀疑？

徐冰：其实不是怀疑，最主要的是你突然置身于那样一个非常自由的环境中时，你其实是不懂得怎么使用它的，因为你没有使用它的经验。最后这种体验就会一直收缩，一直收缩，缩到个人的智力水平的竞争上，因为太个人的东西，跟周围环境是没有任何关系的，或者说，你不懂得怎么样跟环境发生关系的时候，思维最后就会收缩到极其个人的部分，被个人的脑力水平所决定。

最后，你反而有点不知道怎么样去创造，因为在这么一个完全没有任何人限制你的关系中，你的每一个东西都是没有参照的，就像游泳的时候，没有水的阻力你反而没法往前走，就这种感觉。比如说我的艺术创作就有一个特点，我总是要给自己找到一个限定性，这样才能够调动我的思维能量，因为要面对和破解这个限定性。

许知远：就是你需要障碍、阻力和限制。

徐冰：对，这个东西和我的历史背景有没有关系呢，我没法分析，不管怎么样，至少是我的一个判断。

许知远：你去美国之后，一开始的作品都是体现一种对西方的很强的焦虑，这种焦虑什么时候开始减缓的？

徐冰：其实现在我对中国有点焦虑，因为中国的问题更鲜活，更复杂，更不容易把握。这是我回国之后的体会。其实我回来也是觉得在国外的生活体验已经不太容易给我提供刺激和思想动力，感觉有一点疲倦了，而对于我来说，中国那时候反而成了一个未知的。

许知远：刚回来什么感觉？

徐冰：当时觉得我首先需要改造自己，这样才能适应一个"新"的国家的复杂性，这正好跟别人对我的期待相反。其实很多人觉得，徐冰回国应该带回一些国际化的当代思想和当代艺术的东西。但我认为真正具有实验性的是这个过渡，是我们生活的这个语境，以及这种文化的丰富性和未来的未知性。

许知远：当年离开的时候，你也是年轻人，你觉得跟现在的年轻人最大的区别在哪里？

徐冰：思维方式不一样，我们当年还是很愚昧的。

他们对世界的认识，获取信息的方式，比我们年轻时毫无疑问强太多了。再一个就是，我会感觉到被动，随时能意识到他们很多东西比我强，比如他们在技术上的敏感性，那一定是比我强。这没办法，这是自然的生理决定的，因为他们代表着未来。但是我们也有我们的某种相对的经验在，而真正的经验和规律可能还是对艺术创作有帮助的。这些年轻人身上有很多东西都极其有价值，带有种子性和生长性，但是他们自己可能意识不到。

许知远：现在的媒介和渠道这么发达，我们这个时代的年轻人再去接触西方，就不会再有你们年轻时候那么强烈的感受，那么年轻人还要继续去跟这个更大的世界接触的意义在哪里？

徐冰：我是觉得一个人如果能获取更多的信息，一定会对思维密度的提升有帮助。我的体会是，当一个灵感出现以后，如果它有价值，而且你的思维密度极高，这种创意与思维之间相互触碰的速度就会极快；但如果你是一个孤陋寡闻的人，或者是固执于一种价值观的人，那一定是有限制的。

再一个，我是觉得一代一定会比一代强，所以年轻人比我们这一代强是一定的，现在的艺术圈已经有一些作品显示出他们的思维和我们这一代艺术家的思维截然不同了，而我们只能够羡慕他们。

比如说，鲁迅多了不起，奥威尔多了不起，但比起咱们现在的某些方法来，他们也是有限的。奥威尔提出了各种问题，比如监控的问题，但是他根本不了解今天的监控和咱们之间的关系，对不对？鲁迅真的是很了不起，但对这种电视的文化、手机的文化、游戏机的文化的了解一定是不如你了。很多的创意，很多非常有意思的想法，包括很多艺术作品所带来的启示，其实都是这一代年轻人用他们的方式搞出来的。

许知远：你回到中国已经十一年了，一开始你觉得这是一个未知的、充满实验性的国家，过了十一年之后你的感受发生了哪些变化呢？

徐冰：我越来越意识到，任何一个地方都有你很讨厌的东西、你不喜欢的东西。而这个地方有价值的东西，往往也都是被你讨厌的东西包括着、掩盖着。这其实是我是从美国回来以后开始反省美国、反省像安迪·沃霍尔这样的艺术家的价值的时候，开始意识到的。

美国也一定有着很讨厌的东西，有与我们的艺术教育很不同的东西，所以很多中国艺术家，特别是受过很好的艺术教育的艺术家，到那儿都没法施展，因为我们总带着一种古典艺术的责任和情感在那儿工作。而我们对街头的、流行的、滥俗的、商业的东西特别反感。中央美院现在的艺术家，一定特别反感这些东西，因为我们要做最严肃的艺术家，追求高尚的品位——中央美院特讲究品位。美国的流行文化有什么品位呢？它和咱们的品位完全是两回事，但美国文明的精神确实是被这种东西给包裹着的，所以你就得忍受这个，你必须得有能力去穿透它。只有在穿透它之后，摸到藏在它下面的真正有价值的部分时，你才可以在美国工作，才能对这个文明有一种判断的能力。

许知远：你对安迪·沃霍尔的看法是什么？

徐冰：我刚到美国的时候是学版画的，他的复述性的概念对我有很大的启发，以至于后来的《天书》和其他的很多作品都跟这有关系。刚到美国时，我的英文不好，但是专门做过很多的采访——当然不是严肃的采访，就是询问了很多朋友对安迪·沃霍尔的看法，因为我搞不懂他的东西，那时候绝大部分美国人也都不喜欢他。可是这么多年过去以后，你会发现安迪·沃霍尔的价值越来越高。美国那时候推动抽象表现主义[1]什么的，都是由国家在推动，很多材料证明连美国国家安全局什么的都在推动。

许知远：冷战的一部分。

1　抽象表现主义（abstract expressionism），二十世纪四五十年代在纽约兴起的一种非写实性绘画风格，结合了抽象形式和表现主义画家的情感价值取向，成为时代风潮。

徐冰：那时候觉得抽象表现主义代表了美国的自由精神，可以和欧洲的各种意识流派对抗，所以这一派的艺术家地位极高，而安迪·沃霍尔根本就没什么地位。但是实际上真正能够代表美国文化精神的，并不是波洛克[1]这些人，而是安迪·沃霍尔这些人，所以他越来越重要，后来几乎每一个艺术现象都和安迪·沃霍尔有关系，都和他的这个艺术体系有关系。

许知远：你觉得他的体系的核心是什么？

徐冰：他其实使用了美国那种滥俗的商业文明的方法来作为艺术表达的手段。此外，他的幸运就在于美国的文明成功了，这是最关键的。因为在上个世纪，其实是美国的文明方式推动了人类社会的演进，而且有效，所以在这个范畴内的艺术家，他们的作品就代表了这个有效的新文明的方式，他们的东西就是有价值的，他们就成了最了不起的艺术家。

因为他们背后有这个强有力的文明方式的支撑，而我们没有，也因为我们并没有成功，我们的这种方式没有对世界产生一种类似他们的借鉴性和有效的推动性。将来不知道会怎么样。中国艺术家的价值不在于我们这个作品好不好、那个作品好不好，而在于我们所依托的这个文明的新的探索能不能成功，对世界的问题是否有启示和调节的作用，其实这是关键。

许知远：中国应该是全世界与文字的关系最密切的一个国家吧。你觉得它对我们思想的塑造到底体现在哪些方面？

徐冰：那实在太多了。中国文字真的很特殊，这也导致我们这个文化很特殊。一个是我们的发音，跟几乎所有别的语言的发音都

1　指杰克逊·波洛克，美国画家，抽象表现主义绘画代表人物。

不同，咱们是单音节发音，其他绝大部分的语言是黏着语气的发音，一串一串的，所以才让咱们的书写形式成为差不多是世界上唯一一个依然活到了今天的、以一张图来代表一个音的语言体系。这是咱们跟其他文明最本质的不同，这个方块字决定了咱们的审美。包括咱们诗词的审美，它是整齐的，而西方的诗歌一上来就是当代诗的格式，或者说它并不整齐，现代诗就是不整齐。包括中国人讲究对称，天对地，日对月，看起来好看。这种审美其实都是文字决定的。比如我的作品《魔毯》，其实就是受了中国古代《璇玑图》的影响。《璇玑图》可以说是最汉语的写作，在它里头有着几百首诗，而且怎么读都能读出来，这就是中国文字的特殊性。因为《璇玑图》实在是太前卫了，以至于都没法放入文学史中。所以其实咱们的阅读跟西方的阅读所获得的信息是不一样的，中文的每一个字都是一个故事。在阅读的过程中，每一个单独的字背后的故事都在起作用，让咱们的阅读和咱们对东西的判断，变得特别的立体和有层次。

许知远：中文中隐喻很多。

徐冰：隐喻极多，中国人就是喜欢使用隐喻。另外，复制观我也觉得特别重要，中国人的复制文化其实是根深蒂固的，这来自我们对经典的崇尚，跟我们教育的模式有关系，接受教育的人最初几年学的就是如何复制，复制一个又一个的经典，到最后其实复制的过程就是教育的开始，就是对经典的敬畏。

许知远：所以我们的汉字其实已经完美解释了中国的经济奇迹是吧。

徐冰：是的，都喜欢名牌。你会发现，只要是汉语文化圈的人，都喜欢名牌，因为名牌代表了经典，我们崇尚经典。我们从小就对着字帖描摹，很多东西都跟这个有关系，包括中国的工作方法也跟写字的习惯有关系。比如说，写字时的第二笔得根据第一笔来，第三笔得根据前两笔来，而写字的最后一笔最重要，是保持平衡的。最后我发现，中国人特别善于根据一个临时的条件来决定我现在该怎么办，这东西绝对和书法有关系。

中国的美，是一种跟生理节奏相关的美感，与自然配合的美感。而一种需要与自然配合才能完成的美感，必然都带有一定的随机性，充满了即兴的东西，充满了和自然配合的一种较劲。像齐白石就很了不起，因为他真的很懂得这一笔下去以后，如何给这个材料和自然留有余地，这一点特别体现在中国水墨画里头，也体现在书法里边。中国文化的最高境界都体现在书法里头，因为只有到了那个境界的人，才能够把书法写到最好。这种美学关系和西方的不太一样，西方的油画其实是腻出来的，就是通过反复地画，反复地腻，这种油画的美感和中国的正相反。中国的这种美感其实完全来自我们的书法，是书写决定了我们的方法，所以今天的中国有时候会出现一些发展上的奇迹，邓小平还是挺了不起的，他的"摸着石头过河"，其实是一个典型的中国方法。

许知远：就是写书法的方法是吧，不知道下一笔是什么。

徐冰：对，其实跟这有关系的。

许知远：我第一次这么想，这太有意思了。

徐冰：所以中国怎么发展那么快，西方人搞不懂，因为西方还是在计划，从计划到论证，这种思维模式就像是西方的字体设计，它是在用各种数学的、几何的方式来运算应该如何如何安排。书法完全没有任何的计划，这完全是两回事。

许知远：但是这个缺陷也同样显著，就像你说的，年轻艺术家机缘好了就可以做出很好的作品，机缘不行了就乱七八糟？

　　徐冰：对。总的来说，我认为文字真的是大大左右了我们的工作方法、思维方法和我们的文化性格，以至于中国今天为什么是这个样子，有些原因谁都搞不懂，从这里头或许可以找到一点缘由。几千年以来，我们每一个受教育的人，都是这样过来的。

1957 年　出生于福建泉州

1985 年　毕业于上海戏剧学院舞台美术系

1986—1995 年　旅居日本，80 年代中期开始使用火药创作作品

1999 年　获威尼斯双年展金狮奖

2008 年　任北京奥林匹克运动会开闭幕式的核心创意成员及视觉特效艺术总设计

2009 年　获福冈亚洲文化奖

2016 年　《天梯：蔡国强的艺术》在美国上映，并于次年在中国大陆上映

2019 年　任庆祝中华人民共和国成立 70 周年活动焰火总导演

扫码观看视频

蔡国强

像野兽一样善于迷失，
像孩子一样保持天真

Chapter 05

在玄妙观，我被眼前的景象惊呆。已是深夜，这座始建于西晋的寺庙却人潮涌动，灯光明亮，香炉的浓烟四处飘散。

也是在这一刻，我充分感受到泉州的力量。不管中央政权如何变迁，这个城市始终有自己的节奏。一些时候，它空前的繁荣，是世界主要的港口，十二世纪时，它就像是今天的纽约；另一些时候，它黯淡下来，但内在元气始终都在，城中的孔庙、清真寺、教堂与寺庙，无刻不在提醒你，这是一座多么多元的城市。其中的人们，勤勉也悠闲，谨守着诸多生活的仪式。

蔡国强是这座城市的产物。倘若他生活在八百年前的泉州，定会是纵横四海的商人与旅行家，从泉州到印度洋、非洲东岸，都会留下他的身影。

此刻，他是一名穿梭于世界之中的艺术家，将火药这门古老的手艺化作崭新的语言。我和他在泉州的街巷行走，看他用火药绘画，听他讲述童年故事，他有一种令人羡慕的自由感，忠实于自己的经验与感受，又让自己恰当地融入任何环境。我不知道这是天然的能力，还是在他的开放与温暖之下，仍隐藏着什么？

自我创造一个世界的天性，
是父亲给我的

许知远：你小时候是在书店里长大的？

蔡国强：对，我父亲就是卖书的，我就在柜台后边的小凳子上坐着看书。我知道很多人偷书，可是，我父亲都不敢抓，因为那些偷书的人其实很爱书，只是没钱，而且都是学校老师，有时候店员会去他家悄悄地要回来。

许知远：这么可爱啊？

蔡国强：对，而且人名我都知道。我很小就在这个书店嘛，听他们在说，谁来了又要小心。那人一走，他们就赶快看有没有丢，丢了晚上再给要回来。

许知远：我记得你回忆过，你小时候看人烧书，烧了几天。你现在还能详细地记起当时的场景吗？烧书是什么感觉？

蔡国强：当然记得，"文革"的时候我已经小学一年级了，懂事一点了。烧书是因为很怕。一般白天烧东西，那个烟筒会有黑烟出来，邻居马上都知道什么事，所以要悄悄在晚上烧。我父亲特小心，特怕人看到，所以我就悄悄跟他去，帮他烧书。我以为他这么胆小，肯定全烧光，我很心疼啊，但其实没有，有些书还是拿到了乡下村子里藏起来。还有个朋友藏了一点我们的书，尤其其中有一本宋代拓片，颜真卿《多宝塔碑》，很宝贵的。这个字帖能够保留下来是因为我父亲做了手脚，他在后面写了毛主席语录，所以人家不敢动。

许知远：小时候父亲上班的那个书店现在被拆了吗？

蔡国强：没有，还在，南街新华书店。

许知远：还是原来的地点？

蔡国强：对，原来的地点，当然是后来又改造的。我父亲最早有一家书店叫"旧书店"。就是解放以后，老百姓把自己家藏的老书拿到那个书店去卖掉，很便宜，当时他在那个书店里当经理，所以买到了很多好书藏了起来。那是个比较老的书店，慢慢就没了。

许知远：是你跟旧的世界产生了关联的地方？

蔡国强：对，后来也是因此烧掉了很多书。

许知远：现在想起父亲，经常会想起的场景是什么？

蔡国强：读书，抽烟，喝酒，写字。这个人活得像仙人，政治上又保守，做人又很胆小，但是创造了一个世界，所以某种意义上这也是他的先锋性，不管在什么时候他都能够有自己的世界，使自己的世界处在一种独立的状态之下。像抽烟、喝酒，这也是一种自由精神。写字的话，因为大量在纸上写会花很多钱，所以就写在报纸等各种各样的纸上。报纸也没那么多，以前报纸才两三页，就在砖头上用水写字。想写大字就在地板上写，以前的地板都是砖头，会吸水，这样写过去再过来的时候就干了，又可以写。

他是不信佛的，任何宗教都不信，只信仰共产主义，他很不容易。他很想出名，写了好几本书，有一本是关于华侨的艺术家，他去找人家出版，那个编辑说我帮你修改修改，然后我们两个一起署名，他就觉得这个人很不行。有时候人家说，我们现在是市场经济，需要他自己买一千本，他觉得这是变相的敲诈，也不要。后来这些书被虫咬了，每一本书都被咬得很烂，他还写了一首很长的诗，歌颂这些虫的贡献。后来他年纪稍微大了一点点，也就四十八岁，就申请提前退休，说他身体不好。退休后他就跑到寺庙，住到人家尼姑寺庙去了。

许知远：很先锋。

蔡国强：离开城市，对着万千世界，就安静地在那儿画画、写书法，在寺庙的砖头上反反复复一直用水练字。我跟我们家弟弟妹妹经常爬到山上去，要他卜山，还去串通尼姑赶他下山。尼姑对他说"你如果要住下来，就一定要跟你的孩子下一次山，看一趟你妈妈"——我奶奶想念他——否则就不能住下去。他就勉强跟我们下山，他很不愿下来这个世界，面对这个世界。以前我感到他是无能、退却，但是现在有时候想想，这是他的勇敢。

许知远：另一种反抗？

蔡国强：对，他的勇敢。

许知远：等于对父亲有了一个重新的认识。你觉得你的性格、你的价值观，哪些部分还是有非常明显的他的痕迹？

蔡国强：那种自我创造一个世界的天性，是有他的感觉。

许知远：你还记得这个吗？我特意找来这本《史记》。你是多大的时候看的这个书？

蔡国强：我应该是小学开始就一直在看。因为我是十二月生的，还没有到五岁，去上小学要考试，人家嫌我年纪太小，要我明年来。但我不想明年来，我父亲跟我去的，就跟人家说我已经识字了，那个学校校长就说，"那你看看那个报纸"。我拿了报纸就读，一直读，就进了。

《史记》是小时候就读的，我后来印象很深的主要是那种气势，那种时间感，万千世界的宏大气势，各种各样的人物、各种各样的事情都在一条时间的河流里面。不像读《红楼梦》，你是反复去看那些色情的亮点，写得再怎么含蓄你都能破案。我读《红楼梦》的年代跟读《史记》的年代不同，读《红楼梦》是我荷尔蒙增长的时候，读《史记》是树芽刚长出来，风啊，阳光啊，全部都会给你记忆。

许知远：那里边的人物呢，比如刘邦和项羽，一个是成功的流氓，一个是失败的英雄，你会更喜欢哪种？

蔡国强：当然更喜欢那个失败的楚霸王，我一直会更喜欢失败者。我们这个民族能够尊敬失败者，但这是从人性和艺术的角度，而不是从功利的角度上来说。楚霸王这人更好玩。

许知远：你现在这么成功，而且是一个接一个的成功，你怎么看自己的这种成功？

蔡国强：主要是没成功，才会一直去做。

许知远：对你来说，什么样算成功呢？

蔡国强：真正的成功就是能一直不成功。

许知远：这个太狡猾了。

蔡国强：也不是。我相当于一直想做一门大鞭炮，每一次都想，这一次搞不好要出事，要把大家给吓死了，但其实最后只吓了自己，没吓着别人。

我现在在研究绘画，我认为一百多年来，东方没有画得很好的画家，因为我们是把绘画作为他者来看的，它是个意境，跟我们人的身体和情感是有距离的，所以造成了我们在绘画的时候没有办法把我们的情欲、我们的欲望、我们真实的东西投射进去。我们要很清醒，我们的任何画，只要放在毕加索那些西方大画家的旁边，就会很呆板，某种意义上像装饰画，不是那种能够喊、能够呼吸、能够拥抱你、能够跟你接触的。当然这是我们的传统，我们的美学，我们的精神追求，我们要的就是这范儿。结果搞得我们好像一谈到性就装模作样了。在艺术里面，性是很重要的，其实最后还是感性。你说你研究了多少艺术史和理论，最终在现场直接做东西的时候，需要你的感性能够很自然地随着现场的状况燃烧。这点是东方人的绘画没有的，这跟感性被压抑是有关系的。

所以我在巴黎做了一个《一夜情》。开始是巴黎市长说我们有一个"白夜通宵"，邀请全世界的人都来我们巴黎，你给我们做一个方案吸引人家来。我就给他做了这个，说要在塞纳河上放烟花。他就说你最好不要在河上放，因为河是国家的，你可以在埃菲尔铁塔、拿破仑的墓地外边，就是河水上不行。那我说那就不做了，他就让我把方案寄去看看。我就寄了这个板块，题目叫《一夜情》，这个晚上将是全世界人民和巴黎的一夜情。一读完他说这太天才了，世界上只有巴黎敢做这件事，所以他去说服了中央警察局长，把这条河流开放了，然后我就把这个旅游船改造成了情人旅馆。

为什么我说这个作品有意思呢，开始都很好，但到快开幕、记者会之前，问题就来了，政府正式找我谈话，说法律规定不可以在公共场合聚众做爱，这是违反法律的。那就谈判。谈判的结果就是他们要求我不能在媒体和情人上船的时候用"做爱"这个词。后来所有的情侣上船之后，可以选择开着灯笼，岸上几十万人都可以看到你在里面干什么，你也可以选择关了，人家就看不到了。当你很开心或心满意足的时候，随便按一个按钮，烟花就起来了。我给这五十对情侣准备了三百多次喷花，都喷不完的。

许知远：你刚才讲，一个艺术作品像一次情欲的过程，那一个作品中的哪一个阶段像你的高潮阶段？

蔡国强：在高潮到来的瞬间之前，是有一个停顿和空白的。

许知远：大概多久？比如《天梯》停顿了多久？

蔡国强：《天梯》的停顿应该有两次。一次是要点燃的那一下，还有一下是火在海滩上跑，直到爬到了船上，船再借着这个梯子一直跑，点着了的梯子往上的那一个瞬间，跟生理的过程一样，不可抗拒，不可阻止。我感到咱们国家最幸福的瞬间也是，解放了。这是高潮。

天真的力量太大了，
把所有的困难都打倒了

许知远：回到泉州，那时候你是小城里著名的文艺青年，我觉得很好奇，你在泉州是什么时候意识到这种情欲的被压抑和创作中性感的缺乏？

蔡国强：这个应该最早来自我父亲，其实家庭是国家和社会、民族的缩影。在我们家里面，我奶奶是一个很开放的人，奶奶的家族也是，我奶奶的家族在解放以前都是造枪的，解放以后他们这个家族整个改做水龙头。我奶奶的爸爸，就是我的曾太公，他百发百中，很厉害。我们住在海边，我奶奶在海堤上走，只要有人在后边跟，她就站住说，你知道我是谁的女儿吗？说一下她爸的名字，人家就吓跑了。所以我奶奶从小就很开放，气很盛。我父亲画画，奶奶经常说，你那画让我起火用最好。但是看我画的画就说我画得很好，以后肯定了不起。所以我说奶奶是我最早的收藏家，也是我的魂师。

因为我奶奶这样来比较我和我父亲，我很小就发现，其实我像我父亲一样胆子不大，我以前的水彩、油画都不如我女朋友好，我女朋友画得更感性、更大胆，我画什么都会想到毕加索啊，康定斯基啊，想到各种流派。我从小就想太多，我知道我这样不行。

我父亲对我的影响很大，我很小的时候坐在他腿上，帮他卷烟，卷纸烟要用口水黏一下，他觉得我口水沾过的这个纸烟抽起来香，其实是情感嘛。他还喜欢在火柴盒上画一些山水，说这是我们的家乡。我后来慢慢懂得，他画的山水根本不是我们的家乡，就是几个小山头，几个小舢板，但他总说这是我们的家乡，有瀑布，有很多海鸥。

许知远：他心里边有一个幻想的世界。

蔡国强：这对我有影响。我们城边的郊外有一座山，山上有一块大岩石，解放军正在岩石上刻一个毛主席的像，要一些时间才能完成，所以我父亲载我去过几次。现在说起这件事情，我其实很早就接触了大地艺术，前几天我又想到这个像，想哪天去把它拓片下来，肯定很棒。

许知远：说到毛泽东，你们这代人都受到毛泽东特别大的影响。这种影响会困扰你吗？

蔡国强：我现在正在准备明年的俄国十月革命百年，十月革命融合了理想和苦难，它是人类共同的理想，人类永远在寻找更美好的制度，更美好的生活状态。十月革命是俄国人民寻找理想的一个重要篇章，是可以汇入我们人类共同篇章里面的。毛泽东的个人魅力很强，主要表现在文化上，诗歌、书法、长江游泳、行为艺术。

某种意义上，我们这个民族会出现他，他合适我们这样的民族。其实每个人都是时代的责任者，俄罗斯人的天性和民族问题也连在一起，跟他们的今天仍然联系在一起。

许知远：十月革命为什么这么吸引你？

蔡国强：我是一个长不大的孩子，并不是因为我做的作品好玩，或者是我的作品里面有很多天真浪漫的东西，其实是因为我随着年龄的长大并没有开拓新的故事，还是在自己小时候的故事里面倒腾。苏俄吸引我，因为它是我小时候的一些故事，这些故事是我的连环画，比如保尔·柯察金。

许知远：这个平衡感是怎么完成的呢？你觉得你是一个天真的孩子，但你做的任何项目都很复杂，要面对政治权力的关系、商业的力量，同时你又希望保持那种内在的天真性，这个平衡感对你来说是困难的，还是非常自然的？

蔡国强：自然是自然，但是也很困难。能做成大概是因为天真打倒了这些复杂，把所有的官僚和政治、经济的困难、安保上的困难都打倒了。因为天真的力量太大了，其实每个人都很天真，制度本身就很天真，人类社会本身就是天真幼稚的，大量的时候都是没长大的。

许知远：你是什么时候强烈地意识到天真的力量的？

蔡国强：慢慢意识到的。奥运会做竞标，开始是几千家，全世界来竞标，后来就委托了十几家，李安一家，张艺谋一家，崔健和林兆华一家，中国人民解放军总政治部一家，大家都是一家家的，就我跟我的一个助理从纽约来，我们进去他们都不知道，说人呢？就你们两个？什么也没有，就来了。但是大脚印的方案说完了之后，他就问，这个全部做出来要多少钱啊？不谈什么观念啊，什么奥运精神啊，什么表现主题啊，什么祖国文化啊，这个幼稚简直太好了！就是哗哗一开始大脚印走过来，把烟火发给全城几百万人，现场成了一个不夜城，然后用人造卫星在太空上向全世界以及宇宙外星人转播。

包括点火，也是一小孩跑进来，拿一枝橄榄枝，在最后一个运动员的火炬上点着后，一只和平鸽飞来，衔住那枝橄榄枝飞到圣火台一扔，圣火就起了。很单纯，很感性。你说我什么时候感受到单纯和幼稚的力量？每一次都有证明。当然我后面还是会读很多书，为了证明自己是对的。

许知远：为了吓唬别人的。

蔡国强：不，也使自己安心。工作室的员工要花很多心血帮我研究主题，比如说我要做一个伦敦大桥垮下来，这是一个挺好笑的玩笑，但还是要研究一下，人家这个民族为什么喜欢让小孩唱"伦敦大桥垮下来"，而我们不行？还是要研究一下他们的民族，他们的文化，他们的幽默感，等等。

通过可见的表现不可见的，从家乡去往宇宙

许知远：说说在磐城的生活，那应该是人生很不如意的时候吧？一个年轻人跑到当时的日本，你对自己的感受都没有真正建立起来，更不要说外界的认可了。那段时光对你的塑造是什么呢？当

时的磐城是什么样子的？

蔡国强：我在面对自己的现实的时候，总是比较乐观地看到它的正面意义。社会主义也给了我们很多优点，社会主义是有方法论的，它能够把马克思列宁主义这个很深奥的东西，传递给千千万万没有文化的劳苦大众，让他们能够共同奔向一个理想。我感到我在日本的磐城有被社会主义教育过的这一个优点。

东京有几千家画廊，你把画拿进去人家都不看，叫你别打开，说我们不接受自己推荐的。只有一家画廊，我印象太深刻了，那个女孩子也不让我打开，但她看我冬天挤电车，又带这么多东西，满头大汗，就给我喝了一杯辣汁水。后来我一直给她寄我展览的邀请卡，她也没来。很多年以后，她有来我太太的展览的开幕式，她说我离开了以后她心里面有不安，但是看到我的展览的邀请卡，能看出我一直在向上走，她很安慰。

我不会一根筋，没有说我们就一直死在东京，不行就农村包围城市嘛。那时候有朋友说他爸在福岛县，他们在做那种很有名的冰激凌，他是那边的工厂长，说那边有很多农民和移民，也有卖工艺品的店，问我要不要去跟他们见面。我就去了，他们很爱我的艺术，他们没想到一个外国的青年，会说几句日语，还这么诚恳，就邀请我去他们那边办展览。那我就开始人民战术了，我做了很多画，一张十美金，再大就五十美金，再大就一百美金，一个展览卖一百张画，就能很好地生活了，就这样一步一步走过来。

我这一次不是在日本拿了奖嘛，我把奖金送到他们那边去了。福岛地震到现在五年了，我帮他们建了一个美术馆，又建了图书馆，又在树上建了三家情人旅馆，后来又建了两座塔。这一次两座塔都建好了，我跟他们走的时候看到一个山谷，又画了一座铁索桥，给他们规划茶馆，之后再做几个展厅。我们就边玩边做，把这个地方打造成了一个很有品位的艺术基地。因为我父亲五月份去世，他们就在那个塔底下帮我父亲种了一棵樱花树，我这次去给我的父亲挂一个牌，写一句话：方寸之间天涯万里。八个字挂在我父亲的那个树底下。我是上星期在那边的，结果那天我头一抬，看到一朵樱花，樱花是四五月开的，挺好玩的。

许知远：好神秘啊。

蔡国强：对。做好事才会有神秘的际遇，神秘总是在叫我们做好事。

许知远：你们那代人对西方的焦虑感很严重，什么时候觉得可以慢慢打破这种焦虑，获得更广泛的自由了？

蔡国强：到了日本以后。因为我出国是先到了日本，看到日本取得了很多成就，解放了他们自己，包括如何面对战后的自我羞辱感。一个强大的、自信的民族在战后活生生地走下来了，而且他们仍然在文化方面具有世界影响力，在设计、建筑、服装方面都很厉害。

我去了日本以后，意识到他们的问题成为我们的问题了，我们是东方，我们怎么努力，永远都要在西方的舞台上混日子，需要西方的同意和认可。日本人很清醒，做任何展览都经常说，这个能过，这个不能过——那个标准就是在西方会不会打得开。日本给我的印象太深，所以我才从日本开始往更高的格局走，就是不玩这一局了之后，有没有另外一个局。所以像外星人系列[1]，就是从宇宙的视野和格局来看。某种意义上，这个角度使我自由了。

许知远：对。在日本的时光其实是你生活挺窘迫的一段时光，这种窘迫和小宇宙的恢宏，两者是一起并存的状态？

1　"与外星人对话"是蔡国强持续最久的项目，从1989年就开始创作，2015年的《天梯》也是外星人计划的延续。

蔡国强：这个其实是从中国开始的。泉州是一个很小的城市，我们家就在环城河的旁边，钓鱼、游泳，就是这样的。你越小，就越想通过迷信的、风水的活动，去接近灵性的和看不见的世界。通过看得见的作品和活动，来接触永恒的或者看不见的世界，这基本上是我比较正经的、常年不息的一个艺术主题。如果我用一句话说明我在追求什么，我就是通过可见的表现不可见的，从家乡的到宇宙观的解放，这是一个必然。

许知远：你没遇到过特别绝望的时候吗？

蔡国强：这倒是被问住了，我没有很绝望的时候啊。不行也总是有什么其他的可能性，能行也未必就没问题。

许知远：迄今为止遇到的最大的问题是什么？

蔡国强：最大问题是要反反复复让自己感觉正在做的事情有意思。除了做这些以外也不能干别的事，所以就把它当有意思吧。我有危机感，就相当于爱情有危机感，你就会一直坚持做，没有危机感，它好像是你口袋里的手帕，就会丢了。

许知远：如果你不干这个，会干什么呢？

蔡国强：不知道，至少还会画画。跟太太去以前画过画的地方，比如说以前我们参加威尼斯双年展，那多辛苦啊，这次来我们就像游客，在旁边画点水彩，写生，哪一个餐馆好吃我们就进去吃。

许知远：但我觉得你会受不了的吧。

蔡国强：不会，在那个时候，我也能自己找到道义，而且它挺美好的。所以我最近一直在给我太太鼓吹，要在我们新泽西的牧场做一个温室，种很多花，以后我们就在那里面写生。

好的艺术家是厉害的野生动物，
善于迷失方向

许知远：你是带着社会主义农村包围城市的经验去日本的，而且付诸了行动，那你是带着什么去了纽约的呢？

蔡国强：我开始去纽约是很好奇，二十世纪是属于美国的世纪，美帝国主义是怎么回事，我觉得应该去跟它玩一把。美国的艺术是有选择的，不是多元的，其实是顺我者昌。我是以日本艺术家的身份去美国交换的，是洛克菲勒基金会底下的亚洲协会请过来的。我认为美国最有意思的是创造了一个原子弹的二十世纪，这是一个经典的符号，没有一个艺术家在二十世纪创造出了超过原子弹的视觉 logo，所以我就去原子弹基地考察，结果就留下来了。

许知远：我看你回忆画画的时候讲到，其实最初你对炸药、火药的理解，是跟死亡在一起的。后来做的时候，这个死亡的记忆会一直出现吗？

蔡国强：爆炸是很危险的，但是慢慢地我理解了这个危险，比它更危险的是这样炸算不算艺术，有没有意思，搞不好这是画了一个乌龙。我一直都在怀疑的，不能全部都是艺术的，肯定有一些不大艺术的。

许知远：比如说哪个是不大艺术的呢？

蔡国强：比方说奥运开幕式做的那些烟花，大脚印算是艺术性强的，但其他的很多烟花不能说都是艺术。

许知远：关于艺术家的形象问题，我们小时候受的教育是说，自十九世纪以来艺术家形象是反叛的、和所谓的大众高度分离的、晦涩难懂的，但是你做的所有东西却是人群可以参与的、可以感受得到的，甚至更像流行的，或者是大众式的。

蔡国强：你说的这个其实是误解，艺术家并不是这样的。从古代以来，艺术家就是很想进入主流、很想获得成功的，想讨好皇帝、教皇、有钱人。伦勃朗就很想跟贵族结婚，很想成为那个时代商人的宠物，维达斯夫从古希腊一直出发到意大利，又到了西班牙，拼命要卖给教皇，这些是历史的真实，但为什么他们就伟大，就永垂不朽了呢？

艺术家都在追求永垂不朽，有的人行，有的人不行，我猜测，关键就是强烈地想要获取成功的同时，他们有一个内在的自我反省，自己瞧不起自己，自己反抗自己的意志。他们是在这个摇摆里面找平衡，又给皇帝画肖像，又面临着自己的创造力和自己的人生尊严的挣扎。所以他们能够捕捉到皇帝的脆弱和肮脏的人性，别的人就只是涌进去，却没有跳出来。所有的大师都在权力、名望、金钱和情欲的诱惑里面挣扎，但好的艺术留下来的是挣扎的坦然和天才的能力。我们总说他们是如何反潮流，如何反体制，如何做革命者，但其实他们都是走着一条反动的道路，却创造了革命的艺术。我不知道这样说清楚了没有。

许知远：清楚。那么你的摇摆和脆弱是什么呢？怎么表现呢？

蔡国强：凑热闹，但是又怕在热闹里面消失了，跟刚才说的那些大师有点像。

许知远：你觉得你身上最强的能力是什么？

蔡国强：最强的能力还是作为孩子的蔡国强的那一种浪漫。

许知远：这个浪漫是怎么被保护住的呢？它没有消失，没有被吞噬，这是很难的。

蔡国强：主要是因为有很多女孩子的保护。从小有奶奶、母亲，后来有两个妹妹，有女朋友，再后来有太太，又有两个女儿，工作室也有很多女孩子，她们在我身边都挺保护我的，这对我"做一个孩子"的这种性格帮助很大。还有一个就是，我怕说出来有一点点拔高了自己，我的东西基本上是很纯净的，回归本真，所以大家在跟我对话的时候，都有一种被鼓励和愿意帮助这个事情的动力，这一点我感到是有的。

许知远：会不会担心这种纯净有时候过分简单？

蔡国强：我认为是需要过分简单一点的。我认为好玩的事情是把复杂的东西简单化，不好玩的东西是把简单的东西搞得很复杂。

许知远：如果说你是这个全球资本主义时代宫廷中伟大的艺术家，你会喜欢这样的说法吗？

蔡国强：我已经得到了利益和好处，就不要再装了。那些艺术家其实是时代的宠儿，哪怕他们人生很潦倒，很苦难。

我明年要在普希金美术馆展览了，我就研究了普希金，发现其实大家跟我们都大同小异，普希金也是一直被那些诱惑搅乱着，但就是这样他才会有好作品。社会主义是世界当代艺术前卫运动的大本营，因为人们认为过去的艺术太保守，是资本主义和皇族的艺术，社会主义的艺术是欧洲工业化、现代化的产物，是人民的艺术、大众的艺术，所以产生了前卫运动，产生了一大批很好的艺术家，影响了西方。马列维奇[1]去到乡下又回来了，他是最早做方块式黑色的，

1　马列维奇，俄国至上主义创始人，构成主义、几何抽象派画家。

他在画布上画一个黑色的十字架，要给人家讲这不是抽象的而是写实的，是表现我们的机器、我们的社会的。后来我们说他如何开拓地表现出抽象主义，如何影响了整个西方，但在那个时代，他是站在悬崖边缘上的，很怕掉下去。但叫他往里面走一点他又不愿意，偏偏要站边缘，这才是真实。

许知远：你怎么克服自己站在悬崖边战战兢兢的感觉呢？

蔡国强：我没到这么严重。

许知远：说到普希金，他的混乱既是思想上的，又是个人生活上的，但是你呈现的形象是非常有秩序的、清晰的。你的那部分黑暗和混乱在哪里呢？

蔡国强：我经常要找让我迷失方向的这种点子，因为你一定要承认你是天才，一件事情人家还没说你都已经有很多点子了，可那东西没用。什么才是能够让你迷失方向，再找回自己的呢？其实迷失了之后，除了怕以外，还有高兴和狂欢。最近好像都不迷失了，这可能更黑暗。

许知远：制造迷失需要什么手段吗？比如有的艺术家是通过女人，你是通过什么呢？

蔡国强：我的这个比喻不知道说不说得通，好的艺术家基本上是一批好的野生动物，绝对不是动物园的动物，这是一个很重要的前提，所以好艺术家和好艺术家之间在对话的时候，经常都不用出手，连说都不要说，就知道这个动物厉害。动物学家相当于策展人和评论家，他们总是在议论动物，规定动物的种类，说什么是好什么是坏。好的动物会迷失方向吗？会。可是好的动物就是善于迷失方向的，动物园的动物就不会迷失方向，什么都给它安排好，它哪里有地方迷失啊。

许知远：你对黑白式的直接对抗性是有怀疑的？

蔡国强：对。我从小就对比沈从文和鲁迅，我感到自己是比较像沈从文的那一种人。

许知远：偶尔会问自己"我是不是不够勇敢"吗？

蔡国强：当然是这样的。但就是你要真实，真实就是你的勇敢和力量。比如说你直接面对你的摇摆，你的现实，不回避。你还要很清醒，任何事都有一些失去，同时也有一些得到，有得有失，但底线没了，你就会很沮丧。全世界没有一个地方能给艺术家完全的自由。

许知远：所谓企业家式的艺术家，好像是过去二十年一个非常独特的产物，之前也没有这样的一个存在。你觉得会继续存在吗？

蔡国强：艺术家刚开始是孤立的，社会很容易把他当成异端，被当成异端是一个艺术家好的状态。慢慢他就变成了社会的主流，人们有很多办法来消费这些东西。这个时候，更好的艺术家出来了，要么能消化掉这些东西，要么就不想干这些了。

会恐惧，会消失，艺术才有意思

许知远：昨天我们在钟楼吃宵夜，我就在想，在宋朝、元朝的时候，泉州是这样的，老蔡那时候肯定是一个主教或者教主，要不就是去印度、南洋做生意。

蔡国强：不行，做生意我不行。

许知远：那时候的创意生意，像美第奇家族。

蔡国强：对，美第奇家族。我这次回去要去美第奇，所以就装模作样地把佛罗伦萨的历史读了一下，挺感慨的，那时候的一个商人，很有钱，但是他创造文化。他发现了米开朗琪罗，把他收养了，培养成伟大的雕塑家。接着又发现了达·芬奇，发现了波提切利。因为当时都是画宗教画的，波提切利只画异教和人的身体，他们也支持他。后来他们发现这个时代的艺术家不行，就去支持科学家了，支持伽利略的那一套关于地球不是宇宙中心的学说。其实美第奇家族已经衰老得一塌糊涂，竟然还想整一点新玩意儿，就整出了意大利歌剧。他们实质上控制佛罗伦萨将近三百年。你看看这些事，听听这些事，再去佛罗伦萨，你要搞就搞一个厉害的，不然搞什么？

许知远：在上次那个片子里你也说，普拉多美术馆[1]有很大的展，你说你不想取巧，不想做个装置偷懒，要真正好好画？

蔡国强：对。艺术史上这些作品，怎么都集中在这里？进去之后感到像一个孩子被放到了圣殿里面，就是——哇！但同时，这个孩子也被放到了沙漠里面，在沙漠里面想撒一泡尿就撒吧，根本没人看到，也自由了，该撒一泡尿就撒吧，别想太多、别怕太多，为自己壮胆。

许知远：是不是壮胆的成分比较多？

1　普拉多美术馆是西班牙最大的美术馆，建于 18 世纪，至今被认为是世界上最伟大的博物馆之一。

蔡国强：其实你是被你的感性和你的天性在引导着做事。你是一头野兽，你不是动物园的动物，你有很好的自然规律和灵感。你说我是一个长不大的少年，这样比较好说。

许知远：你很早就意识到自己是野兽吗？

蔡国强：对。我一般不去动物园的，我看到动物园的动物会很难过。

许知远：你在作品中做那些动物的时候，是什么感觉？

蔡国强：我是把它们当人做的，那些撞墙的狼，各种各样的动物在喝水，我是把它们当人在做，用动物做自己。

许知远：那你觉得你身上的野性是在衰退，在增加，还是没有变化？

蔡国强：到十二月就五十九岁了，明年就是六十岁的本命年，荷尔蒙肯定要下降，但是荷尔蒙的有效使用肯定比以前更好。荷尔蒙不是一直固定的，就像人年轻的时候画不好性主题的绘画，这是我个人的体验，当年纪越大反而就对这个事情敏感了，因为失去的东西人才会更珍惜，这时做画的动力和理解的东西就更有意思一点。每一个东西都是在被破坏的过程中，人才会有意识起来，因为在建设的时候没有多少人会意识到正在崩溃。我们是处在崩溃状、腐烂状的。

许知远：对崩溃、腐烂，你会恐惧吗？

蔡国强：当然会，不恐惧就不会做了，会恐惧，才会有意思，才会把它当成事。就像写死亡的人绝对是怕死，说我完全不怕死，那就不要用死亡做主题。

许知远：对消失呢？因为你的很多作品都是很快就消失的，你对消失这么迷恋是因为什么呢？

蔡国强：它还好会消失，不消失就难看死了。

许知远：这个说得好。

蔡国强：还好会消失。你说北京奥运一直有那几个脚印多难看，太难看了，但它会消失就太好了。好东西就是你利用好了它的死亡。

许知远：是不是因为有泉州，有奶奶这样的人，有那种强烈的有根的感觉，你就特别不怕这种消失？

蔡国强：当然有关系，但说到这里就说到我们东方本体的一些价值观了，我们是不大认为有永远的东西的，所以我们跟西方人对地球环境的态度就不一样。他们很怕地球灭亡，我们认为地球绝对要灭亡的，所有的星球都要灭亡的，地球为什么不会灭亡？其实社会也是，社会制度也是没有永远的，全部都会消亡。艺术也是，艺术要是不会销毁，所有的艺术品最后都成了垃圾，在地球上泛滥。我已经有一点点不舒服的感觉了，所有时代的艺术家都来几张最好的东西挂在那边，拼命不让它消失，现在看挺造作的，有点难受。但是有时候这又是一个矛盾，美术馆辛辛苦苦地爱护这些艺术家的作品，又很感动，很温暖。但是严格来说，这都是垂死挣扎，还能撑多久呢，再撑下去总是要坏掉。

许知远：你对永恒性的渴望不强烈？

蔡国强：这才是追求永恒。哪一个都要永恒，就都不是永恒的。

许知远：你现在感觉到的那种消逝也好，衰败也好，你会思考自己的哲学到底是什么呢？

蔡国强：我的哲学其实不是很深刻的哲学，就是自然而然，无法释放，借力使力。

许知远：但是同时，你对各种事情的控制能力又是非常强的。

蔡国强：所以才要去追求一些难以控制的事。就应该办学校啊，办医院啊，修马路啊，做一些实实在在的事，别干那些不实在的事。

许知远：泉州特别了不起，在十二世纪泉州相当于世界的纽约，如果你生活在十二世纪的泉州，你的人生会是什么样？

蔡国强：跟马可·波罗一起回威尼斯去玩一玩。人家一直说我是模仿马可·波罗的故事。忽必烈对他说"你给我讲了这么多故事，怎么不讲讲你的故乡呢"，他说"我的每个故事里面都有我的故乡"，因为故乡是他的镜子，他知道那些城市的特点，因为都是跟他的故乡比较来的。

许知远：所以你去了世界这么多地方，在每个地方都看到了泉州吗？

蔡国强：对，每个作品里面都有泉州。做俄国的十月革命啊，做全世界的东西，虽然看起来是在做他们的国家，其实也在做自己的国家。

许知远：这个国家的形象是不是也在不断发生变化？

蔡国强：有。其实我平时是不看艺术内容的，我一天夜读大概五六个小时，都是读政治、历史、社会。

许知远：我第一次见到你其实是八年前，当时你在做奥运会。

八年前中国是那样一个时代情绪，世界对中国是那样一种期待，现在过了八年，你怎么看这个国家视觉和情绪上的变化呢？

蔡国强：最近我回泉州，突然感觉有大城市的样子了。我们昨天从上海乘火车到北京来，以前从上海到北京来或者从泉州去上海看展览，路上要走上几天，昨天就花了四个多小时。某种意义上应该说是，做了很多大事情，不容易啊。

许知远：对人的感觉呢？

蔡国强：我接触的人不多，这个很危险，回国永远接触这几个认识的人，然后就是被媒体采访，完全生活在一个二手社会里面。我一直想在泉州做一个文化智库，不是研究制度问题，而是研究怎么能让作为一个个体的中国人，不只因为财富、穿戴和英语的提高而在世界上更受欢迎。

许知远：你觉得为什么呢？给一个直觉答案。

蔡国强：直觉就是——我们的文化没有创造力，我们的电影没拍好——不能光把这些事情推给制度。中国人的故事里面其实包含着很多复杂性，他的爱情啊，他的更年期啊，他养小孩的苦恼啊，但中国人不善于讲这些故事给老外看，只能讲老外要看的那些故事——可是这也没有讲好，也是在一定的套路里。把什么都推给制度，我们就太狡猾了。

1958 年　出生于北京

1985 年　北京电视艺术中心任美工师

1991 年　任《编辑部的故事》编剧

1992 年　与郑晓龙合写电影剧本《大撒把》，该片获金鸡奖最佳故事片、最佳编剧等 5
　　　　项提名

1994 年　导演处女作《永失我爱》

2007 年　《集结号》获华表奖优秀导演奖、金鸡奖最佳导演奖

2015 年　《老炮儿》获台湾金马奖最佳男主角，并获颁法兰西艺术与文学骑士勋章

2016 年　《我不是潘金莲》获西班牙圣塞巴蒂安电影节金贝壳奖、台湾金马奖最佳导
　　　　演奖

2019 年　执导《只有芸知道》

扫码观看视频

冯小刚

我是迟到的长跑者，
也是逆着队伍往回走的那个人

Chapter 06

　　在见到冯小刚之前，我有一丝紧张。我这一代人，倘若是在北方成长，都会受到王朔、姜文、冯小刚式的话语影响。那种玩世不恭，那种智力优越，在戏谑背后偶尔的深情，都曾让我们着迷不已，渴望自己也像他们那样说话。

　　我很快就意识到，自己成为不了他们，甚至开始反感他们。在表面的反叛之下，是对权力与名声的着迷，他们只想震慑他人，却缺乏真正的热忱去理解、鼓舞他人。最为致命的是，他们反叛性的言说，最终促成了这股反智浪潮的兴起，他们成了封闭的既有权力的一部分。

　　在八十年代末涌现的这群"侃爷"中，冯小刚算是个迟到的成功者。在相当长的时间里，他只是在模仿王朔。他却韧性惊人，自从 1997 年的《甲方乙方》之后，他成了中国娱乐界最成功的人物之一。在回顾这二十年的中国文化时，我不无惊异地发现，他比任何人都更准确地定义了中国新中产阶级的价值观。他那些风靡一时的电影或许不够杰出，却直抵中国社会的悲喜之处。当好莱坞邀请他把手印留在星光大道时，一定是对他这种能力的赞许。

　　在荣耀顶峰之时，他又想尝试些别的，既是为了内心之召唤，也想打破外界的成见。他的《1942》想呈现自己对中国式悲剧的理解，《我不是潘金莲》则想解析此刻的中国。他想成为"冯大师"。尝试没有带来期待的回应，他对此忿忿不平。即使他自己也要承认，在做出这些大胆尝试时，他仍想维持某种平衡。他希望展现自己，但总是渴望被欢迎。在这种意义上，他仍是那个"冯裤子"[1]。

　　这就像他塑造的那位"六爷"，他同时是怯懦与勇敢的。这两者的紧张感，或许正是他创造力的源泉。

---

[1]　电视剧《与青春有关的日子》中的一个角色，据称以冯小刚为原型。

八十年代是黄金时代，
所有事开始朝着应该的方向去

许知远：你最早什么时候感觉到酒精的乐趣的？

冯小刚：那太早了，二十多岁开始吧。在部队的时候还不太会喝，就是转业之后，1984年、1985年那阵。我在一工会，城建开发总公司工会。旁边单位里有一设计所，设计所里有几个画画的。我原来画画，我们就天天在一块儿画画。每天下了班，就凑几块钱吧，能自己做饭，做完了就开始喝，啤酒。还有散装的，拿暖壶打去，峨眉酒家，月坛北街那块儿。

许知远：你们喝的时候聊什么呀？

冯小刚：那时候画画，主要聊的其实是这个。再有就是，那时候二十多岁，晚上去找点女孩来跳点什么贴面舞，就干这个呗。

许知远：你怎么看你在画画上的天赋？

冯小刚：学画画的时候老师就说，"你得把素描画好"，我们一块儿的就有画4K素描的，画得倍儿瓷实那种。我就没那耐心，我特别想写生，拿一画夹，喜欢画颜色，有一阵我特羡慕画电影海报的。

许知远：看的第一部电影是什么？

冯小刚：我记得是戏曲片《红楼梦》。我看着那些穿古装衣服的人，音乐都是大锣敲着那种，给我吓坏了，半截哭了，我妈给我弄走了。后来很长时间我不愿意看古装的人，实际到现在我也拍不了这古装片，给我幼小的心灵里留下了阴影。

许知远：八十年代有什么电影让你印象特深吗？

冯小刚：《苔丝》，南斯拉夫电影《桥》，罗马尼亚电影《奇普里安·波隆贝斯库》，苏联电影《解放》《攻克柏林》，日本的《啊，海军》，美国的《虎！虎！虎！》，那阵不全是这个嘛？

许知远：那时候从来没想过去当导演？

冯小刚：从来没想过。那个时候想，我就是画画。从部队文工团转业到了地方后，地方又开始要学历。我也没学历，就从工会找了底下一公司的库房，让我看库房去。我跟我们那儿那个党委书记掐起来了，他整我，想给我搁那库房去。我这时候认识郑晓龙了，他在电视艺术中心当主任，到我们宿舍玩。后来就说，"那你可以到我们那儿试试去"，我这就等于原来都离开这行业了，又回到这个行业里来。我最早接触电影，是在 1980 年。

许知远：是不是跟何平？

冯小刚：对对对，那是第一次接触电影，导演叫彭宁[1]。当时他和滕文骥[2]他们算新锐的，因为《苦恋》后来被毙了，彭宁之后再没拍成过。这人就消失了，前一年去世了。我给他做美工助理，他有时候愿意跟我聊天，所以也给了我一些影响。当时何平也是，那时候我什么也不知道，但何平他们已经在电影这行游刃有余了。

许知远：你对八十年代是什么感觉？

1　彭宁，中国第四代导演。1980 年白桦和彭宁根据电影文学剧本《苦恋》改编成电影《太阳和人》。

2　滕文骥，中国第四代导演，凭借《棋王》获得第 45 届威尼斯电影节金狮奖提名。

冯小刚：所有事开始朝着应该的方向去。从社会的角度来说我觉得那是中国近一百年来最黄金的时代。也就是在那时候开始听到崔健唱歌，有人可以这么唱，是吧？也是那时候开始看王朔。一看我就觉得，这我也可以写啊，过去小说里的语言全是书面语言，觉得王朔很有意思。

许知远：你最早看他的作品是《空中小姐》吗？

冯小刚：我第一个看的是《浮出海面》，给我逗坏了，太有意思了。很多关于那个时代的事。那时代我还事儿事儿的，去听"新星音乐会"[1]，去看全国美展，一届一届地去看。电影也开始变得可能性更多，那个时代真是……

许知远：特有劲。

冯小刚：对，非常有意思。但那个时候我没想到我会做什么，我想继续画画，但是画着画着就觉得，我提高不了。到了电视艺术中心之后基本就把画画这事给放下了。后来看了王朔写的小说，我也开始想写东西。做导演的想法大概是在1987年、1988年那时候，而且我觉得基本上没什么可能性，谁会让我导啊？导演这事，现在来说是没有门槛了，但那时候它还真有一门槛，你得是电影学院毕业的才有可能。电影学院毕业分到电影厂，先当场记，干个五六年，然后副导演干个五六年，之后也绝对不可能让你独立执导，是联合执导。

后来是因为电影不景气了，拍电影的人要不然就不干了，要不然就跑电视剧这行业去了，这种情况下我和王朔找了韩三平到北影

1　新星音乐会是1980年由《北京晚报》发起的通俗歌曲音乐会，标志着新中国流行音乐的诞生。

厂，他们说"非常欢迎，有钱吗"，我说带着钱来的。"那，随便。"

当时我有一点不是特别明白，因为那时候电视剧风生水起的，收视率都特别高。我就想让观众喜欢看电影很难吗，用这方式做电影也一样啊。那时候是这么一个概念。

许知远：你说看到王朔的小说之后想写东西。他那种语言风格，对你来说特别容易掌握吗？

冯小刚：对，因为我觉得我平常就是这么说话的，可以把日常的说话方式用进去。其实当真正进入他小说的时候就会发现，那些看上去特别像日常生活的说话，实际上他用了特别多的成语在里头，而且他是反着用的。他的小说我觉得是有一种反向的思维，就是这事该哭他一定往笑了写，这事该笑他是往哭了写。这种反向思维我觉得是非常厉害的。再有就是生动，我觉得人的嘴脸、面目，特别有意思。

许知远：但你觉得这种语言方法有它的问题吗？

冯小刚：那是在一个新的背景里，也不是老北京话，而是北京机关大院、部队大院攒出来的这么一套嗑，它不是放之四海而皆准的，有它的局限性。但就因为它有地域性和局限性，所以带着特别大的劲，要是全都能接受的必然是白开水。

许知远：你什么时候感觉到这种语言方式在传播上有问题了？

冯小刚：我好像还真是想过这事。其实早在 2008 年拍《非诚勿扰》之前就变了，但是《非诚勿扰》的时候我一看还挺好使。可是又隔了两年吧，2010 年左右开始，不一样了。你知道，过去长得好看的男的，从三 T 公司[1] 那时候开始，基本上彻底地被灭了。

1　《顽主》剧中的公司，后被《甲方乙方》沿用。

就这种奶油小生被瞧不上了，持续了得有二十年。可 2010 年以后，突然间就翻回来了，变成了这男的得长得倍儿帅，而且不光倍儿帅，还有点倍儿面那种感觉。这个潮流回来了，小孩们开始喜欢甜的了，一直盛行到现在。语言也开始变化，过去很欣赏我们这套方式，夹枪带棒，不正经说话，但现在语言上突然也开始男不男女不女的。

许知远：你会觉得不舒服吗？

冯小刚：我不是很欣赏这个。第一个我觉得它很假，还一个，我觉得一个好的演员应该是特别稀松平常的，放在人堆里头，或者在哪块儿喝酒，完全没什么让人觉得出众的。可是只要他进入到那角色，就能焕发出特别巨大的能量和魅力来。因此我们会喜欢罗伯特·德尼罗，我们会喜欢达斯汀·霍夫曼，我们会喜欢汤姆·汉克斯、阿尔·帕西诺。在中国比如姜文这种的，是一个人物在一个电影里。中国电影很多年都在说事，没人物。

《老炮儿》，管虎的核心在于立了一人物，这人物留下来了，过好多年说起《老炮儿》，什么情节想不起来，但是《老炮儿》里这人他还能记得。你光长得好看是没用的，你肯定得是一个有血有肉的人物，就像张涵予演那谷子地[1]，他也是一人物，留下来了；《秋菊打官司》里的秋菊，他们都留下来了。

1　冯小刚电影《集结号》中的男主角。

我的电影要对着内心，
拍喜欢的剧本

许知远：你拍了这么多年电影，哪个人物你觉得是丰满的，特别立得住的？

冯小刚：比如葛优这个人，我觉得他就是一个有魅力的人，他没有简单地说演一好人，他演了一个让人觉得挺可疑的人。他嘴上说的一套和他心里想的是一回事吗？当然他骨子里也是很善意的。葛优演过的这些人物，有点淘气，有点不着调，但他内心也不拧巴，也不黑暗，知道什么是寒碜。比如说到爱情，哪一代人的爱情都是浓烈的，但是我们这一代人就有一点羞于表达。现在的小男孩在示爱的时候特别直接，在我们看就觉得太肉麻了。我们那代人，他是这意思，但是绝对不能这么说，他得拐一弯，好话也不好好说。葛优就是这样的，有时候会让观众觉得他亲切，觉得是生活在他周围的人。

许知远：这代人为什么会这么明显地有话不好好说？你明明爱听古典音乐，明明是英雄主义的，偏要装得不是。

冯小刚：我觉得和"文革"后期有关系。首先，"文革"前谁骂人啊？没有人骂人。"文革"中就全是脏话连篇了。然后有一段时期里，大家崇拜的人是以暴力为核心的，比如谁能打架，同学就认为他牛，他身上带的那种习气影响了整个校园的人。谁打架能往前冲，谁拿着一板砖敢往脑袋上拍，他是那么一种血性。那种人他会单腿下跪来玩一求婚吗？肯定做不出来这事。因为"文革"太假了，所以"文革"之后对假的反感形成了一种巨大的反作用力。所有虚伪的、假的东西全都被打翻在地，全被不齿。所以比如说我喜欢听古典音乐，这说出来是不是有点臊得慌？

许知远：你丫装什么文化呀？

冯小刚：对对对，别装。"别装"成为一个时代——就是这二十年的一个潮流。现在又开始装了。

许知远：这套话语系统是为了反对假崇高、假理想，但无意中真理想、真崇高也不敢说了，会有这个问题吧？

冯小刚：对，羞于承认，然后变成另外一种假。

许知远：从电影《1942》的困境中我特别能感受到你想表达的东西，很让人尊敬。但这个东西受到流行了二十年的语言系统的影响。所以你们要为这负责吗？

冯小刚：我觉得，这种形而上的东西其实在人的思想深处还是有的，只是有的时候被掩盖掉了。包括《1942》，大部分观众是因为不太爱看这苦难，看完了堵得慌。我觉得看刘震云的小说，他有一点是最可贵的，他通过这场灾难反映了民族性。民族性这事是特别深重的，这解释了为什么会导致一场灾难，而这个民族和其他民族面对灾难的时候为什么不一样。

为什么俄罗斯在面对浩劫和灾难的时候就涌现出一大批宏大叙事的作品，从它的音乐、美术、小说里，你会看出一种救赎的力量。这俩民族的性格就不一样。那么民族为什么会有这样的性格出现，其实是和信仰有关系的。我觉得佛教影响很大。因为中国自古崇尚儒教，佛教进入之后，为了和本土宗教争夺信众，就变成了一报还一报，患得患失——你给我捐一门槛，给我造一座金身，你拜我我保你，说的都是现世的事。实际上这是没有信仰。人在没有信仰的情况下可能就会出现刚才说的情况，大家集体反感假。别看有这么多烧香拜佛的，那不是有信仰。

我们在《1942》做采访的时候，问过一老太太："你觉得有天堂吗？""有。""天堂好不好？""好。""那你跟我说说天堂是什么样？"她的想象其实还是和富贵发财有关系，玉石铺面黄金街，喝口凉水都不饿。这完全是一个灾民对天堂的想象，是特别现实的。《1942》很多人看了不舒服，这个不舒服可能有两个原因，一个是苦难本身会让人不舒服，还一个就是观众觉得被冒犯了。但我觉得确实应该拍这样的电影，我们也认识一下自己，认识一下这个民族性格。

许知远：《1942》面对的是大灾难，而《我不是潘金莲》面对的是小的个人灾难，你拍的时候什么感觉？

冯小刚：李雪莲受的所有教育都是一个人情社会的教育。现在提出来要建设法制社会，是从人情社会向法制社会的过渡，可能是一个特别长的时期。因为它是几千年积淀来的，所以她不太能理解得了。比如她和丈夫商量好了，说咱们俩假离婚，等该办的事办完了咱俩再复婚，最后她丈夫把这假离婚变成真离婚了。从人情社会的体系来看，她丈夫是骗了她，她是受害者。但是到了法院，人家判她丈夫赢。因为法院说这确实是真离婚，是有效的。所以她就觉得法院怎么站在骗子一边，判骗子赢了。她带着一个人情社会的方式去找父母官，认为法院不够大，要找当官的，官能领导法院。

《我不是潘金莲》这部电影让很多人担心，观众可以接受这样的电影吗？我觉得它会成为一部话题性的电影。而当一部电影能够成为话题的时候，就会有很多观众去电影院看，不看就没办法参与到讨论里来。

拍完了《私人订制》之后，我三年没有拍电影，中间去演了一部电影。这三年其实是在选择到底拍哪一个。那我演完《老炮儿》

之后一下想清楚了，我就拍《我不是潘金莲》，我觉得它是非常值得做的，我甚至没有去想票房的事。我眼看着六十了，在我有效的时间里头，我还是觉得我的电影要对着内心，必须把非常喜欢的剧本拍出来。《我不是潘金莲》和整个社会发生了关系，这确实是近些年来中国电影界所没有的。

许知远：李雪莲在某种意义上其实是一个专制主义者吧？

冯小刚：李雪莲为什么最后去上吊，真实原因不是说她告状成了笑话，其实就是因为她老公死了，告状的链条断了，今后她不能再告状了。而这十几年告状实际上在支撑着她的生活，她变得特别有事干。这个源头没了，以后不能折腾了，她觉得她的生活一下就变成黑白的了。我说的这是她深层次的原因。她最反对的那东西不存在了，她一下觉得自己无价值了。

我要和自己的习惯做一个决裂，要革自己的命

许知远：你这么长时间保持了这样一个创作的频率，动力是怎么来的？

冯小刚：我举一例子，《一声叹息》是一开始拍就给叫停了，后来过两年又可以了。那两年我就很想把它拍了，因为它和我的经历有关系，我离过一次婚，有切肤的痛和感受，就是这种纠结让我把它拍了。拍完那个，突然想起来跟王朔一块儿玩的时候瞎开过一个玩笑，要是一大腕死了，只要肯授权，说愿意在这葬礼上植入广

告，那会不会所有的广告商真的不在乎这是不是葬礼，是不是灵车，都来拍广告。我觉得这个特别讽刺，所以就把它捡回来，等它在肚子里发酵了几年，成了《大腕》。就这样一部一部，一路拍到今天。

许知远：那你现在想起来《一地鸡毛》是什么感觉？

冯小刚：那是我拍的非常好的一东西，但后来也没播成。现在母版都找不着了，我再想看一遍，也找不着这个碟。很有意思。

许知远：如果这个顺利出来了，并获得成功，你觉得你的人生道路会不一样吗？

冯小刚：这个和《过着狼狈不堪的生活》《我是你爸爸》《月亮背面》一起，如果没有被毙，可能就直奔《我不是潘金莲》的路子了。这中间兜了一大弯，因为我要生存嘛。所有人都说"别，千万别给他投资，他的电影没一个能过的"，那我就开始拍贺岁片了。

当然我认为即便是贺岁片，我们始终也没有放弃在这个娱乐里头加入很多的讽刺，除了傅彪演的《没完没了》——因为那部是当时电影局和我说"你拍任贺岁片，你就可以拍那个《一声叹息》"，我是为了《一声叹息》，我得必须完成这任。《甲方乙方》《不见不散》拍完了之后，就生攒了一个。葛优在拍的过程中，从第一个礼拜到最后一个礼拜，一直在和我说，"能不能不拍了？花了多少钱了？不行我给你找一赞助去，把这窟窿堵上，咱别拍了"。

许知远：你想平衡所谓的贺岁片和商业片，但是毕竟拍了十多年。刚才说如果没有这些困难，可能一路就奔着《我不是潘金莲》来了。那这十几年的经验对你是个伤害，还是好事呢？

冯小刚：肯定是好事。这些贺岁片让我赢得了观众的信任，他觉得看我电影好玩，有意思。这种信任是有惯性的，在这惯性里我拍的其他类型也被接受了，比如像《集结号》《唐山大地震》他也接受，那里面完全没有任何喜剧情节。还一个就是，所有的经历一定都是有营养的，一段路不可能白走了，都会让自己变得更丰富。再有就是，如果从那边直奔这儿来，怎么导啊？年轻的导演有这心也没这力，没有这种可能性。是在过程中积累了人气，积累了信誉度，交了很多的朋友，当要做一件事的时候，这些资源都过来助成我做这件事。

许知远：你会觉得自己像是这代人里面一个迟到的长跑者吗？同龄人可能进入得比较早。

冯小刚：是。我觉得很有意思的一件事，就是我和大家走了相反的两条路。大家都在拍文艺片的时候，商业片这条道上空空荡荡的，我就杀进来，拍了贺岁片；当所有人都开始按计算器的时候，我又调转头来，逆着队伍往回走。这个是刻意为之吗？我觉得也不是，我也不是一个有步骤、有策略的人。

许知远：是性格为之吗？

冯小刚：对对对，性格为之。过去拍文艺片的几个典型，也就只有贾樟柯、小帅他们还一路那么坚持着，但他们是比我们岁数小的一拨啊。跟我年龄差不多的，你看艺谋、凯歌这拨，那个时候他们玩的都是文艺片，我跟他们玩的不一样。后来他们统统玩的都是商业片了，我又走了一条这样的路。这有点意思。

可能有一种直觉就是不能太随大流，大家都干这事的时候你就别干。比如现在大家都摁着计算器想，谁加谁是几亿票房，再加什么样的故事，大数据一算。我觉得也不缺我这么一个。而且现在年轻导演起得都挺猛的，过十亿以上的新导演也有十个八个了吧，也不缺一个冯小刚。但是在另外一条路上缺我，我可以去那儿。还有就是我也干得差不多了，我的勇气来自于如果我冒犯了什么，或者别人让我今后不许拍电影了，我不会像刚开始执导那样拿脑袋撞墙去，现在可能是一种解脱。

许知远：真的解脱吗，还是暂时这么想象？

冯小刚：其实我处在矛盾中。一是心里想玩，老觉得快六十了，再不玩来不及了，有好多比拍电影好玩的事。我就老在想以后不拍电影了，我得画画去，我打球去，或者我写小说去，或者我学一样乐器。但我一直被绑在这辆战车上，到不能拍的时候基本上也是玩不动的时候了。如果现在有一个强力说"你别干了"，那我觉得可能是一种解脱。但是没有这个人按着说"你不许拍了"，我就觉得还是有一些想拍的东西。而且我又觉得，从拍《我不是潘金莲》开始，我才真正入了拍电影的门。

许知远：是这种感觉？

冯小刚：是这种感觉。我第一次有这种感觉是从《夜宴》开始的。拍《夜宴》的时候我看着那些画面，觉得我过去不是传说中的瞎拍嘛，我觉得这才是电影。第二次有这个感觉是在拍《1942》的时候，跟吕乐我们两个人在一起，他会给我找一些片子看，跟我商量用一个什么样的系统来做这个，一直到这回和罗攀合作拍《我不是潘金莲》。我觉得特别有意思，开始学习，提高的空间一下变得特别大，觉得入门了。因为在这个圆里头，我们不是拍一个正常的宽银幕的镜头，拿一个黑框给它一过，这个是不行的。要在这个圆里头，想它的构图是什么样的，影调是什么样的，它必须要严格地使用这套世界语言的系统。过去其实是有一点东一榔头西一棒子的感觉。

许知远：这是多让人陶醉的感觉啊。

冯小刚：对对对。所以我每天拍这个我都特别兴奋。在现场要拍之前，我和罗攀两个人会习惯先说等会儿等会儿。副导演和执行导演问怎么样，可以了吗，演员可以了吗。我说等会儿等会儿。其实他们不知道我们俩在等什么，我们两个人就跑旁边抽根烟，站一会儿。我俩互相会问一句话，"是不是太正常了？"——"太正常了"的意思就是又回到原来习惯的经验里去了，问题在于需要知道怎么把这正常打碎。所以我们会在准备好了之后突然又重新来，大家继续等。每天都在和自己的经验做斗争，然后拍出来一个经验之外的东西的时候是非常兴奋的。《我不是潘金莲》视觉上的语言非常统一，章法不乱，结果就很有意思。每个镜头为什么要这么摆？为什么要选择这个景别？构图为什么是这样的？绝没有说咱们时间来不及了，就快点，没有，肯定是我和摄影师两个人在脑子里转了几圈。

许知远：这个过程中你觉得特别难把握的是什么？

冯小刚：特别难把握的是，我觉得思想里有一个火花，但那不是我熟悉的东西，而我有很多的习惯，要和自己的习惯做一个决裂。

许知远：革自己的命。

冯小刚：对，要革自己的命。刘震云小说的一个特点就是絮絮叨叨，不是强情节在支撑。看似无关紧要的细节一块一块堆叠。可电影的时长有限，它跟观众的生理有关，在一个黑屋子里坐超过俩钟头，一个人就待不住了，那么我们必须在这样的时长里完成它。小说可以随时放边上睡觉，明天早上拿起来又看，但电影需要一口气拿下。所以这个阶段是挺痛苦的，在不停地取舍。是不是舍了很重要的东西，等意识到的时候为时已晚，对作品会有很大的伤害。所以我就做了一个最笨的决定——全拍。

我举一例子——我不知道你看了这电影没有——马文彬请李雪

莲吃饭之前，和那个县长有一番对话。我全套拍了十七分钟，现在可能留了五六分钟，当时差点把这场戏给砍了。为什么要砍？核心的一些话就是约李雪莲，"你把这事弄定了，我去出面"。但如果只剩下这几句，这场戏就没必要了，都不用说什么，下一场直接就是市长去找李雪莲了。这场戏真正好的其实就是他那一大番话，而不是一个简单的交代功能。这样的段落小说里有很多，如果按照传统电影的剪辑叙事，每场都拿掉照样接得上，而且节奏快起来了，但是味道就没了，丰富性就没了。所以要不断地取舍。

背了这么多年，
我现在可以把票房包袱卸下来了

许知远：刚才你谈到你感觉迈上了一个新台阶。你身上哪些东西是可能妨碍你迈上新台阶的，就像你当年感觉画画可能画不上去一样？

冯小刚：其实从画画的时候就有这种问题，就是我对细节特别敏感。很多导演的优点其实是结构非常好，但是输在了细节上。而我是细节非常好，但很可能会输在结构上。结构的能力我认为我是弱的。所有的起承转合，我一般先想到的是最生动的细节。

许知远：2000 年的时候你是不是做过一场描绘中国电影传统的演讲[1]？你说电影的大房间里拥了一堆人，而你就像是在旁边修了

1　2000 年 11 月 16 日，冯小刚于北京电影学院进行演讲，称"自己是中国电影殿外人"。

个耳房，你是个不同路数的人，建立了自己的小空间。

冯小刚：我那时候说的是，大家都想进入电影这殿堂。第四代进来了，说咱得守着门，没想到第五代没走门，从窗户进来了。然后呢，第四代对第五代说，"既然来了，咱们的人也不能再多了，我们守门你守窗户，别人就进不来了"。结果第六代从地下出来了，既没走门也没走窗户，从地底下刨一洞进了这屋。再往后就开始有守房顶的，咱都得想到，没窗户没门这墙咱也得守着，地也得守着，顶也得守着。

要想进入这个殿堂挺难的，都是电影学院这系统的人，而我是个野路子。后来就发现，另辟蹊径是特别好的，因为大家陷入了一种思维的模式，而我就不进这屋，我在外头搭一帐篷，我干吗非进这屋啊？这是在这屋里头守的人怎么也没想到的。大家所有的思维都是怎么把这屋给守住，但另一种思维是我不一定非进这屋，这就是我刚才说的大家都在弄文艺片的时候我拍商业片，现在大家觉得这帐篷不错，都跑这帐篷里来了，我一看这屋没人守了，就回这屋了。

许知远：如果突然有个强力让你不拍了，你觉得你给行业留下的遗产是什么？

冯小刚：这事确实没想过。拍电影拍到今天，又在一个这么商业的气氛中，我还能去做这样的事，还能调动这么多的资源，有这么多的宣传费来推广这个电影，我觉得其实都是前世积了德了，我是真的挺知足的。现在有的时候我确实觉得有点累，拍一部电影耗费太多的心血，这里头有体力的，也有心思上的，它会让我觉得被掏空了一下。这个时候其实是需要一个很好的能量聚集的机会，让我重新产生欲望。其实，因为拍《1942》特别累，后面又着急给投资人把损失挽回来，匆忙地拍了《私人订制》，当然收到了一些观众的批评。我也觉得，观众虽然买了我这面子，有了很不错的票房，但是消费了人家对我的信任。这里面有一个反省。

所以下面要做的东西，万不可胡来，得好好的。首先对得起自己，这样就会对这事特别认真，实际上是对观众的一种尊重。这中间一下扯了三年时间，然后做了《我不是潘金莲》，我觉得这和时间的沉淀是有关系的。我和管虎一块儿拍《老炮儿》的时候，其实也在管虎身上学到了很多，我发现他有很多值得我学习的优点。

许知远：比如呢？

冯小刚：他拍鸵鸟那个情节的时候做观影调查，一开始收回的答复都是不懂，干吗出来一鸵鸟，很多人就让管虎把这段给剪了，说本来就长了，但管虎非常坚持。可是到了放映之后，观众其实特别认可鸵鸟这个情节。所以有时候观影调查可能是取样太少了，不一定准确。通过《老炮儿》我也能感觉到他坚持的是什么。

我认为就今天的观众来说，都是粘上毛比猴都精的，对电影的判断其实没想象中那么盲目，只有九零后的孩子有点盲目。《老炮儿》的大部分观众年龄段在四十岁、五十岁、六十岁，这部分人看电影不踊跃的主要原因是没有他们喜欢看的电影，电影都是给孩子拍的。《老炮儿》其实调动了这个年龄层的人，这个年龄层的人如果产生了观影欲望，他们的经济能力，各方面都远远超过九零后这帮孩子。所以我觉得和管虎一起做《老炮儿》收获挺大的。他们做这个片子，包括对音乐的使用、剪辑、取舍，很多方面是值得学习的。这次拍《我不是潘金莲》，也是用的《老炮儿》那个摄影师罗攀。我说罗攀无论如何不能用烂了街的方式再拍这部电影，咱必须要想到一条别开生面的路子。

许知远：如果《我不是潘金莲》在商业上很不成功，你会很困扰吗？

冯小刚：首先我觉得我是可以接受的，因为在拍这部片子之前我就有这样的精神准备。我如果拼命地矫情票房的事，我何必一开始选择拍《我不是潘金莲》呢？要是说奔着票房去的，那会有很多比它更有优势的选择，但是我也乐于见到它有一个不错的票房。我发现屡次低估了观众，观众其实给了一个特别好的票房。就像《老炮儿》排片给得特低，才百分之二十。而且除了头一天给了百分之二十，后面都是百分之十七八、十五六的排片，但是它能够持续地有那么好的票房成绩。当然对我来说，我不想再被票房这事绑架。我得说，没有一个导演不希望票房好的，但是不要把这包袱背在身上。我已经背了那么多年了，我现在可以把这包袱卸下来，拍一好的电影，就行了。

许知远：年轻的时候你喜欢《美国往事》，拍一部这样的，非常证明一生啊，你现在还有这样一个目标吗？

冯小刚：我觉得那就是一命。其实现在拍电影，电影之外的事考虑得少了，考虑它没用，什么去戛纳、奥斯卡，想了一堆也没用。如果是一好电影，就算没去这些地方也是好电影，如果不是好电影，就是去了也不是好电影。这些荣誉和奖项改变不了已经拍完的这部电影。

1963 年　出生于河北唐山

1984 年　毕业于中央戏剧学院表演系，后进入中国青年艺术剧院

1986 年　凭《芙蓉镇》获百花奖最佳男演员奖

1993 年　自编自导电影《阳光灿烂的日子》

2000 年　电影《鬼子来了》获法国戛纳电影节评委会大奖

2007 年　《太阳照常升起》上映，入围台湾金马奖最佳导演及改编剧本

2011 年　《让子弹飞》获得金马奖最佳改编剧本

2018 年　《邪不压正》上映

扫码观看视频

姜文

不拍电影时，
我面对的仍是十几岁时的困境

Chapter 07

等候电梯时，突然想起了一则旧广告。四幅照片并列一处，依次是一瓶伏特加、一辆劳斯莱斯、一张海明威头像，照片下分别写着酒、车、作家。我忘记了第四个，它该是广告主，它标榜自己就像前三者一样，在各自领域有着不言自明的号召力，符号价值甚至超越行业本身。

它该是刊登在某一期《生活》杂志上，这份早已停刊的杂志是我视觉意识的开启者，尽管愤愤不平，我却不得不承认，一张照片的确经常抵得上一千个词。这也是我们时代的特征，形象即实质，可能比实质还重要。

姜文的肖像也同时跳入脑海。倘若设计一幅类似的中文广告，或许可以用茅台替代伏特加，劳斯莱斯变作红旗，姜文则可以取代海明威，他的肖像下同样可以写下"演员"或"导演"，不必做多余解释。

他们也的确不无相似。姜文咧开嘴的笑容、他的寸头、那对扇风耳，像胡子拉碴的海明威一样令人难忘。他们都英俊，才华横溢，具有高度个人化的风格。他们还乐于展现自己的雄性特征，是各自时代的男子气概的象征，有一种"野蛮人"式的魅力。他们因此获得一种显著的无龄感，即使到了晚年，海明威还在竭力展现自己的活力，四处吹嘘可以让第四任妻子彻夜兴奋；当你说起姜文，很难意识到他已在舞台中央活跃了三十余年，当同代人都陷于某个具体时代情境时，他却总能激起新的社会情绪。

姜文的工作室就在亮马河旁的一座公寓中，它朴素、线条生硬，带着晚期社会主义的气味。他约我十二点见面，吃一顿简单的午餐，再开始正式采访。他那迷人的妻子之前对我说，姜文是个害羞之人，需要一番心理预热。

我不无忐忑，更需要这种预热。这与姜文在我青春期扮演的角色有关，也源于他的种种传闻，他桀骜不驯，一言不合就让对方下不了台，尤其是面对媒体时。

我借助历史表达自我，
而不是历史本身

许知远：时间的长度对你来说为什么那么重要？

姜文：我经常感觉不到时间。我有时候在想，是不是拍电影把我的脑子和时间都给拍乱了。我经常不自觉地用我拍过的电影来串起这三十年，我原来很排斥这样，我说这个东西都是假的，跟我没什么关系。但你用很长时间把它们做出来，你搭进去的时间是真的。所以我现在也有点乱。

比如《阳光灿烂的日子》里，很多戏是冬天拍的。当我再看的时候，我忘了是冬天，因为剧情要求是夏天，你就真以为它是夏天。其实老莫里面那场戏完全是冬天，我们用喷火的喷子，花一上午把地上的冰给喷化了，把雪扫了。当时演员都穿着大衣裳，让他们脱了，喷上汗，装夏天。但是镜头反打过来你就能看见，耿乐他们那排人的后边，树是没有叶子的。尽管你知道那树没叶子，但还是觉得很热，这其实就已经扰乱你对时间的认识了。

许知远：一个装出来的夏天和一个真实的夏天。是不是那种装出来的夏天，可能比真实的夏天更像夏天？

姜文：那是。据说卓别林参加了一次模仿卓别林的比赛。

许知远：他没得上名次是吧？

姜文：他得了第三。所以我觉得艺术、电影这些都是人们想象的东西，是主观的真实。主观的真实最有意义。复制一个当时的样子其实没什么意义，印象才重要，绘画到最后也是画印象。

许知远：尽管每个人都有自己的主观，但有些主观比另一些主观更接近现实。想象需要精确，主观也需要精确。这种精确的主观是怎么做到的？

姜文：我觉得恰恰不需要精确，就是要更有你自己的印象。莫奈画的那些画精确吗？印象不代表精确，它是在精确之上的、能给你感受的东西。比如说我们拍一个东西，肉眼看见白塔是这么大的，但用一个比较广的镜头拍完之后，白塔就被推远了。它在镜头技术上面是精确的，但不符合人的印象。机器上的精确没有用，那实际上破坏了你的印象。

许知远：但是我们所有人都知道，你做的片段里，追求每个细节的精确性，从一个日本的军服到整个当时的城市。是不是只有在这个精确的基础之上，才能有一种真正的主观？

姜文：你说得特别对。如果没有这样的精确做基础，你知道你的想象和感受在哪儿吗？很多人拍东西，一来就是我要"感受"，那更错。但是，一上来就追求机器式的精确，更没意义。

许知远：其实你很早就在处理历史。溥仪[1]也好，李莲英[2]也好，一个"文革"时候的知识分子[3]也好。当时你还很年轻，二十郎当岁。你的这种历史意识，或者说，某种意义上的历史迷恋，是怎么来的？

姜文：我觉得好比你写梁启超，你不是在写他，你是在写你自己。任何历史其实都是现实，要不然你聊它没意义。你不能假装没有你。历史对你来说是一个可借助的东西，但是你表达的一定不是

1　姜文曾在 1987 年的电影《末代皇后》中扮演溥仪，该片由陈家林、孙清国执导。

2　姜文曾在 1991 年的电影《大太监李莲英》中扮李莲英，该片由田壮壮执导。

3　姜文曾在 1986 年谢晋执导的电影《芙蓉镇》中扮演男主角秦书田，一个被划为右派的知识分子。

历史本身。

许知远：为什么你喜欢借用历史来表达？

姜文：那能借助什么？要不就借助未来，要不借助现在。

许知远：借助未来是什么感觉？

姜文：其实现在是不存在的，现在一瞬间就变成历史了。未来
其实也是某种现在，我将来可能会拍一点未来的故事和想法。但你
知道，人对未来的想法往往是非常可笑的。越是专家越离谱，比如
"一战"时候的将军想"二战"时候什么样，反而比普通人想的还
不着调。

许知远：我昨天听了好久的《乡村骑士》[1]，你说这个音乐是
一个很大的源头，最终驱动了《阳光灿烂的日子》。《邪不压正》
是由什么样的音乐和情绪驱动的？这部电影一开始的诞生是通过音
乐吗？

姜文：《邪不压正》是从张北海的《侠隐》来的。这可能比《阳
光灿烂的日子》复杂一点。

《阳光灿烂的日子》是当时王朔和我一起玩，我们俩就隔着一
条三环路，经常晚上一起看片，不是我到他那儿看，就是他到我这
儿看。有一天他发现我正跟另一个导演争一个小说的拍摄权。他
说算了算了，你争它干吗，你看这个得了。他就把自己的小说给了
我。当天晚上我就看了，一直看到天亮，因为我读东西比较慢，一
个字一个字读。我说这个太好了，我让他给我写剧本，他说我帮你

1　《乡村骑士》是意大利作曲家皮埃特罗·马斯卡尼的一部独幕歌剧，许多著名电影都
将其用作电影配乐，如《愤怒的公牛》《教父》等，姜文亦对其情有独钟。

推荐个人吧。我说你推荐谁，他说就你自己吧。写完剧本，我又拍了一个《北京人在纽约》，拍了一个香港片《狭路英豪》，然后就导这个戏了，前后不到两年。

但是《邪不压正》不一样，我大概 2007 年以前就把《侠隐》买了，拍的时候 2017 年，上映的时候都 2018 年了，十年的时间。我撂了很久，因为我得把它想明白。它不像《阳光灿烂的日子》离我那么近，是立刻能闻到的。这个东西有点远。但是我撂不下这个东西，续了两次版权。还好张北海大哥非常愿意我拍，说那你就续，就等你拍。

这里面的确有一些需要回味的东西，他写的干面胡同离我小时候住的地方很近。我住在内务部街，内务部街南边是史家胡同，史家胡同再南边就是干面胡同。这儿有非常意思的地方是，北京很少有什么胡同以街命名，它不叫内务部街胡同，就叫内务部街。这是《邪不压正》故事的主要发生地。还有"狐狸塔"[1]、六国饭店[2]、北海、前门火车站，还有美国。我跟张北海聊过，问他是不是对这边熟？他说不是，他离开北京太久了，不太知道这边什么样。他之前确实住在东城，在干面胡同，但前后左右就不熟了。然后他找了我的一个同学，叫曾力，中戏学美术的，给他设计，帮他找了一些老地图。我说甭找了，我就住那边。

我从 1974 年一直住到前不久。从十一岁一直到三十多岁接近四十岁，我看着那个院子，不断对它有新的认识。当我不断对我的未来和过去有新的认识的时候，就不断对张北海的《侠隐》有新的认识。通过十年的时间，我认为我可以掌握它。我住的那个地儿是内务部街 11 号，所以我让主角李天然回北京以后住的就是内务

1　北京东便门的东南角楼传说有狐狸精出现，被民间俗称"狐狸塔"，是《邪不压正》中凶杀案的发生地。
2　六国饭店建于 1905 年，位于北京市东交民巷核心区，是北京当时最洋派的饭店。

部街 11 号，因为干面胡同没这么好的宅子。这宅子好在哪儿呢？
六公主府，是光绪的六闺女嫁人后住的地儿。在她嫁人之前，那儿
本来就是明瑞府。明瑞是个大将军，立过很多战功，他的二儿子继
承了爵位，是他们满人当时比较高的爵位。她嫁过去的时候，她的
老公还没沿袭这个爵位，所以就有一段时间叫六公主府。

这院很有意思，住了很多搞艺术的，包括后来考上音乐学院的，
弹钢琴的。这是我小时候认识的情况，但我并不知道它的历史。后
来我才明白，这是六公主府。

到了民国的时候，大概 1916 年还是 1918 年以后，民国不给他
们钱了，他们就开始卖东西，卖给一个盐业银行总经理，他把东西
藏在我们院的后山洞里面。我们小时候老去那洞里玩，洞里没有电，
各种曲里拐弯都是石头。那时候胆也大，什么都看不清，凭记忆摸
着走。据说后来博物馆很多东西，都是从那里搬去的。

许知远：小时候白在里面混了。

姜文：白混了，我们一直以为那是防空洞，但它不是防空洞，
它是藏宝贝的。还有我住的那个地，才逗呢，这房子叫双连塔，就
是两个屋脊，中间一个凹槽，凹槽里长了好多草。我们小时候就上
去玩。上面屋脊上画了好多老画。人家看不懂，就当"四旧"给喷
白了。后来听人说这院子叫听雨轩。后来又查资料，曹雪芹来北京
就住那儿。

那个院挺有意思，那条街也挺有意思。后来我发现梁实秋也在
那条街上，但他不在我们院，他住不起，他在那条街上的 20 号。
我们在胡同口，是东边最大的一个院。这个老北京在我脑子里复活
之后，里面的这种历史的渗透就开始不断滋生，变得非常有质感。

许知远：所以某种意义上，它是从一个非常具体的空间出来的。

姜文：对。《阳光灿烂的日子》对我来说是从一个音乐出来的，包括王朔的一句话。但张北海不能给我这样的一句话，因为他离开北京的时候也很小。

许知远：他是 1936 年到 1949 年生活在这里，离开北京的时候十三岁。

姜文：他是不是早就走了？可能早一点，再晚就走不了了。不管怎么说，十岁左右[1]。男孩记忆晚，五六岁才记点事，十岁真的模模糊糊。我在纽约和北京都跟他聊过，其实好多事都是他的想象。有些是记忆，还有一些是他父亲的传说。

许知远：你初读时最强的印象是什么？过了十年还记得吗？

姜文：记得，因为这个东西居然是我家那边的事情，有意思。我们家原来还有这样的事发生？另外，对里面的吃喝玩乐印象很深。它作为小说是非常好的，但是要改成电影，得搭点功夫。

许知远：那个时刻，1936 年、1937 年，对北平来说是一个转折时刻。除了跟你个人的关系之外，那个时刻的北平对你来说魅力是什么？那个时代整体的状况和情绪是什么样的？

姜文：你说这个有意思。有一个美国《纽约时报》的记者叫哈雷特·阿班，他写了一本书，My Life in China，被翻译成《民国采访战》。他 1925 年来，1941 年走，采访了很多人。当时我觉得他对北京的认识非常有意思，我也有这样的认识。

蒋介石得手之后，权力中心就转去南京了。这样一来，北京其实变成了一个有闲城市，还有两个很好的大学在这边，南京没有这

1　张北海 1936 年出生于北京，1949 年，十三岁的张北海随家人迁往台湾。

么好的大学。北京充满了有闲的人，好读书的人，不满现实的人，还有一些来路不明的人，比如当时斯诺[1]他们也在这边混。

不像上海，那边总惦记着赚钱，老想着赚钱脑子就会出毛病，北京这边人的脑回路就很简单。有闲有两种，一种是没钱的闲，一种是钱够了的闲。除此之外，还有一种人，就是特务，带有特殊使命的。无论是东方的、西方的、共产党这边的，还是国民党这边的，都有。哈雷特·阿班对这个城市的认识是充满好奇心的。最近有一个英国人，叫保罗·法兰奇[2]，写了一本书叫《午夜北平》。这个英国人很聪明，他写小说不写上海，就写北京。因为他觉得从文学角度上看，后者更有意思。那些旅游公司就按照他的小说设计一个项目，到北京拿着他的书说，你看当时谁在这儿把谁杀了，有意思。那时候的北京更神秘，更令人好奇，而且它本身更丰富。

还有一点，就是谁都知道中日战争是不可避免的，而战争爆发的地点也可能在北京。因为北京周围，包括卢沟桥附近都是有日方驻军的。

许知远：因为"庚子条款"。

姜文："庚子条款"以后是"何梅协定"，日本人已经把部队调到了北京西南角。明眼人一看就知道北京很危险，远比其他地方危险。所以当时的北京基本是一个间谍之城。

许知远：危险会赋予一个时空特别大的魅力。

姜文：是。有危险，有不确定，甚至还有北京城特有的某种慵

1　埃德加·斯诺，美国记者，因其记录中国革命的作品《西行漫记》而闻名。

2　保罗·法兰奇，英国作家，擅长撰写中国近代史的非虚构题材。电影《邪不压正》受到了他的作品《午夜北平》的影响。

懒，就觉得多大事儿咱没见过。

许知远：所以我特别喜欢张北海书里的老太太说，八国联军来我也没觉得怎么着，小日本能怎么着。

姜文：北京就是这个味道，打儿天仗，算多大事儿。

我们是生活中来的，
电影就是我给生活起的外号

许知远：刚才我们说从你家出发，北平变得越来越有感觉。你的电影在建构一个世界，北平的世界。这个过程中最困难的是哪部分？

姜文：其实按理说没什么困难，就是实现你能看见的东西。但是它会有一个过程，这个过程充满困难和歧途。我拍电影，准备的时间和写剧本的时间，已经让我在脑子里看见这个电影了。我知道从哪出门，往哪去，从哪拐弯，在哪拍。

内务部街，尽管是我家，但不能在那拍，因为已经变样了，只能搭景，我就跟一个合作者在云南搭了一个地儿，搭了四万多平米的房顶。但是房顶外怎么办？还得用电脑特技来做。理论上没什么困难，但具体做起来，不同人脑中的想象是不一样的，这就费老劲了。我不知道费劲叫不叫困难。

许知远：费劲是知道明确的解决方案的。有没有那种不明确、模糊的、不知道怎么办了的情况？

姜文：解决方案已经有了，开拍之前我肯定是有了各种各样的方案。

许知远：对你来说，老北平的颜色是什么样的？它的声音是什么样的？

姜文：其实有很多资料认为，整个老北京，包括鞑靼城[1]和南城加起来，不过一两百万人。东城区又是大宅子多，人口比较稀。毛主席在《论持久战》里面说得特别有意思，他说日军过了长江到了南方之后，在北方每平方公里只有 2.2 个日军，我们就有可能组织团以上的兵力打胜仗。那你可以算算东城区每平方公里有多少人。算出来之后就觉得它没那么喧闹了，它喧闹不了，对吧？南城和城南不是一个概念，南城是前门以南、永定门以北，城南就是永定门外了，乡下。人最多、最密集的是大栅栏，东城没那么热闹。

所以我觉得咱得遵循人口密度来聊，不能把这个事聊得那么热闹，《侠隐》里面的北京相对安静。当然有一条街可能比较热闹，就是米市大街，从灯市口到协和医院的那条胡同，有两三个电影院，还有一些银行。声音就根据这些去设计，走街串巷的，磨剪子戗菜刀的。但你得想一个大宅门里面有几把刀，多长时间磨一回，别来了瞎吆喝半天没人磨。

还有一点，其实老北京拍了很多，大部分是前门以外的。但东城挺少的，尤其是 1937 年的东城，其实没有。

许知远：你做完三部关于民国的电影后，对民国的感觉有发生变化吗？民国对你来说到底是什么样的？

1　北京内城曾被西方称作"鞑靼城"，因当时只有满族人才被允许居住于内城，鞑靼泛指满族人。

姜文：当然会不断地去深入，去了解，但其实也没什么变化。所有事情就产生在这个土地上，没有那么另类，没有那么不同。当时孙中山拆庙建学堂，蒋介石出的那些新生活的东西[1]，也没有什么特别的。

我不觉得民国对我来说有更特别的东西。不过是很多人见识不够，造成了信息不对称而已。穷人仰慕富人，没见过世面的仰慕去过剑桥的。对我来说，那会儿人挺脏的，没有洗澡的条件。梁实秋就住在我们胡同，所以后来我对他比较有兴趣。他写过一个散文，他们最早上清华学校，美国人弄的，老师是林语堂，规定他们去洗澡，他们不去，因为不习惯，就雇个马仔替自己去。后来美国人说怎么能这样呢，必须打卡，即使这样也不保证能让他们每天洗澡。

许知远：你这么迷恋人与人的关系，你认为那时候人和人之间的关系是什么样的？

姜文：可以说比现在简单，但简单并不意味着好。人干吗非要简单，人应该聪明一点。我最大的理想就是每个人都很有本事，每个人都很聪明，这就是我的理想国。个别名媛富家子在那里胡闹，就成了大家津津乐道的事，不过是因为大家贫富差距太大，这样没什么意思。

那个时候当然穷人很多，民不聊生的事很多，卖儿卖女的事也发生，能有什么趣味，有什么品质？我不太觉得。当然美国也有过，因为让人吃饱这件事，从全世界来说，是"二战"以后了。海明威也经常挨饿，在《流动的盛宴》里边，他在巴黎不断地挨饿。

说回北京，要让我选择，我不想回到旧北京，不想回到旧社会，

1　指新生活运动，即1934年至1949年中华民国政府推行公民教育运动，提倡纪律、品德、秩序、整洁等。

我愿意在现在，或者再往前。往回不是个办法。

许知远：你在电影里面有处理复仇和爱情的关系。对你来说复仇到底是什么？它最本质的东西是什么？

姜文：这事不好说，但它确实应该在电影里。为什么好多艺术品和电影都在聊这个？其实人们都想用法律来界定这两件事。

界定的结果是，人们屡屡犯法，但却发现人性就在这犯法的过程中。过去没有法律概念，你把我爸杀了，我就把你杀了。所以当年施剑翘[1]被判的时候，大伙儿都觉得这么好的闺女，干吗给人判了。你把人家爸杀了，人家把你杀了，这有什么不对吗？但这是违法了。这事今天聊不完，但它确实是各种作品愿意触及的东西，《侠隐》也触及到这个。

所有有困境的东西，都是艺术作品应该表达的东西。因为人们可能在这里面找到在别处寻不到的安慰。

许知远：处理人和人的关系这么多年了，现在跟二十多年前相比，有什么差别？

姜文：我一点进步都没有。不但没进步，可能还退步了。为什么这么说呢？我最近在反省这件事。我假装会拍电影，组织一个几百人的队伍，弄个剧本，按着路子走，随着一个故事生活一年到两年。我在这里面可以找到我的位置和感觉，甚至如鱼得水。

当我不拍电影、回到现实，我面对的仍然是和我十几岁时一样的困境，我不知道怎么处理这件事。因为如果我过分地去处理，有人就会说，我不是你的剧本，我不是你的角色，这会让我警觉。回

1　施剑翘，因报杀父之仇而刺杀孙传芳，此案在当时引起极大轰动，媒体赞其为"女中豪杰"。《邪不压正》中关巧红的原型即是她。

过头看我这二十多年，有一大半时间是在假定里度过的。

这个事不是我个人的困境。整个人类，实际点说，就是按仨俩个剧本活的。基督教不是一个剧本吗？佛教可能也算一个剧本。莎士比亚是个剧本。有人演一辈子，莎士比亚演几个晚上。本质区别在哪？没什么区别，反正都是按照某一个人写的东西。

许知远：也对。那你的原初剧本是什么？

姜文：我不知道，我在找我自己该演的剧本。

许知远：别人说，姜文，你别把我这个事当成一个剧本处理。这话背后是说你别以自我为中心地来理解各种事情。自我中心这件事情，对你来说是什么呢？

姜文：我没把我自己当中心，我觉得谁当中心都有点可笑。但是你如果弄一个故事，大家都认可，然后去把这个故事实现，这也是一种活法吧。我是在拍民国吗？我根本不是拍民国。《阳光灿烂的日子》是真的 1973 年、1975 年的故事吗，当然也不是。包括《让子弹飞》，我真那么尊重鹅城什么样吗？那不是我。

其实有一点很有意思，我们是生活中来的，生活给我们各种愉快和不愉快，你的成长被它所挤压，变成一个样子。然后你又对过去、现在或者假设的未来的生活，有一个印象和感受，你再给生活起个外号。所以我觉得电影就是我给它起的外号，一个叫《阳光灿烂的日子》，一个叫《让子弹飞》，一个叫《一步之遥》，现在的这个外号叫《邪不压正》。

《哈姆雷特》《欲望号街车》也是外号，各种剧作家都只不过给生活起了个外号，然后运用他们自己的想象和认识，把细节和感受放到里面。

许知远：你在起外号的过程中，经常带有一点戏谑吗？

姜文：可以这么认为。

许知远：这种戏谑的欲望是怎么来的？

姜文：不是我戏谑，哥们。

许知远：你觉得历史就是这么戏谑？

姜文：你觉得它们严肃吗？外国历史也不严肃，狄更斯写过英国史，那帮挑起战争的英国诺曼底的贵族，打来打去，找到仇人一下把头砍下来，把鼻子都咬下去。这是他们的贵族战争，就是流氓。像刚才我说汉代闹外戚，都是一样的。一耽误就是一百多年，一点没有科学的进步，没有生产的进步，一点也不严肃。

许知远：对你来说，严肃的部分是什么？你有这个部分吗？

姜文：严肃就是艺术创作，作家的创作，画家的创作。艺术创作是最严肃的。梵高很严肃，他看的天就是紫的，我告诉你我看到一个紫的天，我看到一个星星这么大，人家很严肃地告诉你，只是你没觉得而已。反而现实挺不严肃的，现实严肃吗？

许知远：是，非常不严肃。

姜文：所以我其实没有讽刺和夸张现实，我只是就那么拍了而已。我对生活没有任何恶意。

拍电影就像孩子对待玩具，
就是迷恋无中生有

许知远：从最初有想法、剧本，然后再去拍，最后剪辑完成，对你来说最刺激、最兴奋的部分是什么？

姜文：我不知道我应该骄傲地说，还是自卑地说。拍电影这种事，它不是写一段歌词，也不是写一个小令，我得花好几年去想它，然后花两年、三年去弄剧本，还有各种调查，找一些真实的东西作为基础。在这个前提下，你找到你起的外号。这个激情和兴奋点，要持续几年的时间。剪成的片子有四千多个镜头，剪之前可能有八千多个镜头，这些镜头在脑子里面，不断地下盲棋，这些东西都完全不允许你的一时兴起，有很多的理性成分在控制着、权衡着它。我当演员可能有更多的兴趣和激情，但是拍电影这个事，从头到尾操办完，光靠激情和兴趣就不行了，得有持久的耐力和理智。

许知远：你可以一直这么燃烧着？

姜文：我没觉得燃烧，对我来说这个比干别的有意思。我可能呈现出一种不安静，有点像孩子对待玩具，就是迷恋无中生有，里面各种各样的细节就像芯片一样，好多好多回路，好多好多点。可能人家没看见，但你不断地琢磨，最后把几千个镜头组接起来。

许知远：在创作中，有没有特别明确的、想克服的弱点？比如我问冯小刚，冯小刚就说自己的结构感不行，特别想提高结构能力。有没有类似这样的东西？

姜文：我没那么想这个事，技术都是次要的，结构也是技术方面的。相比起来我更看重内容本身，有了好内容，形式、结构自然就出来了。

许知远：怎么判断什么是一个好内容？

姜文：没有别的办法，只能你自己判断。因为你是在死乞白赖地做一个谁都没看到过的东西，所有人都觉得很茫然，不舒服，觉得你浑身都是缺点。但是不那么走又能怎么走呢，这个东西本来就是不存在的。

所以我得感谢像王朔、张北海这样的人，他们有那么一个东西来撞开你的想象，作为引路人，给你指一个大概的方向。一万个人都在说忠实原作，但电影不是原作本身，这是不可避免的。要说忠实原作，可能只能让王朔或者张北海自己拍，别人的忠实原作都是胡扯，不如索性不说这句话。我可以明确告诉你，我对侠客没兴趣，不懂，也不相信这个事，我更相信武器。

许知远：你觉得侠是故弄玄虚的？

姜文：我甚至觉得是战败带来的。我觉得这个东西一点也没意思，我根本不看武侠小说，也不看武侠电影，所以我就会在电影里面把这个去掉，第一我排斥，第二我觉得它会困扰我。

许知远：《侠隐》去掉侠，核心的是什么呢？

姜文：我觉得人最重要，侠不侠的，反正是吹出来的。

许知远：你会往回看吗？比如说几年前或十年前拍的电影。你现在想起来，觉得这个地方是没处理好的，如果现在处理会不一样。

姜文：这是一个伪命题，我不会这么想。你让我再处理《阳光灿烂的日子》，我不会干的。这些是我三十岁要做的，我看的时候像看别人拍的电影，甚至不记得当时怎么拍的了。我当时已经足够尽兴，尽兴完了之后，过三十年再回味尽兴，我觉得这个有点奇怪。

许知远：但电影是个工业，后面那些反馈会给你造成困扰吗？

姜文：我觉得没有。其实说好的人，也有夸张的。《让子弹飞》大伙儿都觉得好，但很多人过度解读，我看着都吃惊，是吗，怎么成这样了？至于说看不懂的，我也吃惊，这就看不懂了？但是我后来发现这些都跟我没关系，完全没关系。任何一个作品离开创作者，面对欣赏者时，都是欣赏者在表达自己。每个人都通过看这个东西来表达自己。

许知远：你不可避免会听到一些反馈，你会产生某种自我怀疑，怀疑自己是不是真的没有处理好这件事情？

姜文：不用怀疑。怀疑到最后只加深了一个印象——你跟大家不一样。

许知远：这种怀疑并不是面对观众看不懂，就是面对你自己。一个创作者、艺术家会自我怀疑，这是很正常的一件事情。

姜文：我怀疑不是在这个瞬间，而是在我创作的时候，那个时候我不断在怀疑自己。等有一天把这个拿出去，放在影院里，这已经晚了，而且没有意义。

许知远：创作时的那种怀疑是什么感觉？

姜文：就是拿捏，你想做一个圆的东西，又不能用圆规，也不能拿手这么捏。你可能觉得这凹一点，那凸一点，在这个修改过程中不断调整自己，这本身就有怀疑。我的电影每次都是七八个人物，这些人物到底怎么出现，互相之间是什么作用，或者需不需要这个人在，或者这几个人走向哪一个方向。这个时候你不断在拿捏，在怀疑自己，甚至反对自己。但是做完之后，你就已经坚信无比了。你怎么能因为大家反对你就怀疑自己呢？你最多说我们确实有距离，能看见有距离，就够了。所以我还是觉得我原来说的那个对，一切都是误读。

许知远：当你进入一个新领域，研究北平也好，未来科幻也好，这个过程中，是阅读起了很大的作用吗，还是想象？理解一个新事物，你最好的学习方法是什么？

姜文：阅读非常有用，但是有用的不是阅读本身，是它能给你的激发。比如有一个人叫陈存仁，一个写晚清民国回忆的医生。他后来给章太炎当医生，他观察到好多人，包括胡适、杜月笙。当时是章太炎告诉他，你每天写两百字，将来就不害怕写东西了。结果他就坚持下来了，后来写什么都很流畅。虽然他没有那么高的境界要写什么，但是他很真实地暴露他的那种态度，也很有意思，比那些装模作样的写作者有价值得多。

有的时候更神奇，你躺在车上，车颠得你没法看字的时候，你听一段音乐，脑子里会想出各种各样的东西。当然这需要一个积累的过程，可能很长时间没有结果，突然在车上躺着颠的时候就出来了。我当时弄《让子弹飞》，好多东西都是这么弄出来的。

像一条河，有个彼岸，有个此岸。这件事从此岸出发要达到彼岸，有时候就是过不去，虽然一时想不出来，但是这个东西积累在脑子里，出发点一直在那儿，只是中间过不去而已，这时候就得不断地颠簸，不知道哪天就出来了。

每到关键时候，
我都会从内心中爆发某种主动性

许知远：你说你最早拍电影的时候，喜欢自己身上那种业余感、不熟练感。会担心经过了这么多年自己越来越熟练吗？怎么保持这种业余感？

姜文：熟练不了，因为是不同的故事，人物都有不同的关系。其实每个电影里面，都有我新认识的人物关系，除非像"007"那种续集，对我来说我没有碰到那么重复的情况。

许知远：你对自己现在的认识是什么样的？

姜文：认识不足。

许知远：你会做自我分析吗？

姜文：做，但分析不了，有点像揪着自己的头发把自己拔起来一样困难。

许知远：你是忍不住会揪自己头发的人吗？

姜文：也不一定。你看我把头都剃了，没法揪。因为我知道揪不起来，揪起来也挺费劲的。分析自己挺难的，所以我干脆就假装我能够分析角色吧，也可能在角色里面会有一些自我折射。我认为最恐怖也是我认为最好的电影，就是马丁·斯科塞斯拍的《禁闭岛》。一开始，警察带着枪坐着船到岛上去断案，各种资料侦查，最后发现其实他自己才是犯人。我觉得对我来说，生活中充满了这种感觉。

许知远：生活中充满了这些东西，会对你造成压迫感吗？

姜文：压迫倒不至于。因为对我来说挺公平的，我所面临的东西，很多人也面临。

许知远：你二十岁就进入一个中心角色，坦白说，少见的一代人中的中心角色，而且一直保持到现在。你担心这种名声会包裹你，让你变得封闭吗？

姜文：不能说没有意识，但我并不特别清楚它意味着什么。

许知远：因为你一直在这里面，没体验过另一种状态？

姜文：也不是，我去中央戏剧学院也很偶然。如果我没有碰到那个叫张仁礼的老师，就没人会把我招进中央戏剧学院表演系做学生。我都在中戏读了三四年了，他们都以为我是舞美系的。当时我老穿一大衣，也不知道打扮自己，有一次去借服装，他说你借什么服装，我说我拍戏用。人家说你不是舞美系的吗？当然了，有一点不能否认，是我要去考，那个老师才发现我的，这里面充满了很多主动性。我想去，但我也不是很清楚为什么想去。现在想起来，每到关键时候我都会从内心中，爆发某种主动性，这主动性怎么来的，我不是很清楚。可能跟别人的撺掇也有关系，我上中学的时候，英达是我同学，他在人艺长大，就老撺掇我去当演员。轮到我自己主动的时候，我反倒没那么自信。

再比如说到了某个时期，我觉得必须要去做导演，为什么要做，我也不是很清楚。但我在看某些电影的时候，经常会想，将来我拍一个比这个好。做导演也可能跟这个有关系。如果说有三种人，宁有种乎，彼可取而代之，应如是。我可能属于可取而代之的。

许知远：自己也不能解释这种自信哪儿来的。

姜文：真的不知道，我平常是一个很不自信，不是很明白要干

吗的人。

许知远：有没有在创作中不自信？

姜文：创作上我不找不自信的活儿干。比如说我不拍武侠电影，因为我不懂为什么。我从根本上觉得很难接受，我认为没有那么牛的人。

许知远：迄今为止，你遇到的最重要的失败是什么？

姜文：失败就太多了。比如说，我怎么都处理不好和我妈的关系，我一直想处好。我妈三月份去世了，最近我还老想，为什么跟她处不好呢，我很想跟她处好这个关系，后来也做了很多努力。昨天我跟一美国犹太人吃饭，他是"蝙蝠侠"系列的编剧 [1]，他妈是老师，我妈也是，我们俩就聊。他说他挣钱之后给他妈买了一房子，他妈就越来越觉得他是个好儿子。我说美国人也给妈买房子吗？他说买，好编剧都会给妈妈买房子。我也给我妈买房子，但是我没觉得我妈有那么高兴，她觉得我就该买这个房子，而且她还不住。我说我考上中戏了，给她通知单看，这该高兴了吧？拿来看了，扔一边，说，"你那盆衣服还没洗呢"，我就又去洗衣服了。我不知道怎么能让她因为我做的事高兴，她老有一种不高兴的样子。

所以后来等我成父亲的时候，我就尽量不像她那样，如果我儿子拿到成绩我会夸他。其实我担心的还是他过马路别让车撞了，至于考多少都好说。我想可能她是不是也是这么想的，想融洽来着。

许知远：和母亲之间的紧张关系对你的创作有直接的影响吗？

姜文：我现在越来越不相信这个。你比如说英国那个老太太，

1　指大卫·S.高耶，美国编剧、导演、小说家和漫画书作家。

阿加莎·克里斯蒂，写一堆恐怖惊悚的东西，从五六十岁开始写自传。她为什么写自传？她说不能糟践我这幸福美好的童年，我得把它写出来。

这是我看到的第一个说自己童年幸福的人，但我看她的自传，其实跟说自己童年多糟心的人也没有多大区别。这个很有意思。就是你怎么看自己这半瓶酒，到底是属于半瓶空了还是半瓶满着的事儿。所以我在想，可能那个老太太更有智慧吧。从某种角度，你完全可以说你的童年过得很幸福，但换一个角度，看到的就是各种糟心，所以实际上是一回事，没什么区别。

许知远：职业上有没有对你来说特别重要的失败？

姜文：我还真挺幸运的，我有失败吗？就我这样一个人，今天你还弄这么多人来采访我，这不能叫失败吧。

许知远：所以你从来没畏惧过失败，因为不知道失败是什么样子。

姜文：能败成什么样？就败成我没拍电影之前，谁也不知道我是谁，也没人想采访我，那也没什么不好。

许知远：那你想过另一种人生吗？

姜文：我到老了就主动撤，找一个地儿，我最想干的事，可能还有三件。写小说，胡编乱造自己的三种自传，假装叫自传。谁甭管我接不接地气，什么审查都没有，只要我高兴。然后作一首曲子，虽然我不识谱，但脑子里老有音乐，有时候能唱出来，有时候唱不出来，这也是我跟作曲特别难合作的一点。面对一段画面，我脑子里已经有一段曲在那儿，我等着它去跟我对上，对不上我就特别搓火，但有时候我也哼不出来。剩下就是画点眼前能看见的东西。这样我觉得我的老年就比较充实了。

传奇是我从大量老东西的污泥浊水里
挑出来的好东西

许知远：你最喜欢哪个作家？比如说你小时候认识英若诚 [1] 吧，他很了不起。

姜文：那是我同学他爸，见面都不敢说话。

许知远：我觉得他们代表一种传统，一种延续下来的、重要的东西，或者值得尊敬的东西。这传统对你重要吗？

姜文：不重要，因为我没觉得他们是传统。他们对我来说是传奇。我在部队大院长大，我们那个部队大院，不是你们那种北京四环外的。

许知远：你看不起我们。

姜文：没有没有。你们是新北京，是梁思成他们喜欢的新北京。我们是胡同里的部队家属院，规模没那么大，也有封闭性。我知道英若诚，最早是因为看了于是之 [2] 演的《龙须沟》。这个电影太好了，里面又能骂人，又能说话，但都是那种普通人的样子，没有演员脸，也没有特别漂亮的光，黑白电影，但是很震撼。我觉得这帮人特别有本事，但不知道他们是谁。有天英达说，于是之是我爸的同事啊。我说那你爸是谁啊？

我觉得他们这帮人很有意思，我不觉得他们那叫传统，我意识中的传统都是破旧的，是需要扔掉的。演《茶馆》的这些人是传奇

1　英若诚，表演艺术家、翻译家，曾任中华人民共和国文化部副部长。

2　于是之，著名话剧表演艺术家。

人物，但茶馆里面的那些东西是传统。卖孩子、太监娶媳妇、女的裹小脚，这我可不喜欢。

　　许知远：但是英达的父亲是英若诚，英若诚的爷爷英敛之是《大公报》的创始人，就是一个传统。你那么爱梵高，梵高也代表一种传统，海明威也是传统。因为你给我们的印象，或者你自己经常表达的感觉，好像你是一个蹦出来的人。影响、塑造你的元素是什么呢？你属于哪种传统吗？

　　姜文：你所说的传统，是一个带引号的传统，都是我喜欢的某种传奇。我喜欢的传奇，是我从大量我不喜欢的老东西的污泥浊水里面、从传统里面挑出来的一些好东西，那叫传奇。

　　许知远：那么你对你认为的传奇、我说的传统，是什么态度？

　　姜文：传奇是应该赞成的，而这些传奇也是反传统的。比如北京人艺这批人就是很独特的一批人，他们大部分是学生，不是世家来的、天桥来的，无论是英若诚、于是之，还是童超，都是认真读书的人，是用思想和理解力来塑造人物的，不是靠身段、靠姿势。身段、姿势、脸蛋是大量传统在玩的，这不好，我不喜欢，它会把中国很多东西带入没有生命的地方。

　　北京人艺对我来说，为什么叫传奇？它是少数，中国没有那么多英若诚这种人，你不让他上台，人家当编辑也很好，国外讲学也挺好，翻译书也挺好。他是有本事的人。

　　许知远：我记得他英文说得特漂亮。

　　姜文：他原来是教会学校的，就跟现在这帮孩子从小读外国学校一样，他爸爸又是弄英文的，所以这不是他的本事，他是在这之上还有很多自己的本事。所以我欣赏一批反传统的人物，这都不叫精英，就叫传奇。其他那些污泥浊水，就当传统过去了。

许知远：你怎么看待自己身上那种反叛的特性呢？你觉得你有吗？

姜文：我觉得我很正常，我是正常过来的，是大部分传统要不得了，你要觉得这是反叛，那就反叛。什么叫传统，没有那么了不起，就是过去的活法，过去的姿势。

许知远：或者说，这些人对自己生活的时代都有明显的批评意识吗？对你来说，这种批评意识是什么？

姜文：我觉得是正常的，必须的。你起码有你自己的看法。孙子对爷爷有看法是对的，就更不用说对别人家爷爷了。

许知远：所以你也期待年轻一代的导演去批评你，反抗你？

姜文：我特别希望他们有这种本事。这是要有本事的，你不能说我仗着岁数小就批评老人，那不行，论本事你得超过他。但是我相信一定有，因为我对未来特别有信心，我从来不会像他们那么担心未来。

许知远：你从来不想年龄或者变老这些问题？

姜文：我想，我每天都在变老。

许知远：对你来说，这是什么感觉呢？

姜文：我很欣喜，我今天又翻篇了。迎接新升的太阳的同时告诉自己，我又老一天。这有什么不好？

我觉得现在比昨天好，明天比今天好，我非常相信这个。老不一定不好，起码明白了好多事，当然再老就糊涂了。糊涂也好，你都不知道自己是谁了，也就不知道痛苦了。

许知远：荷尔蒙的衰退，对你的创作有影响吗？还是说，你没觉得自己衰退？

姜文：我觉得有，有不一定是不好。我不至于非得拍那种失魂落魄的少男少女的故事，有比这更大的天地。少男少女时期最可怕的就是，你觉得全世界就这么点事，全世界就集中在那女孩的鼻子上，或者右眼珠上，你觉得这世界就这么大。长大之后，你就会觉得世界更辽阔一点。

许知远：你所有电影中，都有那种高强度的对白，这东西是因为话剧舞台的经验，还是因为什么？

姜文：因为我是话唠，我特想沉默，但当我想沉默的时候，总能听见自己的声音又响起了。所以我对自己挺失望的，经常警告自己能不能不说话，但还是说话了。我怎么能拍出一个不说话的电影呢？那我得多装，我做不到。

许知远：所以如果你拍默片会是什么感觉？

姜文：默片，演员还说，就是光张嘴不录音，然后打上字幕，做上音乐，只能这么着。不说话的戏，我真不知道怎么弄。《本命年》里面可能有吧，那好像是说话最少的。里面有些人不会说话，像日本电影，他们说出来也没什么意思，像高仓健演的《追捕》，你让高仓健说特别多的话，他肯定没伍迪·艾伦说得好。

许知远：你喜欢伍迪·艾伦的话唠吗？

姜文：伍迪·艾伦说话有意思，我就喜欢。但如果所有人都像伍迪·艾伦那样，肯定不行。你让高仓健天天说，他也别扭。阿兰·德龙这种也不行。包括好多好莱坞的女演员，就只能少说话，只笑。
比如赫本这种，说话就砸了，她就要适可而止。

许知远：姜文是话唠，伍迪·艾伦也是话唠，你们有相似的地
方吗？

姜文：我没他那么话唠，我跟他比起来就成高仓健了。他太聪
明了。电影里的音乐也用得特别好。

许知远：你的电影之中，语言的密度这么高，色彩这么饱满，
情绪也特别饱满。就像你给大家做一桌菜，都是肉菜、硬菜，这是
种什么感觉？

姜文：这个阿城说过我，说你都是硬菜，你得来点粥，来点沙
拉也行。可是我没有意识到。可能本来有粥、有咸菜，拍着拍着给
剪了。因为我还有更大的问题，相对于目前电影的方式，我的剧本
写得太长。那时候王朔说，我这六万字的小说，你怎么写成九万字
的剧本了。我试图写短点，但是没成功，最后只能把好多闲篇儿给
剪了。

许知远：你对这种密度着迷。

姜文：我也不是着迷，我觉得这样合适。如果有太多的闲散镜
头晃来晃去的，我会不耐烦。《鬼子来了》里面好像只有一个空镜
头，我记得，其他的都是情节。也算一种饭吧，我待客比较诚恳。
可能会把客人噎着。有一个办法，每年拍仨电影，我肯定就不能这
么拍了。

许知远：最后一个问题，因为你做过演员，所以对很多戏都很

懂、控制力很强。在片场中，你会担心这种控制力压迫到别人的感受和创造力吗？或者说有时候，一些创作力其实是来自于失控的？

姜文：我知道，但我认为真正的创作是在开拍之前。开拍更多是施工，当然不是完全没有创造，有三成的创造是非常重要的。但是创造不是随便，也不是胡说八道。做创造状是不行的，你得有一个深思熟虑，或者说上钩下联的思考过程再出手。你把胡说八道说成创造就不行，那就耽误事。所以拍的过程有创造，但是更多在之前和在剪辑的过程中，拍摄过程中有很强的时间压力，更多是要把它实现。

许知远：生活中你害怕那种失控的感觉吗？

姜文：我不怕失控的感觉，它失控不到哪儿去。

1969 年　出生于陕西西安

1979 年　美国著名小提琴家斯特恩访华，将王健的演奏摄入了纪录片《从毛泽东到莫扎特：艾萨克·斯特恩在中国》中

1985 年　得到华人企业家林寿荣的赞助，赴美国耶鲁大学，师从帕瑞索教授学习

1988 年　耶鲁大学毕业，随后获全额奖学金进入纽约茱莉亚音乐学院继续深造

1998 年　与德国 DG 留声机唱片公司签约，是旗下第一位中国音乐家

2020 年　深圳举办首届王健国际大提琴艺术节

扫码观看视频

王健

音乐让我们还记得自己的灵魂，
它的伟大就在这里

Chapter 08

古典音乐是我的日常。读书、写作、坐车、发呆，等待一位陌生人时，我都在听。我的耳膜却迟钝得令人绝望。除去几首最著名的，我记不上任何曲名，也常将莫扎特、勃拉姆斯甚至贝多芬混为一谈。但我能清晰地感到音乐进入了内心，激起各种情绪。

对于王健的好奇心已持续多年，有关音乐，也有关历史。1979年 6 月，斯特恩访华，这是一个历史性时刻，中美建交后的第一位重要艺术家访华。一位好莱坞制片人说服这位著名的小提琴家，带上一个小型拍摄团队，记录下这历史性的旅程。

这部纪录片与这趟旅程，皆成为经典。《从毛泽东到莫扎特》成为 1981 年的奥斯卡最佳纪录片，或许，它也是自安东尼奥尼的《中国》以来，最佳的中国描述。

十岁的王健出现在纪录片中，认真，或许过分认真地拉着大提琴，脸上的表情有着与年龄不相符的深沉、投入。

这也是改变命运的一刻。一位美籍华人在看到纪录片后，出资帮助王健前往美国读书，觉得他的天分该得到绽放。

王健是中国变革的缩影。在上海音乐学院，他回忆自己前半生的因缘际会。此刻，他是享誉世界的大提琴家，行迹遍布布达佩斯、巴黎、伦敦、香港与上海。在华人世界，他的名声足以与马友友比肩，对于一些更敏感的听众，王健或许更神秘、动人。

我一直想见到他，镜头改变了他的命运，他怎样看待意外的人生，又如何在这突然到来的浪潮中，确认自我。

音乐是灵魂的歌声，
是我们传承灵魂的工具

许知远：我总觉得跟王老师一见如故，你比我想象中的还温暖。我很久以前看那部纪录片《从毛泽东到莫扎特》[1]的时候就特别感动，后来就去听你的CD。

王健：那部纪录片拍得挺好。

许知远：语言很丰富，画面感也非常好。而且可能以前用的那个镜头不一样吧，有一点油画的感觉。

王健：对！当年斯特恩[2]来中国，我们都不知道他是谁。你要说什么奥伊斯特拉赫[3]来，那不得了，大家都知道。当然我们这一代是比较闭塞的，但斯特恩来北京、上海演出那会儿，全国各地的人都坐火车去听他演出，所以说还是有人懂的，但是就不如俄罗斯那些演奏家那么家喻户晓。

许知远：那天你在踢球是吗？突然把你叫过去演出，是怎么回事？

王健：倒不是突然找我去的，那时候每个星期我都要演好几次，老师通知说哪天要演给斯特恩听。我就问老师他是谁，老师说，好像是个美国很著名的演奏家，拉小提琴的。我那个时候刚给西哈努克亲王演过，所以并不是很重视，亲王我都见过了。

1　19世纪70年代末，斯特恩访华后拍摄了纪录片《从毛泽东到莫扎特》，少年王健在片中出现。

2　艾萨克·斯特恩，美国籍小提琴大师，生于乌克兰。

3　大卫·奥伊斯特拉赫，20世纪苏联最伟大的小提琴家之一。

许知远：都见过大世面了。所以那天斯特恩来了，你演奏完也就完了，没什么感觉？

王健：那天架式有点不太一样，平时接待外宾演出也就是拉拉琴而已，但那天跟了一大堆的摄影师。我开始拉琴大概一分钟不到，他突然说话了，然后灯也打开了，他们就冲到面前开始拍，我就继续拉下去了。

许知远：你紧张吗？

王健：一开始无所谓，那个灯一开，镜头上来，我就开始紧张了。不过小孩还是抵抗能力很强，脸皮厚。

许知远：那天曲子是怎么选的呢？

王健：我小时候会的曲子很少，也就那几首。我爸爸教我讲究的是质量而不是数量。他一直说，与其说会拉十首曲子，还不如拉一首曲子拉得很好，你拉一堆曲子都拉得很烂有什么用？所以小时候我拉的曲子永远是我的技术能力达得到的，或者是超得过的。

许知远：很小的时候你在哪儿听音乐？家里有什么可以听的？

王健：我其实不是比较喜欢回忆这些细节的人，过去的事全忘掉了，但我爸和我说过一些很有意思的事。那个时候古典音乐是被禁止的，但我爸当时在上海京剧院样板团嘛——就因为他在样板团，我才有可能练习大提琴——他们单位是有一个唱片资料馆的，但被封住了，你不能把唱片拿回去听。我爸就出去买一些当时大盘磁带的边角料，一段段接起来，然后再用它把资料馆里的东西录下来放给我听。有一次他想让我听贝多芬《第五交响曲》，资料馆不让借，他就瞎编了一个理由，说是要研究一下贝多芬不好的一面。

许知远：批判性的。

王健：对，批判性的研究。这才借出来了，所以还是有办法的。

许知远：我对你爸很好奇。

王健：我爸是我们家的大英雄，我跟他没法比。他出生在一个很贫穷的家，从小他的父亲就把他们抓来干活，早上四点钟起来，和他的两个弟弟到地里干活儿，冰天雪地的，很苦。但是我爸特别聪明，我奶奶就让他一定要去读书。我爸爸听我奶奶的话，很小就离开家，到了西安。

他读书读得很好，但家里条件不好嘛，所以必须要打工。十几岁的时候，有一次他在干活，突然广播喇叭里放了贝多芬的《第五交响曲》，他说他一下就听到了另外一个世界，一个美好的世界，他就开始想要了解这个东西，想上音乐学院。他自己学了几天的二胡，几乎是以白丁的身份考上了西安音乐学院——那个时候大家其实都是白丁。后来他学了大提琴，学得很好，非常优秀，所以毕业后就强行分配他去上海的京剧院。他一开始不肯来，但因为专业成绩很好还是被派过去了。等到我三岁的时候，爸妈就商量让我跟爸爸在上海过，上海条件好。当时只有我们两个人在上海。

其实一开始我爸也不是故意让我学音乐的，不过是因为带孩子不容易，得想法子让他耍一耍。我也是现在做了爸爸才知道的，得让孩子忙着，否则他就要闹事儿。所以他就借了一个同事的中提琴，我就模仿着他拉琴的样子，稀里糊涂地开始学了。

许知远：在京剧院里是什么状态呢？对小孩子的影响是什么？

王健：剧团里很简单，所有人都会拉琴，会乐器是个很正常的事。可能因为这个，我一直觉得拉大提琴不是一件被强迫的事情，而是应该的，谁都会拉两下，拉得好不好无所谓。现在想想，其实小时候过得挺好的，那个时候我爸爸住一个小宿舍，外面的花园很漂亮。

许知远：你是不是很小就开始想人生问题？我看你小时候那部纪录片里拉琴的样子，就觉得这个小孩子想的是不是特多呀？

王健：那倒没有，我唯一记得的就是我从小比别人先感动，经常我觉得已经很感动的时候，别的同学是没有反应的，我就觉得挺奇怪，为什么他们就不觉得这个东西像我认为的那样温暖呢？

现在我发现这就是天生的，没办法。比如我经常坐飞机，没事儿干就看电影，经常哭得鼻涕眼泪一把，空姐看到就想这个人怎么回事儿呢。但我倒不是伤心，我很少伤心。

我观察下来，这世界上有两种人，一种是把自己当作一个强者来看待，另外一种是把自己作为弱者来看待，所以对很多事情的看法他们会截然不同。后来我想，也许是因为我从小就是把自己作为一个强者来看待的。我从来不会可怜自己，一丝一毫都没有过。

许知远：很小的时候都没有过吗？比如自己一个人跟爸爸去上海，妈妈也不在，都没有？

王健：没有。我这方面很强悍。发生在自己身上的事情，我就会觉得应该去抗衡，没有必要可怜自己。但我会被别人的一些东西很深地触动，会为别人感动，这很奇怪，我觉得也许是一种情感的转移。

许知远：当时妈妈长时间不在你身边，怎么克服这种情绪？因为对孩子来说，妈妈不在身边还是很大的一件事情。

王健：小时候其实没有意识到，但后来我才发现还是影响很大的。我后来去美国读书，八年没有看到父母，八年之后我第一次见到他们是在香港，当时我在香港演出，他们来看我。我记得，第一天晚上见到他们，我就觉得我这人怎么一点情感都没有，表现得很正常。

许知远：没有自己期待中的情感爆发。

王健：对，丝毫没有，我很平静。我怎么这个样子？挺奇怪的。

几天之后，他们要回去了，那天晚上我一个人在酒店里，突然想到明天妈妈就要走了，一下就崩溃。那个时候我已经挺大的了，二十多岁了，没想到一夜之间就崩溃了。我突然发现心里还是有创伤的，而且是很深很深的创伤。只不过因为我是比较强悍的性格，不会去滋润它，不会去体会它，而是把它压制下去。

所以说影响肯定会有，只不过埋在心里而已。直到那天我才真正意识到是怎么回事，到最后我发现，我给人的印象、我的性格都是有来由的。比如说我对快乐始终是怀疑的，因为我觉得所有的快乐都会消逝。

许知远：还是非常短暂的。

王健：对！怎么说呢？幸福和快乐对我来说是有时间期限的，是不能永存的。尤其是我和一些朋友谈天时，我们会聊聊对一些事情的看法，有各种不同的态度。比如绝大部分人对生命的终止都是一个躲避的状态，但有些人会选择一种方式去拥抱它。对我们这种人来说，它是一种等待，因为从小的世界观就是这样，你知道好事是不长的，还不如不要去期待它。

我的生活状态往往是以一个比较平静的心态去对待，幸福和快乐是偶然的，是可遇而不可求的，有的时候应该开心，但不要以为事情永远是如意的。

许知远：你很小的时候就经历离别，这种疏离感与你的演奏是不是有很直接的关系？

王健：这个绝对有。对人生离别的纠结、妥协或者抗衡，可以说是理解音乐中那些比较深沉的情感的源泉。很多艺术到最后想妥协、想解释的其实都是这个。这是我们人生中最难、最不容易理解，可又是最不容易妥协的东西，是人生最大的问题。

许知远：其实也是生命的主题。

王健：对。我们一直在逃避，一直不愿意去细想，但其实离别就是生命的主题。随着你一天天长大，这个主题会越来越强。你先想到的是父母的离开，朋友的离开，然后是自己的离开，离开之后你的孩子会怎么样。谁都不愿意去想这种事情，但问题是，这是不可逃避的，这个世界上没有任何事情是可以预测的，只有死亡是必然会发生的。

我们当然要乐观，要以正面的态度去面对这些。音乐对这个有帮助。听到这些音乐，你会觉得离别正在你身边发生，或者说觉得在你身上发生的这些事都已经发生过很多次了。

许知远：而且发生得比你还深沉。

王健：比你还深沉得多，比如柴可夫斯基的作品，巴赫的作品。其实他们是永生的，不是吗？这是音乐最可贵的地方之一。音乐是灵魂的歌声，这些艺术家的灵魂通过他们的音乐永远生存在我们身边，我们每次演奏的时候，你听到的就是他们的灵魂。从某种角度来说，音乐是我们灵魂传承的工具。

我从骨子里讨厌得意忘形的人，
不会容忍自己变成那样

许知远：后来一下就去了耶鲁，他们的教学方法给你很大的冲击吗？

王健：其实对我来说，去美国没有太大的冲击，因为从小我爸爸就是这样教育我的。他的教育方法我现在才明白，和很多中国式的教育截然不同。我从小跟他在一起，比较习惯于这种思维方法。我后来才知道，传统的中国教育是比较注重于知识的灌输。

我小时候，他最喜欢说的一句话就是，你自己想想办法。他首先会说我这个地方拉得不好，然后就让我自己去想，"你知道你拉得不好吗？"我说我不知道，我拉得挺好的。他就会说，"那你自己唱一唱试试看"。我就真去唱。

他又会问，你刚才拉的像不像你唱的？我只好承认，确实不像。之后我就会想办法用琴去模仿自己唱歌的音准。如果不成功，那一定技术不好，那你就该琢磨怎么去提高技术。他就是用一种引导你的方式，告诉你一个目标，鼓励你跨出这一步，但一定得你自己跨出去，而不是他把你抱到那个地方。

许知远：那你刚去美国的时候，主要的困难是什么？

王健：困难当然有，主要是对自己的要求提高了。当时我们每个星期都有大师班，所有同学都要拉给老师听，同学们也会监听，这个时候压力就很大，他们都比我大很多，我那时候才十六岁。

许知远：他们一般多大，十八九岁吗？

王健：他们都是硕士生，二十出头了。所以看到这些拉得这么好的人，还是有压力的，但它是一种有鼓励性质的压力。那个时候我真的挺快乐的，什么都是新鲜的，可以从这些同学身上学到这么多好的东西。

耶鲁大学真是很棒的地方，我当时最喜欢的其实是学院的图书馆，巨大的图书馆，里面那些文献都是从来没有看到过的，我当时看了很多很有意思的书。

许知远：你阅读的兴趣是从小就有的吗？

王健：对。躲在被窝里打手电筒看小人书，《三国演义》《西游记》什么的，那时候也只有这些书看。

许知远：到耶鲁之后，老师鼓励你们广泛阅读吗？

王健：专业老师倒没有提醒我们，只不过当时整个文化风气都是这样的。我的几个室友，一个研究神学，一个研究历史，跟这些人在一起，他们讲的一些事情会引起我的兴趣。我们学校的课程也是非常广泛的。后来我读完耶鲁大学，去茱莉亚音乐学院读书，在那里读得最多的是希腊史诗，譬如《荷马史诗》。其实你说学音乐读这个干什么？非常有用，非常重要，因为这是西方文化的起源，西方文化最根本的东西在里面。

许知远：《荷马史诗》最打动你的是什么？

王健：面对死亡，那些英雄人物怎么勇敢地一步一步走过去。

许知远：而且是不断地离别。

王健：其中有一句话挺让人震撼的，斯巴达的一个士兵要出征，他的妈妈就拿着家里祖传的一块盾牌对儿子说，"儿子，你要么把这块盾牌还给我，要么就躺在这个上回来"。这种文化，这种强悍的、坚定不移的精神，非常令人震撼，非常的壮，不光是悲，还很壮。

许知远：就是那种悲剧的文化。

王健：他们就是悲剧的文化，他们的悲剧跟东方的悲剧不太一样，东方的悲剧是讲究一种伤感，一种忧伤，一种接受。

许知远：其实也挺自怜的，像屈原那种是吧？

王健：对，西方讲究的是悲壮，这个壮是最重要的，是一种在悲剧面前、在利益面前的不屈服，正视它，用英雄的气概去接受它。像古希腊这些史诗里面的英雄，他们是怎么死的？——这是西方文化的根源。你现在哪怕听一些最流行的、最娱乐化的、最普罗大众的好莱坞电影的配乐，都能听得出这个东西，它有悲壮的意味在里面。

许知远：古希腊悲剧中也有很多的无奈，完全的无能为力，就是命运已经把你支配好了，你最终一定会杀死你的父亲。

王健：对，但你还是要走这一步。这和东方文化不太一样，真的就是文化 DNA 的差异。比如听贝多芬，听勃拉姆斯，甚至听舒伯特这样很甜美的音乐，里面都有这种最根本的西方文化 DNA。

许知远：这种 DNA 你是什么时候慢慢意识到的？去美国上学以后还是？

王健：我很小的时候在听这些交响乐时就能听得到，它给我的感觉就是这样的，就觉得里头有一种细节，对弱小的一种关怀，一种怜悯，但最多的还是一种很大气的悲壮在里面。

许知远：你在耶鲁上大师班时，老师们的演奏给你的震撼是什么？

王健：给我最大的启发是，他们有各种不同的拉法，但是他们都在讲自己的理念，在讲他们对人性的理解，或者是反映出他们自己人性中的特点，都很有个性。任何音乐最终的目的都是反映人性，音乐本身其实并不重要，它只是个工具而已。如果你的音乐当中没有真正能够触发大家心灵的振动的话，那音乐是没有意义的。

许知远：你很快就在班里脱颖而出了？

王健：首先我非常幸运，去美国之前就认识了斯特恩先生，所以到那里以后的第二年，1987 年或者 1988 年，当时的中央乐团[1]去美国巡演——这是历史上中国乐团第一次在美国巡演，非常重要——总共就选了三位独奏，都很年轻，我是大提琴独奏。那次巡演以后，加上斯特恩先生的推荐，我马上就加入了当时美国最大的演出公司。这个机会是很难得的，就算你赢了全世界最大的比赛，赢上两三次，也不一定能进这家演出公司。当时这家公司只有几个大提琴家，其中一个就是马友友。

对一个十六岁的孩子来说，这个机会是非常难得的，更别说当时我身边的这些同学，他们几乎不可能有这样的机会。所以，我非常非常幸运，通过这些演出，很快地走入职业演奏的生涯，不是走台阶走上去的，是坐电梯上去的。

许知远：蹦上去的。

王健：别人可以把你放在一个平台上，但是你想在那儿继续站下去，就要靠你自己。

1　1956 年成立于哈尔滨的中央乐团，1996 年重组后更名为中国国家交响乐团。

许知远：在茱莉亚音乐学院那段时间对你的影响是什么？

王健：首先纽约这个城市是一个最大的影响。我觉得到现在为止，全世界只有一个世界性的中心，那就是纽约，没有任何城市能代替它。它的多元性，它的创造力，它的活力，都是世界第一的。在这种城市生活，各种不同的信息会来刺激你，会碰到各种不同的人。一般来说，能在这里成功的人都是世界上最优秀的。

茱莉亚音乐学院处在这样的环境下，它不太像一所学校，有点像集训班的感觉。当时我去茱莉亚以后，已经开始有很多频繁的演出了，所以和在耶鲁是不一样的。耶鲁真的是上学去的，茱莉亚就是上了一点学，接触了一些同学，但因为演出太频繁了，不能说是一段完整的上学经历。

我觉得茱莉亚最大的一个作用是，它是在培养演奏家。它为一个演奏家提供了一剂闯入世界的强心针，因为它的竞争非常强悍，同学都是世界顶尖的。比如你在哪里演出了，或者你去哪个指挥那里面试了，那些家长第二天就会知道，会来问你是怎么找到这个演出机会的，一切都传得很快，盯得很紧。茱莉亚是很残酷的，你能在那儿扛下来，需要很强悍的心灵才行，它是一个竞争巨大无比的地方。整个纽约都是这样。

许知远：你会对竞争有排斥吗？

王健：有不同的竞争方式，有的竞争方式确实是比较有侵略性的，比如你有多好我也要有多好，我要比你更好。但是我不会，因为我的性格不是这样子的，竞争对我来说，唯一的意义就是我把自己的事情做好，挑战自己。当然也希望能够比别人好，但和别人比较这件事，其实是没法控制的，有些人你就是比不过他的，只能自己继续努力。其实当时我的条件算是非常优越的，我去茱莉亚的时候已经有了经纪公司，同学们还在奋斗的目标我已经达到了，所以我可以比较坦然地去面对竞争。

许知远：签经纪公司，开始职业演奏家的生活，这样的生活节奏最开始是什么样的？你适应吗？

王健：我挺适应的，因为我是个不怕孤单的人，我本来就是一个独来独往的人。

许知远：什么时候第一次强烈地感觉到名声的到来？

王健：还是比较慢的，不是说一下子就怎么样。比如我刚进茱莉亚的时候碰到这些同学，我并不知道他们是谁，但他们都知道我是谁——这个人已经在大的演出公司里了，也见过他的演出，电视里也见过。但纽约是一个世界性的城市，这种情况并不稀奇，所以说要看你跟谁比了。虽然我当时在美国也有很多演出，但我很庆幸我不是特殊例子，只不过是踏入了演出生涯的一个人。这样的人有的是，你不是唯一。

许知远：或者说更稳固的名声，比如全世界就那么十个、二十个大提琴独奏的位置，你确切地进入这样一个更稳定的世界是什么时候？

王健：这要后来了，还要经过十年的努力，一个转折点是当时开始和唱片公司签约了，这是很大的一件事情。

许知远：DG[1] 是吧？

王健：对，这家公司一百多年没有签过中国人，我是第一个，

1　全球最大的唱片公司，全称为 Deutsche Grammophon- Gesellschaft (德国留声机公司)，是宝丽金集团的旗舰公司。

当时在国内引起了很大的反响。后来开始在国内演出时，我知道是真的变了。因为之前你来演出，只不过是作为一个大家有期待的年轻演奏家，但经过签约再回来，音乐界对你的重视是截然不同的。

许知远：哪一年跟 DG 签约的？

王健：其实 1995 年我就开始给他们录音了，只不过没有签约，到 1998 年签约的。第一次回中国正式的职业演出，是 1996 年。全世界排名前三的大团，荷兰的皇家音乐厅管弦乐团，来中国巡演，我做独奏，这也在音乐界引起了挺大的反响，因为以前国外这些名团来演奏是不会选中国人做独奏的，我是第一个。那之后就发现，在国内我也被认可了，然后开始有很多的演出机会。

许知远：有过因为荣誉、名声得意忘形的时候吗？

王健：没有。我从骨子里面讨厌得意忘形的人，我不会容忍自己变成那样的，虽然有些时候可能会兴奋。我最喜欢的人是实在的，踏实的，不装的人。你是谁就是谁，你不好的地方你也敢表现出来。我喜欢敢说脏字的人，我一般不太信任不说脏字的人。

许知远：那你现在最讨厌自己身上什么东西？

王健：没有进取心。我挺讨厌这一点的，因为这对我的专业是有非常大的坏处的，没有足够的进取心，就没有表现自己的欲望。我表现自己欲望唯一的方式就是，假如近期我的演奏方法和技巧有了新的改变或者突破，或是对音乐的理解有了突破，这时我就会特别地渴望演出。因为想尝试一下这种技巧有没有用，我有没有进步，是不是表演得更好了。

如果没有这方面的收获的话，我是不喜欢演出的，因为我觉得没意思。作为一个职业演奏家，没有这样强大的表演渴望，你就会失去很多机会，所以你必须要有自我追求，别人才会来注意你，才会给你机会。这是我的一个很不好的地方。

许知远：你觉得这是怎么形成的呢？是天生的，还是后来的环境造成的？

王健：说得好听一点，是一个比较踏实的性格吧，比较务实，比较没有虚荣心，但说得不好听一点，更深一点的话，其实是害怕别人失望，所以说干脆不让他有任何的希望，不是吗？

有些时候，我觉得狂妄的人其实挺勇敢的，他不怕别人对他失望，他把自己说得很好。什么事都有两面性，反正进取这方面我做得不够，这是肯定的。以前我纽约的第一个经理人也一直在骂我，"你这种性格不可能成为演奏家的"。

他是我十八岁时候的经理人。有一次把我叫过去，训我一顿，说我们在一起工作两年多了，我没有主动给他打过一次电话，"你知道别的演奏家每天给我打三个电话，问我有没有音乐会，两年了你没有给我打过一次电话。当然这样工作会很轻松，但是不行的，你这样做不了音乐家，做不了演奏家，演奏家必须得'要'"。我愣了半天，挺受打击的，但后来还是不行。我从一开始的态度就是，音乐会有就最好，没有也不关我屁事。

许知远：从来没有真正尝试去克服？

王健：尝试过，有些时候会强迫自己在纽约、伦敦听一些音乐会。为什么呢？不是因为去听音乐会，而是要到后台去，认识这些指挥，认识这些乐团的经理，跟他们交朋友，约他们吃饭，聊聊天，搞一个社交网。

我知道该怎么做，我也会跟一些学生说这个社会是人情社会，你不认识这个人，他对你就有隔阂感，你认识他，他就愿意邀请你，当然首要条件是你要拉得好。但两个同样拉得好的人，一个认识一个不认识，他选谁？他肯定选认识的。所以说必须要这样做，但对我来说是非常非常难的，除非我很喜欢这个人。如果只是为了社交而去听他的音乐会，跟他说"你是个伟大的音乐家，我想跟你合作"，对我来说太难太难了。

许知远：说不出口？

王健：不是说不出口，我可以说，但我嫌麻烦，我觉得太麻烦了，没必要。这是我最大的弱点。

许知远：是不是也是因为小的时候被巨大的幸运所保护了？

王健：这个问题问得好犀利。应该是，肯定有这个原因，因为如果说真的一场音乐会都没有，真的没有人愿意帮助我，没有人愿意给我提供机会，说不定也会被逼上梁山，也许会变得稍微进取心强一些。

我坚信人类的感性是我们灵魂的指路明灯

许知远：在老音乐厅[1]的环境里，是不是感觉和那些十九世纪的作曲家离更近了？

王健：是的，上海音乐厅是我们小时候的演奏厅，我觉得它是上海演奏厅里声音最好的之一。现在很多音乐厅反而注重的是视觉

1　指上海音乐学院内的演奏厅，这一部分采访是在上海音乐学院里完成的。

上的冲击，不太注重声音了。这个世界变得越来越以视觉为主。所以说我们搞演奏的，有些时候一定要考虑作曲家当时听到的是什么样的声音，你才能真正理解他们当时的情怀。

许知远：那你演奏巴赫，要老去教堂吗？

王健：教堂不用老去，但你得知道你要去的。我记得第一次在教堂里听到唱诗班唱歌的时候就有感觉，很震撼。

那是在里斯本，当地最大的天主教堂，当时正好复活节，我就走进去看。那个唱诗班其实是业余的，全是一群普通人，五音不全，但他们站得整整齐齐的，再加上教堂里的回声和他们的情感状态，反而让你更加震撼。因为普通人是没有任何专业技巧的，也不是在表演，完全是发自内心的。当你看到一群普通人聚集在一起，在那一刹那，通过音乐把自己心里最美好的东西展现出来时，你会体会到你追求的也正是这个。

许知远：你说每个演奏家都有自己的个性，都有表达情感的主线，你是什么呢？

王健：我喜欢比较深刻的东西，所以我拉得比较好的是那些比较慢的东西，或者是情感特别深的东西。但音乐不光是这些，音乐里也有欢快，也有希望，像马友友拉琴，他给我最大的启发就是他的音乐非常乐观、向上，他自己也是一种很阳光的性格：风趣、典雅，非常有格调。他可能属于一种绅士型的世界观，我则属于比较乡村式的世界观，是一个普通人的看法，我的音乐当中令人揪心的东西多一些。

许知远：那你觉得哪个作曲家跟你内心特别契合呢？

王健：其实都有，但广义上来说，浪漫的作品里面会有更多这些东西。比如巴洛克音乐，早期古典音乐描述的是天堂，典雅，尊贵，无忧无虑；浪漫的音乐，讲的是人间，在人间的人们想象天堂的样子，并期待去天堂——尽管也有美好，有期待，但是也有人间的揪心和挣扎。现代音乐描述的可能已经是想象回到人间的感觉了。

许知远：乌托邦已经没有了。

王健：更加揪心了。现代音乐讲的是更加令我们颤抖的一些情感。所以浪漫音乐最适合大提琴，因为它是一门很抒情的乐器。

许知远：去理解一两百年前的作曲家，去理解他们的感受、心境，那些历史背景重要吗？

王健：当然重要，比如说演奏巴赫、海顿的作品，你必须了解当时这些音乐是干什么的。海顿或者莫扎特的音乐，绝大多数是宫廷音乐，或者是贵族们来娱乐宾客的，所以这种音乐必须有它的华美、尊贵和与世无争。那浪漫作品，如埃尔加[1]，为什么他会有那么深切的悲伤在里面？了解这些会对你有帮助，但这是辅助性的。

有两种理念一直在争论：感性重要还是理性重要？我向来认为，理性是总结感性的工作，感性永远走在理性之前。我坚信人类的感性其实是我们灵魂的指路明灯，理性只不过是帮助我们让感性往更深的地方去发展。有些东西我们不理解，但是能感觉得到，为什么你听到一些音乐就有感觉？为什么这几个音组合起来你就觉得好听？音乐里面很有可能包含了一些方程式，只不过我们的大脑还算不出来，但是我们感觉得到这个方程式。所以说我只有对这个作品有很强大的感受以后，我才能把它演奏得好。面对一个作品，我如

1　爱德华·埃尔加，英国作曲家。出生于乐器商家庭，初从父学小提琴，并自学作曲。1904 年因所作国定颂歌《加冕颂》受封为爵士。

果不起鸡皮疙瘩，没有兴奋在，我不可能拉好它——再有知识，再有理念，对历史再有研究，也没有用。音乐终究是个感性的东西，没有感觉的人是不能搞艺术的，即使他再聪明，能把所有音乐理论背下来，也没有用。

相反有很多人，他可能很笨，没有什么知识，是一个不学无术的家伙，但他就是有感觉，他就能搞艺术，只不过可能达不到一定的高度，因为艺术家必须用自己的智慧去不断地丰富自己。

许知远：对，这种感觉是需要拓展和加深的，对此有什么特别的训练方式吗？

王健：一个演奏家必须要有一颗很灵敏的心，灵敏到能在各种不同的事物中感受到一些东西。这个没法教，但是我会提示学生们，要把宏观放得大一些，比如说有些时候，我会跟学生说，"你现在讲的是你自己的故事，拉得不错，但是你能不能想象一下，现在你站得远一点，去讲别人的故事？"到最后我会跟他说，"你要想象这个作品，假设上帝创造了人类，可是他忘记了我们，自己跑到别的地方去玩了，把我们遗忘在原地，让我们自生自灭。几十亿年之后，他终于回来了，他说我以前好像在这地球上造过一些人，可怎么没了？全没了？然后他听到了我们的音乐，里面有这样的演奏，有这样的人——我们人类挣扎过，快乐过，努力过，追求过，终于，他替我们落泪了"。

我经常这样去提示他们，希望他们能够站得更远一些。如果只讲自己的故事的话，别人会不接受，或者觉得为什么会发生这件事情？可如果站得远一点，就会让人觉得这就是人类的故事——全人类到最后说不定都会不存在了。在这个情况下，有些事情其实是无关紧要的，另外一些事情则非常重要。

许知远：那真实的人生体验呢？比如说二十世纪很多重要的作曲家，包括演奏家，他们卷入时代的巨大变迁之中，甚至目睹各种悲剧的发生。但其实你的个人经历是很顺利的，你会遗憾缺乏那样的一种经历吗？

王健：我最爱看的书是历史书，这个可能会对我的人生观有改变。看了很多历史的话，对动荡和变迁还是有感觉的，虽然我自身没有经历过，但是可以想象得到人生有多么不易。你说得对，一般是在很动荡的时候会出现一些伟大的艺术作品，但是这并不意味着我们必须要去经过多大的苦难磨炼，如果你有一颗比较敏感的心，你能感受到这些。

有人问过我最讨厌什么？我想了半天，其实没有什么不太能容忍的，我唯一不能容忍、完全不能接受的是一个没有同情心的人，哪怕这个人再优秀，再伟大。如果这个人没有同情心，我会觉得他的心是冷的，我会很讨厌这个人，我会根本看不起他。当然有些人平时也不是什么好人，但是你知道他其实还是有同情心的，那这个人我还是可以接受的。同情心可能是人心中最重要的一点，不是吗？它让我们人类可以互相理解。

许知远：同情心其实也是某种抗议，某种宣言，它意味着要为弱者表达某种声音，或者说是被淹没的声音。

王健：其实音乐没有那么具体，它更升华了。音乐超出了具体的个案，它是一个总结，而不是一个叙事，它要描述的是一个理解，是一件事情发生以后的回忆。它不是在讲某件事情，而是讲这件事情以后的事情。

许知远："理解"作为一个立场重要吗？

王健：立场很重要，但得看你站在什么角度来看。还是我说的，有些事情你站在某个角度是有对错的，再往后退一步，对错就变得模糊了，再往后退，就不一定有对错了，再往后退，就无关紧要了。

许知远：那会不会陷入某种相对主义？或者说陷入一种好像一切都是可以理解的状况？

王健：是的，一切都可以理解。你说我们人生这些恩怨，从宇宙的角度来说，不可以理解吗？太能理解了，这都是无所谓的。

许知远：当然世界不是黑和白的关系，但某种意义上还是有颜色差别的，还是有黑和白的分别的，这种情况下，你不能说白就变成黑了吧？

王健：对，所以一个没有正义感的人是不可能成为艺术家的，正义感至关重要，它是一颗善良之心的必然产物。一个有正义感的人的音乐是不一样的，他有骨气在里头，这是听得出来的。有些人觉得自己没有能量去做一个有正义感的人，这也能听得出来。

许知远：那我一直蛮好奇的，比如说"二战"的时候，德国军官们也都听贝多芬，但是他们同时可以做出特别可怕的事情来，作为一个音乐家，看到这样的例子是什么感觉呢？

王健：人心是很复杂的。我们任何人在某种情况下，都可能会干出很坏的事情，你必须接受这一点，人心就是这样。只有极少数的人才能做文天祥，你别忘了，我们之所以崇拜这种人，就是因为他们是怪人，他们是不正常的人。绝大多数人，我不知道你，我是绝对做不了文天祥的。可也正是如此，我非常看重他，这种人太少有了。

对于人类来说，哪怕他再有正义感，再能分辨对错，在涉及个人利益之时，绝大多数人还是会选择妥协，这就是人性。但是这些人在时机成熟的时候，一定会站在正义的一面。所以说创造一个正义的环境是最重要的，而不是要求所有人做文天祥，这是不可能的。

许知远：这个问题一直也挺困扰我的，其实这是一个人的审美和他的价值判断能力之间的关系问题。可能好多人都会说，一个读狄更斯的人可能比不读狄更斯的人更少犯错，或者更可能成为一个好人。

王健：你读这些书肯定会给你带来影响和启发，但这些启发主要是点燃了你心中本来就有的东西，只不过你没有注意到而已。但如果内心不认可的话，书里说得再多也是没有用的。这些书只是让我们更加理解自己，让我们的人生观更有深度，而不是说彻底改变你——这是不太可能的事情，人性很难改变。

你理解了人类的渺小，
你的音乐会更真实、更诚恳

许知远：你爱读历史，这种历史的感觉对你的演奏有直接的帮助吗？

王健：有，历史对我的人生观有很大的影响。历史看多了，就会觉得很多事情没有必要去纠结，人性就是这样子的，好事坏事一直在发生，到最后你退一步的时候，会说人生就是这样，历史就是这样。

许知远：其他呢？比如色彩、味道？

王健：我听音乐是有颜色的，每个音都有颜色，这是肯定的。味道没有，会用它作为比喻，但是没有直接的联系。

许知远：作曲家们有颜色吗？贝多芬是什么颜色的？
王健：这个不好说，因为他每首作品都不一样。

许知远：或者基调。
王健：基调的话，不行，太复杂了，他太复杂，每个人的个性里面都有太多复杂的东西，你很难用一个颜色来讲。但我用烹饪来比喻过，我喜欢说日本的菜系像莫扎特，中国菜像勃拉姆斯，里面味儿挺浓的，韩国菜是瓦格纳。

许知远：瓦格纳，一股泡菜味吗？
王健：不，他很嚣张很犀利，一种味道铺天盖地的。日本菜就是那种非常干净的，没有任何多余的东西在里面。

许知远：那演奏者呢？你是什么菜呢？
王健：天啊，我大概就是油泼面。

许知远：油泼面看着很嚣张，那辣椒铺在上面。
王健：不，我希望我的音乐像油泼面，为什么？简单。我非常反感复杂的东西，我看什么事情都是想要最终找出一个最简单的道理，你可以随时去理解复杂事物，我只想抓住最简单的东西。

当然这也有不对的时候，不可能任何事情都这样去解释它，所以我经常犯很多这样的错误，但这是我的本能，我是一个做减法的人，任何事情要抓住事态的关键。

　　许知远：对演奏家来讲，你们有时候会觉得自己是昔日作曲家的英魂的某种俘虏吗？他们有更高的创造力，会有这种感觉吗？

　　王健：没有，我认为任何的作品都必须被再创作。没有被创造，这个作品只是成功了一半，写成了一半。我们现在有机会听到一些历史上的录音了，伟大的作曲家同时也是伟大的钢琴家，会演奏自己的作品，而我听了一些之后，发现这些作曲家往往没有把他自己的作品演奏得有多好。虽然他写得真漂亮，但自己去弹的时候，我敢说真不咋的，我不敢说是谁，但我敢说真不咋的。

　　为什么？他并没有真正体会到他自己写出来的东西里头的那些美，他把它忽略了，他只不过把这个框架搭出来了。创作和演奏，不一定是一回事。音乐是活的，它的生命力在于每次发声的时候，因为它每次的发声都是不一样的。一个作曲家写这些东西是没有发声的，它只是一个方程式，怎么让这个方程式、让这个菜谱变成菜，这一瞬间才是最重要的。菜谱重要吗？重要。但大厨重要吗？也很重要。你光有一个菜谱有什么用？

　　许知远：如果有机会，你碰到巴赫，碰到勃拉姆斯或柴可夫斯基，你会跟他们交流什么呢？

　　王健：我首先想听听他是怎么演奏他的音乐的。我非常想知道，他最追求的是什么。巴赫比较难说，因为他作曲里面的标点符号太少，很难猜，贝多芬我想我们大家都能猜到他是什么样的一个人。

　　许知远：对他没那么多好奇。

　　王健：没有太多好奇。因为他真的写得很清楚，他最大的一个特点就是叛逆，不该有重音的地方他一定要加一个重音，他就故意跟你反着干。他有一颗叛逆的心。

　　贝多芬其实是非常特别的作曲家。绝大多数作曲家都向命运妥协了，都接受命运了，像勃拉姆斯是包容命运；舒伯特是向命运鞠躬而后接受，柔弱地接受；瓦格纳就是横行一段时间，然后烟消云散；而贝多芬是跟上帝抗衡、跟命运抗衡的一个人。他和别人不一样，他不肯屈服，他讲的是人的权利，所以他确实有革命性，截然不同的一个人，刺头。

许知远：那你觉得你跟你的命运是什么关系呢？

王健：我跟他们差太远了，我没资格去这样考虑。

许知远：任何人都有资格考虑自己跟自己命运的关系，你觉得你对命运的态度是什么？

王健：我可能比较能够向勃拉姆斯学习，可能能够追随他的这种理念吧，比较激进一些。

许知远：或者你羡慕那种反叛者吗？

王健：我觉得他们挺牛的。但是我知道，我做不到，也不羡慕，真挺佩服这些人的。

许知远：这些离去的伟大人物中，倘若真有一次机会，最想和谁在一起坐下来喝杯酒，聊一聊？

王健：我想看看人类刚从非洲走出来的时候是什么样子。说实话，我最关心的其实不是音乐，都是另外的事情。音乐只是一部分。所以有很多朋友和我说，你根本不像个音乐家。

如果坐上时光机器，我不会去看巴赫，也不会去看贝多芬，看他们干什么？我想看看人是怎么从非洲走出来的，是怎样在小冰河时期活下来的，我想看看他们是怎样在那么残酷的环境下活下来的。我也想看看我们中国是怎么走过来的，是从哪里走过来的，怎么在这里待下来的，以前长什么样？我也想看看以后的人是怎么样的，几万年以后的人类会变成什么样子？这是我最感兴趣的。

许知远：这么巨大的一个历史世界，跟你现实中这么顽强存在的音乐世界的关系，到底是什么呢？

王健：其实很简单，我觉得能了解到自己的渺小其实是非常温馨的一件事情，我看到这个世界这么大，宇宙这么大，再想到我自己这么渺小，反而让我觉得很坦然。你理解了人类的渺小，你的音乐会更真实，也会更诚恳。这个时候，你在演奏很狂妄的音乐的时候，你只是一种挣扎，一种追求，而不是觉得这个辉煌是你应该值得拥有的东西。

许知远：除了人类历史这样的大问题，除了音乐以外，还有别的什么让你产生兴趣，或特别想去探究的呢？

王健：你要听我说真话吗？

许知远：当然了。

王健：我现在最关心的是，能陪我女儿几年。

许知远：危机感已经出现了？

王健：我唯一关心的就是这件事情，因为我有她的时候很晚。我是四十八岁时有的她，我现在唯一关心的就是我能不能陪着她长大，别的都不重要，对我来说，就希望她能够开开心心地长大，多陪她。

许知远：成为父母以后，看到自己的孩子，会对你的性格有轻微的改变吗？

王健：有很大的改变。

许知远：这么有生命力的孩子，在你眼前晃来晃去的。

王健：是的，可以说，可能以前其实并不明白生命的意义是什么。大家经常会讨论，但我总觉得他们说的这些生命意义都太高大上了，我不喜欢，我喜欢比较踏实、实在的一些。

后来我觉得，对我来说，生命的意义就是活着。因为阴差阳错的机会活一次，生命本身就是奇迹嘛，对吧？所有的生命都是奇迹。我觉得可以把一个小小的生命带入这个世界，让他体会一下这些感受，让他在世界上走一遍，看到他第一次看到光，第一次听到声音，都会无比幸福。这是我们被大自然操纵的、无法抗拒的事情，就算不想感受也做不到，因为这是写到我们心里面去的。

许知远：那你会给她听一些什么音乐呢？

王健：想多了反而就不太敢给她听音乐了，最后觉得还是给她听莫扎特比较保险。其实挺奇怪的，我自己最喜欢听那种很让人感动的曲子，很深刻的曲子，但我不愿意让我女儿有这种感受，我情愿她是一个麻木的人，我情愿她是一个感受不到悲伤的人，但这是不可能的事情。

许知远：你是觉得那种敏感于悲伤的代价太大了吗？

王健：倒不是，我扛得住，我能在里面得到力量，但并不是每个人都能在里面得到力量。

许知远：大部分被压垮了。

王健：我也不知道我女儿什么性格，她如果太过于敏感，太过于会受到冲击的话，我不希望她有这样的感受，每个人都不一样。

但其实这是不可能的，她长大以后肯定会有悲伤，人生很艰辛，不管是谁都很艰辛，所以必须要有一个能够体会到自己灵魂的工具。所有的文化艺术里，音乐最直截了当，是最能够让你体会到自己灵魂的东西。当你体会到自己灵魂的时候，你会变得更强大，更加有勇气。

许知远：会不会被自己的灵魂吓一跳，原来我的内心是这样的。

王健：不会，人有很多肮脏的东西，但是这跟灵魂没关系。我觉得所有人的灵魂都是有神性的。

许知远：那你是什么时候第一次非常清晰地体会到自己的灵魂，这种场景是什么样的？

王健：很小的时候就有，比如听到一首作品，突然会很感动，好像我突然能看到那些人的经历。

许知远：会视觉化吗？

王健：有一点视觉化，但主要还是视觉化以后提炼出来的东西。突然发现他们的那些感受和我是一样的，就觉得挺温暖的；还有一点就是觉得我能感受到这个，这也是挺美好的一件事情。

许知远：挺有特权的一件事情。

王健：我忘了是哪个哲学家说过，通过音乐可以体会到自己的灵魂是什么样的，这是很怪的感觉。不是特指什么神啊，而是你知道你的心里有很美好的东西，很善良的东西。即使平时很糟糕，平时没法表达出来，但一刹那突然发现自己还是有崇高的东西在里面，我觉得这是音乐中最好的东西。

我看过一部纪录片，讲的是一些音乐家到监狱给罪犯演奏音乐。

里面有一个镜头让我触动很大——他们演奏一个很慢的作品，突然
看到一个无恶不作的杀人犯落泪了。那些音乐家就问他为什么落
泪，杀人犯说这让他想到他妈妈，想到他妈妈在他小的时候给他做
的饭。那个时候我就非常感动，即便他是一个无恶不作的坏人，但
他的灵魂还是善良的。只不过他没法表达出来，但是他还记得，他
还记得自己的灵魂。音乐的伟大就是这样子的。

许知远：就像你爸爸突然听到贝多芬那种？

王健：对！它让你体会到美好，自己体会到的那种美好。

1970 年　生于山西汾阳

1993 年　就读北京电影学院文学系

1998 年　处女作《小武》获柏林电影节青年论坛大奖

2000 年　《站台》获威尼斯电影节最佳亚洲电影奖

2006 年　《三峡好人》获威尼斯电影节金狮奖

2013 年　《天注定》获戛纳电影节最佳编剧奖

2015 年　获戛纳电影节导演双周单元终身成就金马车奖

2018 年　执导《江湖儿女》

扫码观看视频

贾樟柯

我刚拍电影时觉得电影可以改变世界，
但现在觉得世界改变得太慢了

Chapter 09

　　贾樟柯说，这些认可让他更自由。尽管这些认可似乎过早、过分密集地到来了。

　　不过四十多岁，他已是世界最负盛名的电影导演之一。从1995年的第一部比较成熟的学生作品《小山回家》[1]开始，二十年来，他保持着每两年一部长片的速度，几乎每一部都获得了广泛的赞誉。

　　贾樟柯对我个人影响甚深。他以自己成长的山西小城为背景的三部曲，让我第一次意识到那些熟视无睹的日常生活也有着动人与感伤。成为朋友后，我多少有些意外地发现，他的谈话与书写能力甚至比镜头语言更有力量，艺术家的敏感与知识分子式的分析在其中高度融合。我们算不上多么熟识，在北京、香港、台北偶尔相逢，却总有一种故友重逢之感。或许这并非对等的情绪，我对他的理解应该多于他对我的兴趣。

　　在同代人中，再没有一位比他更让我折服的了。他有一种罕见的平衡感，在感受力与理性分析之间，在个人命运与时代情绪之间，在知识分子情怀与江湖气之间，在创造力与商业运作之间，在中国社会与世界舞台之间，在故旧与陌生人之间，他似乎都能从容不迫……

　　我总记得，他说起最初去欧洲参加影展的感觉——北京是更大的汾阳，巴黎是另一个北京。这不是说他对外部变化不敏感，而是他有一个内核，并因此带来某种特别的镇定。那些县城的个人故事、感伤时刻、无所事事、光荣与梦想，滋养了他，令他足以坦然地面对任何新变化。而我觉得自己，总是有一种边缘人的慌乱。我不知这原因何来，能用青春经历来说明吗？他考了三年，才上了电影学院，毕业后用一种再小众不过的独立电影人的视角切入社会。而我

---

[1]　1994年冬天到1995年，贾樟柯开始拍摄第一部剧情片《小山回家》，获1996年香港独立短片及录像比赛故事片金奖。

入读北大，未毕业就加入一份主流商业报纸。能说有关天赋吗？或许吧。这也像是对人生的某种嘲讽，他诚实地带着他的县城经验，从容地进入了世界，而我一开始就想象着世界经验，却发现自己找不到落脚点。

在去年夏天的一个午后，我们在他的工作室里，那里仍保持旧日的模样，挂在墙上的各个语种的海报，桌上的烟缸与书籍。他穿深蓝色圆领 T 恤，像刚从一场不佳的睡梦中醒来，残存的疲倦尚未散去，他一直在吸一支雪茄，我忘记这是他何时养成的爱好。

谈话是散漫的。他说起两天前，在街边大排档与邻桌无理中年男子的冲突。他对我说，如果对方挥拳冲过来，你一定迎上去，不要向后退，少年时，他练过几年的形意拳。他也说，不停歇地拍摄、表达，他觉得疲倦了，想慢下来。二十年来，从无所依靠的县城青年到移民海外的富商，他捕捉了形形色色的中国人和中国社会的情绪。对很多人来说，他是这些令人惊叹的中国故事的最佳描述者。对他的批评也源自于此，他太着力于捕捉这些时代情绪了，而变得越来越概念化，甚至空洞。

有那么一段时间，我也有类似的感受，我觉得他掉入自己表达的窠臼，同样的意象被重复使用，因为过度熟练而失去生气。但是，我随即意识到这是一种苛求，倘若有一个巨大的、亟待被表达的主题，表达的形式与节奏是可以忽略的，至少是暂时性的。而且，判断一个人的杰出与否，从来不是他犯了多少错误，而是他做出了哪些正确的、与众不同的事。贾樟柯的最佳时刻，不是来自他的深思熟虑，而是他的敏锐与穿透力，他能意识到崭新的时代情绪，准确、迅速地表达它。在某种意义上，他是我们时代最伟大的新闻记者。

贾樟柯想暂时中断这捕捉式的尝试，因为他越来越发现现实中国的困境必须回到历史源头中。他或许也觉得个人经验固然动人、有力，但是它终究有枯竭之时。他想处理陌生的经验，比如蒋经国，苏联、民国、台湾、布尔什维克、独裁者、民主改革者，这些混杂的经验是如何混合在这么一个人身上的？这也是与他个人截然不同的经历，需要他崭新的想象力。

在汾阳再度见面时，又过去了将近两年。如今，他有相当一部分时间是在老家度过的。在他的少年旧友创办的一个民俗村中，他开了"山河故人"面馆，他常在此撰写剧本，构思新计划。

他带着我在这个速成的民俗村落中，打了气枪，开了滑雪车，还拜了关公庙，与他的旧友们坐在一起喝汾酒。坐在这些有的发福，有的谢顶，普遍满脸通红的伙伴中，贾樟柯又变成了那个顽皮的少年，忙不迭说起中学时代的打架、逃学与霹雳舞。

当我们在仍有着民国风范的汾阳中学闲逛时，我才知道，那位著名的汉学家、《清代名人传略》的作者恒慕义曾在这里担任过校长。他的儿子恒安石曾出任美国驻中大使，这所中学从不缺世界主义与自由传统。而他的同学则不无骄傲地说起汾阳的另一个传统——自明代以来，汾阳就以活跃的文化生活著称。

这些语境都与我熟悉的贾樟柯有关。但一个陌生的贾樟柯也意外地浮现出来。他对人工智能、VR（虚拟现实）的世界充满热忱，并毫不掩饰对人文主义信念的怀疑——这曾是他最显著和令人称赞的视角。他也流露出某种对公共生活的厌倦，认定参与公共辩论，形成共识，是一件过分自我消耗之事，他想回到一个更纯粹的创作者的状态。

我理解他的感受，但汉娜·阿伦特的一段话却突然浮现在我脑海里："历史中许多这样的时代，公共领域被遮蔽，世界变得如此不确定……生活在这样的时代并由它所塑造的人们，会倾向于想和公共领域保持距离。要么尽量地忽略它，要么越过它，跑到它背后——就仿佛这个世界只是人们可以躲藏到它背后的一种表象。"

不知贾樟柯是否愿意承认，他在世俗世界取得的成功越恢宏，他就越寻求更充分的躲藏。

中国电影最缺的是坦率，
我希望创作能更直率

许知远：你刚才说这一两年来开始觉得疲倦，想慢一点，为什么呢？

贾樟柯：从我1995年拍第一部短片到现在，创作没有停过，长时间旅行、写作、拍片。特别是拍片，你想保持稳定的拍片量，工作是不能间断的。写剧本要好几个月，写完了看景、看建筑、看演员、拍摄，拍摄完去宣传，宣传的末尾又开始写剧本。我这二十年就是这么过来的，一步接一步，一个事接一个事。最近两三年觉得过去那种生活太单调了，不是累，就觉得单调。朋友圈也在变，你总在工作，最后朋友都是工作伙伴，另外一部分就会忽略。这两年特别想回到过去那种生活。我过去的生活是什么呢？就是街道上的生活。

我记得高考没考上，那一年夏天我特别高兴。因为考上考不上无所谓，但是不用上学了。比如上午去一个同学家聊聊天，中午回家吃饭，睡个午觉，睡起来体力充沛，非常舒服，然后就上街。我有一个朋友是配钥匙的，先在他的摊上喝茶、聊天；另一个同学家是在邮局卖杂志、报纸的，我就去人家摊上看摊。为什么？就是看那些杂志。每天都是最新的小说，《收获》《当代》《十月》这些杂志都有，等于是我的图书馆。读一阵天快黑了，朋友就开始聚了。

我朋友还有在教堂里扫地的，将来拍电影我特别想把他拍进去。你想八十年代末，我们没有人去过香港，他也没去过，但他迷香港电影，他就研究香港的地理位置。他能准确地画出一张香港地图来，港岛在哪儿、九龙在哪儿、油尖旺在哪儿、尖东在哪儿，因为黑社会片子里都有这些地区。我后来去了香港，发现他画得没错，非常准确。

大家晚上一起去看电影，县城里有演出就看演出。看完再去一个朋友家打麻将，然后回家睡觉。我很怀念这种生活，就是跟人在一起。

许知远：我们以前聊过你对中国社会情绪变化的观察。从 1995 年到现在二十年，其实发生了好几次特别戏剧性的改变？

贾樟柯：我很难再回顾那些戏剧性的改变。总体来说最大的一次可能是拍《三峡好人》的时候。你当时真的深入长江流域，会发现社会就是呈现出固化，没有那么大的流动，无非是从长江流域换到东莞打工，生活有本质变化吗？并没有。

我们去了奉节，第一天就看到漫天的焰火。我们还说，这个城市欢迎我们到来，所以放焰火。原来是一个老板的儿子过满月，满城放焰火，但第二天一去老城，很多家庭比山西还要差。山西人家里总有点家传，什么八仙桌、太师椅，虽然是旧的，清代、明代的，但是像样的家具总有几件。到了奉节老城，家徒四壁，就一张竹椅子，一些塑料袋，全部的家底。《三峡好人》那部电影，剧本一边拍一边改，其实之后两个故事就是讲现实的样子，个人该怎么选择，最终还是强调个人有选择的自由跟权利。

另一次就是最近一两年。我在工作中会遇到公众的压力，或者说公众的挑战。归纳起来有三点：第一点就是质疑我到底是不是在取悦西方人，"你给外国人拍电影，获取个人的好处"。第二点就是市场经济的煎熬，说我的电影没人看，我的电影是一种脱离大众的、自私的电影。第三个就是我越来越成为一个受商业世界欢迎的人，我每年拍大量的广告。那么，我是否商业化了？商业化成为一个污点。然后商业化又跟地域问题结合在一起，我是否出卖了某种中国的现实跟底层人民的生活来达到衣食无忧？

这是一个老问题，因为没有一个艺术工作是不被人谈论的，除非你的电影的确没有人看，引不起讨论。但是二十多年过去了，我遇到的娱乐媒体记者其实都是九零后了，但他们的思维模式是一样的，这个让我非常非常的失落。我今年五月份在戛纳领奖的时候说，我刚拍电影的时候特别有激情，我觉得电影可以改变世界，但现在我觉得世界改变得太慢了。二十年了，七年算是一代，三代人过去了，思维模式没任何变化。我们四十五岁，有生之年你已经看到三代人是同一个思维。

而且持这种观点的人，他更自信了。因为有很多资讯，他也能出国走一走，亲眼看到老外怎么这么喜欢我的电影，"好，你就是取悦西方人"。

许知远：这事还有点困扰你的。

贾樟柯：情绪上会有点困扰。这些观点呈现出中国大众社会思维模式改变的缓慢和思维模式的固化，对从事创作的人来说是挺悲观的一个事情。这也是你要面对的一个现实。没有创作者最终不思考跟大众的关系，因为你的倾诉对象是大众，大众现在的状态可能会提供我新的灵感，来跟受众交流互动。

比如《山河故人》之后，我真的想拍晚清的那部片子——《在清朝》。《在清朝》涉及很多问题，其实就是讲中国社会转型初期遗留下来的基因，怎么到今天还发生作用的。比如义和团运动，它怎么在今天影响我们，怎么始终没有解决好跟国际社会打交道的问题，怎么作为一个独立的民族国家，不带负担地去融入世界。今天我们不可能只面对中国人。你做一块手表，要跟瑞士竞争；你做一瓶酒，要去参加酒的博览会。这些东西从晚清以来都没解决好。转型问题要消化，必然要在思想领域、公众领域展开多角度的、畅快的交流，但塑造今天中国人的重要事件都没有多角度地展开过讨论、辩论。这个很糟糕，那个亏白吃了。

我最近还有一个改变。比如说我拍《站台》，其实是拍的 1979 年到 1989 年，但基本上是通过流行音乐的角度，曲折地来讲这个故事。但是最近几年我不想这样去做了。我觉得中国电影里呈现社会现实、历史的时候，最缺的不是隐讳，最缺的是坦率。隐讳长了，打哑谜惯了，这个文化会有问题。这一两年，从《天注定》开始，我告诉自己，直接坦率。这个片子拍完遇到什么命运就让它去经历，但是作为创作者，不要再搞隔靴搔痒和隐喻，我希望创作能更直率。

许知远：这个转变是怎么发生的？

贾樟柯：转变点是在构思《天注定》的时候。剧本中涉及暴力事件的描述。我对暴力事件发生过程中的细节，有充分的想象和掌握，但有两个考虑：一个是，如果你想打擦边球，那如何处理这些暴力场面自然变得非常关键；另一个是，它也跟公众对暴力电影的理解有关。一般人理解，要严肃地讨论暴力问题，应该去回避、虚化那些暴力，不要去描述暴力过程。落笔的时候我就变得犹豫。我是应该用一种双方面安全的方法——政治氛围里的安全，以及不要触犯观众回避的习惯——还是说我就去写。后来我决定就大大方方地拍，因为我觉得既然在讨论一个暴力问题，不让人看到暴力的细节、暴力的伤害性，那怎么讨论？电影的工作就在于描述，它不是讲一个空的故事，电影最可贵的就是，它让人知道暴力的过程，在观赏之后知道它的破坏性有多大。我觉得在过去的创作中，或者在整个中国文化里面，这种含蓄、回避、不坦率一直存在，很多人会用一个包装，就是说我有很多留白。留成白开水了你留什么白？你这个都没有，你糊弄谁？

再一个，它也导致了观众一种很奇怪的观看电影的习惯，就是猜哑谜。猜哑谜有一个很大的问题，它会忽略，或者说不关注整个

叙述过程中的情感代入，而变成一个智力游戏，猜导演这个地方是
不是……？我最受不了的，是有一次我看到一个人写文章，他说《世
界》里有一个镜头是女主角拿了一个服装袋子，他研究那个服装袋
子的品牌，应该是"宝姿"的一个袋子，分析我为什么要用这个品
牌。我觉得这个就有点偏了，这不是一个哑谜，当时美术道具部门
就准备了这个袋子，也没什么问题，就用吧。宝姿这个品牌跟《世
界》这个电影构不成任何的引申含义。

许知远：六年前你想拍《在清朝》，六年来你的概念和想法改
变大吗？

贾樟柯：应该说更清晰了吧，就是站在今天这个时代，为什么
要讲晚清故事。我以前懵懵懂懂的，想法来自资料收集。一开始当
然是看了一些通俗的、流行的关于晚清的著作，后来发现了一个非
常重要的宝库，就是地方志。地方志其实挺难读的，但是很多地方
有地方志通讯，都是一些地方学者、历史学家、历史爱好者写的通
俗文章，我读得非常过瘾。它填补了很多那个年代的生活细节。

我在晋中地方志里看到过一张照片，是大寨曾经有过的一支武
术队伍，背景是那种标准的梯田，前面一溜精壮的汉子在出拳，非
常好看。虽然不是晚清，但那种现实魔幻性、超现实性带给我很多
发散性的思维。六年前是朦朦胧胧的一种历史兴趣，对废除科举给
知识分子的命运带来的瓦解，还有很深的兴趣。但这几年更多指向
的是今天的社会氛围，今天的各种意识跟这个故事的关系。公众如
何被操控，操控公众的人如何失控，这些东西特别有趣。

许知远：这里面有没有让你特别困扰，想不明白的？

贾樟柯：会有很多悖论。比如《在清朝》里有一个县官，他其
实刚刚科举中榜，但这个地方因为废科举形成匪患，好多废科举之

后没有出路的人落草为寇了。他一开始挺理想主义的，真的想剿匪，后来慢慢发现剿匪不能全剿，因为他的财政收入都靠剿匪拨款。在这个过程中，他内心一会儿倒向同病相怜的这些举人，一会儿又倒向他所理解的正义。这其实也是我的一个困惑，我会摇摆。我就把这种摇摆放进去，不摇摆反而怪了，就让这个人非常摇摆好了。

做《在清朝》之后，我变得越来越科幻了。现在争论的一些问题，我真的没有太大兴趣。但我突然多了一个兴趣，就是关心人类是怎么回事。这个当然是科学家要解决的问题，我一个物理才考十七分的人怎么能解决这个问题？但我开始建构自己对人的理解，逐渐投入其中，我说服了自己。比如VR，我去年年初决定要拍VR。虚拟现实是电影技术最新的一个进展，但我朦胧中一直觉得它是一个新的世界观。我为什么这么着迷VR？因为我突然觉得，人类社会可能也是一个虚拟世界。我们今天所做的一切，建立起来的社会、国家、种族、语言，所有的东西，可能是被某个系统设计出来的，被另一个维度的智慧生物观看。我们可能就是别人的VR，它可能遭遇了物质的裂变，可能一个细菌让它产生了生命，我们变成了有生命的人。在人类的维度里，我们开始繁衍，但始终摆脱不了被另一个系统设计和观看。

现在很奇妙的是，人类开始创造自己的虚拟世界。它除了是拍摄电影的新技术之外，会不会是个很有意思的东西？是我们在模仿我们的设计者。我觉得这样想起来好玄妙。你看外面的一弯冷月，其实是我们丢掉的一个东西。在过去特别长的时间里，人类一直非常在意人和人的连接关系，但是人类跟宇宙的联系，我觉得古人应该有大量的理解，比我们强。

许知远：直接生命体验。

贾樟柯：直接生命体验。古人在理解自我的时候是放在这样一个环境里去理解。做 VR 的时候我突然意识到这个问题，我好害怕，一身冷汗。当然它可能是胡说八道，但是它说服了我。我想象，如果我作为一个导演去做 VR 电影，我可能是在模仿我们的设计者。再回到古典电影里，回到巴赞那里去想一想，巴赞对电影的理解是从木乃伊来的——裹尸布。人类不愿意腐朽，人类要留下自己的经验跟记录。我觉得我对这个媒介的理解发生了颠覆性的改变。

我最讨厌的一种创作是炫耀智力，艺术创作是分享的快乐

许知远：大的社会环境认为电影必须实现更大的市场价值，这个事情对你这样的从业者影响大吗？

贾樟柯：对我本人的影响并不大，因为我十几年一直在一个固定的循环里面，保持一种良性的循环。这个市场再大，或者再小，对我没有太大的影响。但是另一方面，我喜欢的那种电影的确是迅速衰亡了。电影业还在，工业还在，电影还会红火下去，但是我喜欢的那种电影已经消亡没落了，包括观众年龄的低龄化，银幕世界的低龄化，银幕世界的扁平化。不是创作者主导变成这样，是消费者主导变成这样的，它是个全球性问题。

像美国很多好的导演，索德伯格[1]什么的，现在都在为 HBO[2] 拍戏。电视台的观众年龄层相对高一些，在 HBO 还可以看到过去我

1　指史蒂文·索德伯格，美国著名导演、编剧，代表作有《十一罗汉》《永不妥协》等。
2　指美国有线电视网络媒体公司，英文全称 Home Box Office，简称 HBO。总部位于纽约。

们喜欢的电影，但是在终端的实体影院里，的确我们喜欢的那种电影，观众流失得很厉害。没有任何一个人可以回天。就像京剧没落一样，梅兰芳都挡不住。贾樟柯也挡不住，我还会继续拍喜欢的电影，但是它在终端已经不存在了，这是个现实。

许知远：那你回应它的方法是什么？接受命运，坚持自己，还是别的方法？

贾樟柯：我觉得应该从终端上着手。从中国的角度来说，是没有具有品牌效应的艺术电影院，固定的人群聚集不起来，所以变成恶性循环。在欧洲情况好一些。现在欧洲的产业政策支持很多电影院，固定的艺术电影院经营得非常好。他们不是靠理想在经营，是真的能收到钱。为什么？因为它长期聚集了一个稳定的观影人群。

比如巴黎，蓬皮杜艺术中心旁边有个叫 MK2 的电影院。我每次出差，不用看广告，晚上去那儿一看，肯定是放我喜欢的那种类型的电影，它是几十年不变的。在法国、德国都有充足的片源，能三百六十五天放同样一种类型的影片，国内就没有。

我现在还是希望国内能建这样的影院。我觉得也不能那么消极地只是坚持自己的创作，产业政策还是应该改变。产业政策最主要的缺陷在哪儿呢？中国不允许私人公司进口电影，进口电影的权利都在国营公司，批进来的都是同一种电影——好莱坞电影，而没有法国电影，没有日本电影、韩国电影、欧洲电影、美国独立电影。那中国哪有那么多好的艺术电影可以放映呢？没有，顶多三十部。一年五十二个星期，作为影院你肯定是撑不下去的。

许知远：你刚才说这一类电影衰弱了，你和更年轻的导演，比如三十来岁的一批导演接触，觉得他们愿意延续这个传统吗？

贾樟柯：有一部分。大部分是不属于这个传统的，觉得我们有些落伍，跟不上时代变化。

我们刚开始拍独立片的时候，也没有钱收。拍个《小山回家》，没有钱收，但是工作可以通过媒体介绍出去。我记得那个时候刚拍完，在大学里给朋友看一看，报纸都会有介绍。最起码文化界、新闻界，还是对这样的创作抱支持的态度。今天媒体系统真变了，钱花不到，没有人给你写，他会笑你。现在媒体都是两套话，需要你的时候，他会说，我们是一个特别好的媒体，我们拥有多少读者，我们怎么严肃，我们怎么有水平；拒绝你的时候，他说对不起，我们也是一个公司，也是个经营者，真的不好意思。更年轻一代的艺术电影导演的作品出来以后，媒体以一种公司的面孔对待他们：对不起，没有读者，没有点击量，我介绍你能有几个人看呢？我不费力气写你。

所以更年轻的导演面临这样的孤独感，非常孤独。我特别幸运的是，我在起步阶段不孤独，有来自各个领域的支持。那个时候网络刚刚开始，BBS论坛刚刚兴起。我每天上午能看到大量关于《小武》《站台》的评论文章，很长。那时候的人很爱写的，可不是一百四十个字。喜欢、不喜欢都是一篇文章，那个态度、那种热情让人非常陶醉。今天的年轻导演没有这个环境，所以我能理解他们的孤独感，比我们那个时候更强。随之而来的意志力就是一个问题。

许知远：中国纪录片的发展看上去越来越乐观了，好像越来越多人看了，你觉得真的是这样吗？

贾樟柯：我一点都不乐观。任何一部作品都是这样，哪怕观众再少，一定得进入有效的流通渠道。中国纪录片现在最大的问题是没有流通渠道，过去还有DVD可以出版。现在当然可以在网络上放，但是在海量的信息里，得不到推荐，被关注的很少。从这个角度来说，纪录片还是挺难的。

　　当然有一些导演觉得进不进流通渠道无所谓，但是一统计观影人数，就会很悲观。比如就算全国有十场放映，每一场有两百个人，加起来也只有两千人。两千人是什么概念，就是上海影城那个最大的厅放两场。终端渠道太小了。还是应该建一个好的终端渠道，包括电视的渠道。电视渠道大部分都是电视台自产自销的专题性纪录片，我想，像你说的那种纪录片也进不去。没有一定的终端渠道把钱反哺到创作里去，制作条件永远得不到改善，制作质量也没有办法提高，变成一个恶性循环。不要相信网络，说上网很容易，一下子多少人就看到了，不是这样子的。你有钱去推广，还要有人愿意推，给你在重要的位置推动，才可能会有点击率。你把它扔到海量的信息里面，没多少人会看到。

　　许知远：这二十年你跟国际电影界的交流特别多，你觉得从整个世界来讲，这个行业的变化是什么？

　　贾樟柯：最大的潮流还是观众的低龄化。电影一直是吸引年轻观众的，年轻观众在全世界都是主题。他们新的娱乐方法、生活方法对他们精神世界造成了改变，带来了他们对银幕世界的一种新的期待。他是打游戏、看卡通长大的，他是在网上互动长大的，他的精神世界里的视觉性跟我们是不一样的。比如我看到山西的山就兴奋，我觉得真美，他们可能看到个什么玩偶会兴奋。有的小女孩说话都像樱桃小丸子配音。这是他们的成长带给他们的视觉世界、精神世界，这个世界直接决定了电影工业的改变，要适应他们去转变。这是全球性的问题。

　　许知远：那你说这一代的创造力会以什么方式表现呢？我们是阅读文化里成长起来的，他们是公仔、卡通的一代，他们会产生对应的创作模式吗？

贾樟柯：我也很难想象，但我觉得未来他们所创造的文化，一定是互动性非常强的。它注重互动感，跟我们单方面阅读、观察，单方面接受信息，自己去消化成长的模式是不一样的。他们未来创作的某种艺术类型，互动性一定是最强的一个特点，也很难说好或者坏，那是他们的世界。

但是我觉得也看人的成长。世界上人的生活模式总体没有太大改变，过了看这种电影的年龄，比如说他到了二十五六岁，恋爱、结婚、生孩子、有房子，他的父母也会老起来，他要出差，他要接触社会现实，他的精神空间还会是过去那样吗？我真没这个经验。所以从我的角度来说，他们也会改变。

所以还是我说的那个，我们要维护好一个固定的群体。比如今天喜欢这种电影的人，可能是四十多岁，十年后，我们应该让他们还有机会看这样的电影。一代一代的年轻人可能在变，但他们也会变成中年人，也会有一些共同的生命经验，所以不能失去这个场所。我不是那么悲观，人会成长，只是过了他狂热消费的年龄了。最狂热的时候是十七八岁到二十五六岁那个阶段。目前看来就是这个样子。

许知远：我们是同代人，我们特别惊叹你过去二十年高度浓缩的生活，包括你在四十五岁就得了戛纳电影节金马车奖。这么多认可在这么年轻的时候都已经得到了，对你的影响是什么？让你更镇定吗？

贾樟柯：应该是让我变得更自由了。既然已经有那么多的肯定、鼓励，自我认定的阶段已经过去了，应该进入更自由的不怕失败的阶段。

许知远：所以像《在清朝》是很典型的你在自由阶段的产物。

贾樟柯：对。我刚才说想尝试一些别的经验，比如说特别想拍蒋经国。

许知远：为什么是蒋经国呢？

贾樟柯：他的成长跟教育的复杂让我产生兴趣。他在苏联结婚，当车间主任，那么深地融入那个文化里，然后他回国了，回国之后面临中国的乱局。他有跟他父亲的血缘关系，也有过去作为共产党员的很多价值观。他是怎么样逐渐变成他的？他也有过威权的时刻，也有放下威权的时刻。

我读一个东西挺受感染的，他去美国演讲时被打了一枪。他就讲，以为自己特别爱台湾人，台湾人为什么冲我开枪？他进入了中国近现代历史，他完成了一个进化，虽然只是最后一刻。最大的挑战在于我并不是台湾人，也不是民国时候的人，但我对他产生了兴趣。这是一个不安全的题材。可能拍成一个四不像，可能俄罗斯人看了，觉得这根本不是我们那个时候，台湾人看了说，这大陆傻子拍什么呢。但是你既然对这个人感兴趣，是不是可以拍一下？

许知远：你现在的驱动力是什么？以前是表达的欲望，看到新鲜的东西要描述它，现在呢？

贾樟柯：还是这个。核心的驱动力还是这个。你看到什么想表达，你想到什么也想表达，我觉得还是分享的欲望。比如我给你讲这些东西，我很开心，这是一个分享的机会。要是拍成电影更开心，让更多人分享。

我最讨厌的一种创作是炫耀智力，有什么可炫耀的？创作是分享一种心情，分享一个你想跟别人沟通的事情。比如我跟你谈外星人，可能你思考比我还要深刻，这个不妨碍。艺术创作不是智力较量，不是发现力的炫耀，它是分享的快乐。就好像一个孩子分享一个很幼稚的观点，你不要取笑他。对他来说这是一个很新鲜的观点，他想告诉别人，这是人类最纯真的一面。

所以当你说我拍一部电影，希望征服别人，我觉得好可怕。你征服人家什么？一定要保持这种纯真，也不怕别人笑。所以我开玩笑，说要写一篇天体物理的论文，我不怕别人笑，我也不懂物理，我瞎想我就要写出来，这才是分享。有一种电影是炫耀性质的，我觉得挺傻的。

1970 年　出生于英国伦敦

1998 年　执导的导演处女作《追随》上映

2005 年　《蝙蝠侠：侠影之谜》票房大胜，并获得土星奖最佳科幻电影奖

2008 年　《蝙蝠侠：黑暗骑士》全美公映，成为全球第四部票房过 10 亿美元的电影

2010 年　《盗梦空间》获奥斯卡最佳影片奖和金球奖最佳导演奖提名

2017 年　执导的电影《敦刻尔克》上映

2019 年　被授予大英帝国司令勋章

2020 年　执导的电影《信条》上映

扫码观看视频

诺兰

所有的电影都在操控人心，
我操控观众对时间的感受

Chapter 10

在采访的最后，我问起博尔赫斯对他的影响。这激起了诺兰的兴趣，这位阿根廷作家在中国也很受欢迎吗？人们为什么喜欢他？

很可惜，一切只能戛然而止。他为宣传新片《敦刻尔克》来到北京，主办方给予他好莱坞巨星的待遇，时刻有六个黑衣西装人围绕他左右。他的时间也被紧密地切分成无数份，每个采访皆是三十分钟，他从一个房间换到另一个房间，随手带着保温杯，被一遍遍地问着相似的问题。

我喜欢《敦刻尔克》，被它的叙述与画面所震惊，又觉得仿佛缺点什么，它太过精确了，似乎没一句废话、没一笔闲笔。

不过，这或许是一种苛责。在我们的时代，很少有人像他这样，能在巨大的商业制作中，仍加入某种哲学思辨。

只有真正面对某种境况时，
人们才会知道自己将如何选择

许知远：很高兴见到你，要来点茶吗？

诺兰：我自己带了。你想坐哪边？

许知远：我倾向于坐这边。你一定很累吧？

诺兰：还好，我已经待在亚洲一个月了，去了柬埔寨和中国香港、澳门。

许知远：这一路你可能不得不去面对许多名声的压力吧？

诺兰：不会，对我来说，影片开始放映了，这是一种解脱。将这部电影呈现给观众之前，我很紧张。所幸影片完工的一个月后，我们看到它在世界各地都取得了很好的反响，所以我增加了一点信心，也很高兴坐下来和你谈谈这部花费了大量时间创作的作品。

许知远：《敦刻尔克》是一个典型的英国故事，当你试着向人们描述、解释不同类型的人物时，是否觉得很困难？

诺兰：《敦刻尔克》实际上是一个很简单的故事，这是它非常了不起的一点，也是我觉得它是最伟大故事之一的原因。四十万名士兵站在海滩上，敌人步步逼近，战鼓已经敲响，他们面临的选择只有投降或者撤退，但故事并没有就这么结束。英国人非常熟悉这个故事，我们是听着这个故事长大的。但是对于美国观众、中国观众来说，我认为它同样是一个有普适性的故事，它非常原始，非常基本。

许知远：你出生在 1970 年，那是一个反战情绪相当高涨的年代，但你这一代人并没有直接的战争经验。你叙述这个故事时，最困难的部分是什么呢？

诺兰：嗯，老实说，对我来说最困难的问题是，我从未经历过战争，所以在制作战争片的时候总有冒失的感觉。定义一场战争是我最不愿意做的事。我祖父曾在空军服役，他在"二战"中牺牲了。我曾带着我的孩子去拜访他位于法国的墓地，当你看着那些真正死去了的人的坟墓，你说，好了，我们要把这些变成一场演出，要制作一部电影，告诉人们战争是什么，这非常令人怯步，也很难实现。而我的解决办法是，不把《敦刻尔克》看作一部战争片，而是把它看作一个求生的故事，这样想我就觉得有信心了——讲述一个关于生存的、充满悬念的故事。

《敦刻尔克》很独特的一点是，它不是一个真正的战争故事，它是一个有关撤退、逃跑和回家的故事。这群站在海滩上的人，他们直接面对的不是敌人，而是敌人的弹药，是战机轰炸和缺水问题，是对未知事物不断逼近的恐惧。我们试图制作出一部非常紧张的电影，把你真正带入海滩上的那群人之中，或者让你与火焰一起加入海滩上空的激战当中，这才是我们野心的真正所在。所以对我来说，这部电影对战争的态度是无意识的，我不希望它看起来是一部反对或者支持战争的片子，我希望它忠实于我对人类的求生、奋斗，以及人类如何应对巨大压力的感受。

许知远：试想，如果你在敦刻尔克，你会扮演什么样的角色？你会绝望，还是充满希望？会勇敢，还是怯懦？

诺兰：我认为这部电影非常强烈地表达了这一点——只有在真正面对某种境况时，人们才会知道自己将如何选择。我们都以为自己会以高尚的方式行事，但我觉得人们只有在那个特定的情况下才能真正知道。

我认为这是我们在这部电影中所尝试的东西，试图打破战争电影中的惯例。它们站在好人一边，坏人终将受到惩罚，这种处理随处可见。我希望能更真实一点，你也知道，人类是一种充满缺陷的生物，我们或多或少都会跟着求生的本能行动，但《敦刻尔克》展现的，不知何故，所有的求生欲聚集在一起也可以是非常积极的，可以形成一种集体英雄主义。所以这部电影不是关于个人英雄主义的，它是关于集体英雄主义的。

许知远：在整部电影中，丘吉尔从来没有出现过，但他是这一切背后的英雄。对于你们这一代，或者对于你自己来说，他曾经是怎样一个人，现在又是怎样的人呢？我知道对你祖父母来说，他是一个真正的英雄，但你这一代如何回忆他？

诺兰：如今的丘吉尔已经成为一个遥远的形象了，对我们这代人来说他是一个抽象概念，他已经成为一个图腾，而不是一个有血有肉的人或可以实实在在感受到的历史人物。

可能就是因为丘吉尔的伟人形象太过根深蒂固，我想做的是用那个时代的人们能接触到他的方式将他展现出来。人们只能通过阅读来判断他说的话，他们看不到他的形象。当时的人们不像今天的我们有这么多的工具，没有电视，没有电影，他们阅读报纸上的描述，有自己的观点和想法。这一点对我来说很重要。我认为今天的人们非常了解丘吉尔的伟大之处，但作为一个人，他已经遥不可及，被高置于神坛，成了一个抽象概念和伟人形象，就像林肯那样。

许知远：如果把历史中的英雄主义，比如《敦刻尔克》中的丘吉尔，以及你的科幻电影中的英雄主义，比如《蝙蝠侠》，拿出来作比较的话，你觉得二者有何不同？

　　诺兰：《蝙蝠侠》是从戏剧角度诞生的，迎合青少年消费和英雄主义惯例，布鲁斯·韦恩[1]是一个非常反英雄主义式的英雄，与社会、法律和犯罪意识之间的关系暧昧不清，并且，是的，他站在好的一方。

　　而在《敦刻尔克》中，虽然它不是关于个人英雄的电影，但有意思的是你仍然会把丘吉尔视为英雄而不是元首，即使他在我们的电影中是如此之遥远。在我们制作的这部电影中，角色年龄非常重要：十八岁。菲恩·怀特海德[2]饰演汤米，他是整部片子的核心人物。对我来说有一点很重要，第一次看他试演时，我看着他在火海中挣扎的场景，立刻就明白，他不是那种电影英雄，不是一个能独自打赢战争的人，也不是一个能打败德国、拯救时代的人。你只希望他能活下来，他是你的替身，是你进入这部电影的入口，你将会跟着这个人，而他将会尽自己一切所能活下来，然后回家。你也希望他能成功，你很关心他，所以这部电影是更广义的、更人性化的。

　　而《蝙蝠侠》更加戏剧化，探索的是英雄人物，它高于生活，超乎现实。《敦刻尔克》与现实生活中的人更相关，它必须这样，因为这是一个真实事件。我曾有幸和一些老兵坐在一起，真真切切地在事件发生地与他们交谈，这给了我一种对历史的责任感，我必须以真实的方式向人们讲述这个故事，而不能捏造它。

1　布鲁斯·韦恩即蝙蝠侠，美国 DC 漫画旗下超级英雄。
2　菲恩·怀特海德，英国男演员，《敦刻尔克》是他出演的首部电影。

我想制作一部年轻人愿意去看
并感到与自己息息相关的电影

许知远：过去，你总是想象未来，或者想象一些抽象的事物和情况，但是现在你面对的是非常具体的历史地点和事件，这两种想象对你来说有很大的不同之处，还是有相似点呢？

诺兰：在电影的世界中，作为一个创作者，常常需要从现实中进行建设性的创造，脚本必须创建整个电影世界和它的术语，但在《敦刻尔克》中，这个部分是现成的，因为这个故事是实际存在的，我需要做的就是研究和阅读，所以创造人物的方式是不同的，我没有必要再建构，我只需要去探索。这带给了我不同的感受，我发现这个过程非常迷人，非常振奋人心。

许知远：在你的电影里，人们的自我认识总是很模糊，分不清虚构的世界和真实的世界，为什么这类事物如此吸引你，成为你的主要电影主题？是源自某种哲学思考吗？

诺兰：不，不是非常刻意的。我最喜欢的电影类型总与惊悚片有关，我喜欢这种讲故事的方式，我认为其中蕴含着一些东西。我很赞同一种观点，就是电影是一个很好的从不同角度探索故事的媒介，因为摄影机假装自己是客观的，其实不然，它是非常主观的，特别是当你选择以这种方式使用它时。

像希区柯克和黑泽明这样的悬疑片大师明白如何控制人心，如何欺骗观众去改变对角色的看法，使他们的同情从一个角色转向另一个角色。我认为在这样的故事里，你绝不能理所应当地认定一个角色的身份，即使他的身份是叙述者。他们很清楚地利用了媒体的这种优势，玩弄着观众对于谁是好人、谁是坏人的理解和认知，这是一件有趣的事情。

许知远：包括控制观众这部分吗？

诺兰：我认为某种程度上是的，希区柯克曾说过所有的电影都在操纵人心，交错操纵。这是很有意思的。我猜你的问题是，如果所有的电影都在操纵人心，我在电影中运用的是哪一种呢？我相信导演有很强的操纵观众观念的能力，问题是，我的电影中的控制性是否非常明显，或者隐藏在哪里？

当人们问我有关《敦刻尔克》的问题时，常常会问我有关时间和时间怎样在电影中呈现的问题。我想说的是，任何电影对待时间的态度都非常复杂，这是电影中大量出现的事物之一。他们可以让你对时间以及时间的经过有非常不同的感受，我所做的事就是操纵你对时间的感受，把它做实。然后说，好的，我想让你参与进来，我想让你知道，比如这里有三条不同的时间线，它们正向不同的时间范围展开。我想让你知道这一点，因为我希望你不断想起每一个故事的有限设定，这样你就被困在已有的经验中了。这是一种诚实的操纵。

许知远：导演能否成为一名哲学家？电影产业也在生产着自己的福柯或者尼采吗，你怎么看待电影和哲学之间的关系？

诺兰：对我而言，这么看待自己显得太过自满。在谈及自己所做的电影时我都有些不好意思。尤其是在中国，许多人采访会问我，你觉得自己的电影怎么样？你最喜欢你的哪一部电影？这些问题让我很不好意思，回答起来很难，因为我的电影是拍给观众看的。

对我来说，我更倾向于关注故事本身，对于故事的主题，我倾向于凭直觉去确定，如果有让我感兴趣的哲学问题，它会不知不觉地出现在电影中。就好比与一个很好的演员一起工作时，你不用告诉他该怎么去做，你只需给他你想实现的情景和想法，他就会在表演中表现出来，让你感受到你想要的。

许知远：你如何处理你体内的这两个部分，理性的部分和另一个跟随本能的部分，你觉得它们之间有冲突吗？

诺兰：我不认为有很多冲突，但我认为原因之一是我现在非常幸运，在工作上有很大的自主权。这种冲突在我职业生涯的早期很成问题，因为当时我需要满足来自各方的叙事要求，好莱坞电影工作室对每个人的信任程度不同，你必须更多地融入一种既定的风格模式。所以当你离开你习惯的电影类型时，就会感到比较棘手，你倾向于以本能的方式去制作电影，但还必须以理性的方式向电影投资人做出解释。

我现在已经进入了职业生涯的另一个阶段，能够离开熟悉的电影类型的惯例，以本能的方式制作电影，也不必每一次都解释这么做的理由。我仍然和工作室进行很多交流，我尽量和我所有的合作者一起努力，并尽量非常直截了当地解释我正在做什么，但是，也没有必要解释每一个细节，为什么它与另一部电影不同。所以，比如《敦刻尔克》开始时的对话很少，但是没有人真的质疑过脚本，他们或许明白了我们的目的。我们的目的就是用视觉来讲故事，希望以现在时态与角色一起存在，希望使观众更多地融入电影中，尽量通过眼睛来了解发生了什么。

许知远：你是否担心这种特定风格，以及"大生产"的模式，可能会扼杀你的创意？

诺兰：我以前在拍这部电影时担心过，后来我选择不去担心了。我选择相信这是一部大型电影，是一部对英国人来说尤其有必要制作的电影。一定会有人做这部电影的，我希望我是这个人，并且我希望能用正确的方式或者说是我觉得正确的方式去做。

我是一个负责任的电影创作者，我努力使我们的电影更有效率，使它能更好地为工作室赚钱。我不太担心规模的问题，我只说我们要用正确的方式去拍这部电影，我们需要飞机，我们需要船只，我们需要成千上万的人，一切都只是为了拍好这部电影。我大脑的理性部分比较像一个商人，看着电影时，它会说，如果这部电影没有一些独特的、强有力的观点，那么今天的人们不会觉得它有趣，它就只是历史。而我不想制作历史，我想制作一部电影，一部年轻人愿去看并且能感到身临其境、与自己息息相关的电影。

许知远：从《追随》到现在二十年过去了，你自身发生的主要变化是什么？

诺兰：我相信我已经有了很大的变化。我生活中的变化是巨大的，我结婚了，有了四个孩子，成熟了很多，这些不可避免地会影响到你与电影的关联，但是我认为我对于电影制作的热爱没有发生丝毫改变，我拍电影的方式也与以前完全一样。随着电影规模加大、影片的成功以及许多事的发生，人的压力可能会越来越大，但抵御住这种压力是很重要的，你不能觉得每一部电影都应该取得巨大的成功。

就像我在讨论《敦刻尔克》时说的那样，你需要真正地接近它，而且我接近《敦刻尔克》的方式跟我接近《追随》时是一样的，我只需要一个有关这个故事的观点。我很需要展现出我的观点，并且享受它。听起来确实有点自我放纵的意思。

许知远：你本人最大的缺点是什么呢？

诺兰：我可不想谈论这个。可能是我喝茶太多了吧。

导演不必成为专家，
我们面对的是"整体的平庸"

许知远：从电影产生第一个想法到它最后完成，整个过程中最脆弱的部分是什么？

诺兰：天哪，这个问题很难回答，因为一名导演的工作，也是我很喜欢的一点，就是你不对任何事负责。你的责任很宽泛，你要涉猎所有事情，所以对我来说，这不是弱点或优势的问题，而是"整体的平庸"。

我必须对很多不同的事情都有些了解，但不一定要成为专家，你周围有专家。

我有一个梦幻般的摄影导演，一个梦幻般的设计师，一个梦幻般的后期，所以我真的只是给予他们关注，激励他们做出最好的工作，我认为这是我很喜欢导演工作的原因之一。因此，无论你想表达的感受多么私人，你做出的东西至多只会和你雇佣的人一样优秀。尤其是编写剧本，如果你只是自己一个人做、用自己的大脑完成所有事的话，会存在很大的局限性，你必须把一个团队聚集起来，那么，你聚集起的这些人会给你的剧本带来完全不同的技能，以及全新的艺术视角。这就是制作一部有趣的电影的方式，是我工作的重要组成部分。

许知远：是否有某种限制是你讨厌并且想要克服掉的？

诺兰：相比于电影制作的其他方面，写作是我认为最受限的一件事，你有了一个概念、一个想法，然后就要面对异常困难的执行。在其他方面，你要与物理世界的感觉发生冲突，要去拍摄场地，希望天气好一点，并且能够不断地在工作中获得一种赢得胜利的感觉，所以你不会面对自己的限制。而在写作时，只有你和一张纸，当你有一个极好的想法时，你把它写下来，但可能发现它很糟糕，这是每天都会遇到的情况。写作非常困难，作家很孤独，他们需要很多的支持。我喜欢和我弟弟[1]或者大卫·高耶[2]或者过去曾经合作过的作家一起写作的原因之一，就是在这场斗争中有一个合作伙伴是很好的。

许知远：有没有一些作家曾给了你很大的鼓舞？

诺兰：博尔赫斯，我经常被他所吸引，我爱他的故事。

许知远：他是我的最爱。

诺兰：真的吗？我有他的小说集，我会重温它们，重读它们，我觉得这些书非常鼓舞人心。

许知远：他的书也有点《盗梦空间》的感觉。回到电影导演这个话题，你的灵感来自雷德利·斯科特[3]，如果以你今天的成就和他相比，你觉得比他多了哪些创新？

诺兰：我没有资格做这个评价，我觉得雷德利·斯科特对我来说有趣的一点是，他捕捉到了我作为一名少年的想象力，并一直使我沉浸在无与伦比的幻想世界中。他的电影在视觉方面有很强的吸引力，当我在制作电影时，我认为我是在向一个不同的方向发力，

---

1 乔纳森·诺兰，英国著名编剧、制片人。

2 指大卫·S.高耶，与诺兰合作编剧《黑暗骑士三部曲》。

3 雷德利·斯科特，英国导演、制片人。执导科幻片《异形》《银翼杀手》等奠定影坛地位，被称为"好莱坞之父"。

所以我的电影有更多的叙事部分，在某种程度上更多的是在写作方面的。面对自己如此欣赏的人时基本上都会有这种感觉，你得做出点不一样的。但我认为，当我已经与沃利·菲斯特[1]这样的优秀摄影师一同工作过，尽管电影一直是自然主义的，但它们的视觉品质是显而易见的，也非常有趣，只是没有像雷德利·斯科特这种时代领军人物一样风格化。

许知远：你已经被视为今天好莱坞的代表，你如何看待好莱坞的传统人物，从约翰·福特、科波拉，直到詹姆斯·卡梅隆？我的意思是说，你已经是传统的一部分了吗？或者你如何界定传统？你有没有为这种传统贡献出不同的东西？

诺兰：好吧，这又回到了刚刚那个问题，这里的每个人都想让我谈谈如何评价我自己。不，这很难。我觉得我有责任去做，我也想为这种发展或者变革做一些贡献，但是如果我说我知道自己可以做什么，或已经做了什么，那就是在说谎。我对《敦刻尔克》的一些反响感到非常满意，人们觉得它是不一样的，或者说与好莱坞电影工作室做出的一些大片有一点不同。

在超级英雄电影的发展壮大或占据主流地位的进程中，我曾经发挥过很大的作用，我拥有了特许经营权和其他的一切，这在我的职业生涯中是一件非常重要的事情。我一直试图平衡电影制作与原创电影之间的关系，并为观众提供他们不熟悉的东西，因为我认为这对电影工作室系统或整个好莱坞来说也是非常必要的。但是这很难，作为电影创作者，我们仰慕着那些你提到的过去的电影人，我们感到自己很卑微。在电视领域，大家都在谈论如今的电视节目多棒，而且越变越好，但在电影领域我们的感觉恰恰相反，与过去的

1　沃利·菲斯特，美国电影摄影师，曾多次在诺兰执导的电影中担任摄影师。

电影制作人相比，我们都感到自己很渺小，所以哪怕是要让我谈谈我做的事与你所提名之人的关系，都很困难。

许知远：你不使用电子邮件，也没有手机，那你如何与这个快速变化的现代世界相联系？如何用技术驱动世界？

诺兰：我认为很多人用技术做的事实际上是非常微不足道的，它只是用来打发时间，而且我很容易分心，所以如果让我找个让自己分心的方式，我可能会玩游戏什么的，然后花费大量时间在网络上什么都不干。

我很重视什么也不做的时间，只是思考，努力想清楚现在在做的事情到底是什么，

尤其是很忙的时候，或者正在为一个项目工作的时候，我已经不间断地工作了很久了，电影制作是一项非常繁忙的工作，有许多问题需要得到解答，我一般是利用一些缝隙中的时间进行思考，比如当我坐在车里准备去某个地方，或者当我坐在一家餐厅等某人露面时。所以我很喜欢不用手机也不接收邮件，不与任何人联系，这样我可以利用碎片的时间来思考事情，这些碎片时间对我来说非常宝贵。

许知远：最后一个问题，你会导演詹姆斯·邦德系列的电影吗？

诺兰：我一直喜欢那些电影，任何看过我的电影的人都会知道，但我们已经谈了好几年了，可能会做，不过一定要在恰当的时间，要在他们需要我的时候才可以，他们现在还做得好好的。

1972 年　生于上海

1994 年　毕业于上海戏剧学院

2000 年　在古装剧《春光灿烂猪八戒》中饰演主角

2010 年　主演电影《人在囧途》

2012 年　自导自演电影《泰囧》

2013 年　主演的《无人区》入围柏林国际电影节主竞赛单元

2015 年　自导自演电影《港囧》

2018 年　主演并监制的《我不是药神》获金马奖最佳男主角等 3 项大奖

2020 年　自导自演电影《囧妈》

扫码观看视频

徐峥

我没有那种豁出命的东西，
但人要原谅自己

Chapter 11

在一家日本料理店里，我们谈起李安。几杯清酒之后，徐峥放松下来。他吞下一个金枪鱼寿司，连声赞叹"好吃"后，说自己没法像李安那样勇敢，总试图进行新尝试，像是走在钢丝上。相比之下，他更想保持某种安全。

徐峥是过去十年最成功的导演之一。从《泰囧》《港囧》再到《囧妈》，他创造了一种类型片语言，更在票房上大获成功。你可以说，他是自冯小刚以来，最能把握中国中产阶级感受的人。他创造了时代的关键词，一种中年人的焦虑。

尽管二十多岁就已是一名成功的话剧演员，但三十七八岁时，他才因电影获得爆炸性的名声。接下来，他所处的电影工业开始高速膨胀，他成为一名冲浪人，演员、监制、导演、股东，他以各种方式在驾驭这个膨胀。

他了解自己，也了解这个时代，知道前后分寸，用上海话来讲，他拎得清。但这或许也是一个创造者的障碍所在，"拎得清"也意味着意外的丧失。

每部电影都在寻找自己的奇观，
我想展示的奇观就是日常

许知远：从《人在囧途》到现在，你对"囧"这个字的理解有变化吗？

徐峥：我最初听到"囧"的时候很不喜欢，但它的确是对当下的一种描述。后来因为《泰囧》成功了，也就不得不用下去。这真的是很尴尬。其实我不断地在做测试，我会问我身边的好朋友，这个电影我还叫不叫"囧"？别人一听，说还是应该叫"囧"。当然也有很多评论说，又拿"囧"出来炒冷饭，审美疲劳了，就没别的了吗？但它毕竟是一个已知的品牌。我也没那么较劲，觉得这事儿没那么严重，所以就叫这个名字也可以，它的确也扣题。其实我相信大部分观众认为"囧"这个系列，就是爆米花电影。但我自己知道，不是。我只是之前做得不够成熟，但随着我越来越深入，我必须慢慢让它脱离爆米花电影的感觉，我要去冒这个险。

许知远：要摆脱爆米花电影的印象，你觉得核心在哪里呢？

徐峥：在"囧"系列里，探讨的问题都是生活如何偏离轨道，到底哪里出了问题，怎样回到轨道上来。我希望这个喜剧是能让你抽离出来的，能看到我们日常生活中的一种现实关系。当然你也会觉得电影很好笑，但其实大家的生活中并不缺乏好笑的东西。现在的观众很难伺候，每天刷抖音，看成千上万条短视频，里面充满了奇观，而且是没有原则的奇观，但你怎么能在日常中也找到这种会心一笑呢？尤其一个故事片还必须得承担人物成长的任务，人物的状态在电影开始的时候跟结束的时候必须有所不同。我做了一些努力，做了一些改善。

许知远：你刚才说的特别准确，现在已经生活在一个奇观社会了，对电影来说，这种改变意味着什么？

徐峥：我觉得每个电影都在寻找自己的奇观，但是大家对奇观的理解不一样，有的是用大量特效，通过视听来制造刺激和紧张感，我的电影其实还是建立在一个比较现实的基础之上，只是把日常的生活展示给你看。比如我们在讨论最新的"囧"系列该去哪里"囧"一下，有人提出俄罗斯，我觉得俄罗斯挺有意思，有一点老旧的情怀。其中一个编剧说，有一辆火车从北京经过乌兰巴托，经过西伯利亚，最后到莫斯科，六天六夜全在火车上。我觉得整个故事浓缩在火车这么小的一个空间里，浓缩在六天六夜的时间中，就已经可以看到很多的奇观了。如果再极致一点，一个中年人跟自己的妈妈被关在火车上六天六夜，基本上就得疯了。

许知远：我记得你说过很喜欢美国导演佩恩，他的《杯酒人生》我看了好多遍，我觉得他对日常关系的理解特别准确。

徐峥：他后来还拍了一部电影叫《内布拉斯加》，讲他跟他老爹的故事。

许知远：这对你有直接的启发吗？

徐峥：我觉得他拍的电影也都是"囧"电影，是另一种尴尬，美国式的人际关系，美国式的家庭关系。人到中年以后，不知道何去何从，不知道怎么样才能找到所谓新的方向。《杯酒人生》里的那个人物更加知识分子一点，他写了一本书，一直放在后备厢里。

还有科恩的《醉乡民谣》，里面的主人公我觉得是真正的失败者。这两部电影描述的更多是那个年代文艺青年的苦闷。他们曾经很优秀，在年轻的时候有一个理想，但那个理想处在幻灭的边缘，到底要不要继续写书，要不要搞音乐呢？但在我的电影里，我设定的主人公，他们都是某种意义上的成功者，他们的生活其实过得都很不错，但在寻求幸福的路上，遇到了一些障碍，我希望他们在电影里能够迈出一小步。

许知远：你现在还有文艺青年的苦闷吗？

徐峥：大学刚刚毕业的时候，也有那样的苦闷。所谓的文艺青年，其实也是一种人设，或者说有一层包装。这种包装就是不得志，我这么有才华，但是我不得志。

许知远：而且根据文艺青年的传统，大家应该崇拜不得志的。成功是一个可疑的事情，是不是？

徐峥：成功是可疑的，成功意味着一种世俗化。但是后来我选择去拍《春光灿烂猪八戒》，就已经脱离了那个系统。

许知远：这个选择对你有困难吗？

徐峥：还好，没有犹豫太长时间。我在拍《猪八戒》之前，排了两个比较先锋的实验话剧，受到很多质疑，别人说你排的戏我看不懂。当时我很激动，还跟别人争辩。但是后来一想，如果他看不懂，那我怎么才能够去影响他，思考这个才是有效的。看不懂有两种，一种是我完全没有理解你；还有一种是，我好感动，但我不知道为什么被感动了——他被击中了，但作为观众，他并不需要去分析其中的道理。我觉得我的作品应该是后一种，所以我也不应该为这种看不懂而生气。后来去拍《猪八戒》的时候，我问一些文艺的朋友应不应该去。我发现文艺青年们内心还是很善良的，他们并不会因为歧视成功而不给你指条路，他们说你应该去，然后我就去了。

许知远：上海的文艺青年还是实在。你现在对九十年代的上海是什么印象呢？

徐峥：我对八十年代的上海印象更深。其实我在《我和我的祖国》里拍"夺冠"，就是想借由这个戏怀念一下八十年代。拿通讯、媒体来划分年代是最好的。八十年代还是一个公用电话的年代，我们听半导体，看黑白电视，听卡式录音带，磁带里刚刚开始有邓丽君的歌，普通人的文化生活好像仅限于此。但是到九十年代就很不一样了，开始有大量的美国商业片，那是美国类型片最发达的年代。所以当初《泰囧》票房冲到十几亿，大家说天哪，怎么可能！我还蛮清醒，觉得这事儿还挺正常，因为类型片是电影发展必经的一个环节。

许知远：你当时印象最深的电影有哪些？

徐峥：最深的就是1994年那个神奇的年度，《肖申克的救赎》《阿甘正传》《低俗小说》，这些电影都在这一年里上映。我可能老了，总觉得现在的电影没从前的好看。那一批类型片，我觉得做到了一种极致，非常非常好看。任何一部片子拿出来重新修复，再上影院，观众都会觉得很好看。还有一部电影《霹雳舞》，我看了八遍，毫不夸张，那时候我十几岁，没见过那么多人斗舞的场面。

许知远：你当时也跳吗？擦玻璃之类的。

徐峥：有一段时间天天太空步、擦玻璃，突然着魔了一样。当时在学校的联欢会上，我看到有两个从国外回来的同学跳太空步，看傻了。他们怎么可以这样控制自己的身体啊？然后就看到《霹雳舞》这部电影。

许知远：那时候一切突然变得开放，突然特别有朝气。

徐峥：对，我把1984年和1994年看作两个节点。1984年我听到张明敏在春节联欢晚会上唱《我的中国心》，就觉得怎么跟以前听的歌不一样了？为什么特别好听？到1994年，就通过盗版VCD看到了这些电影。

不是非得死去活来才能把戏拍好

许知远：你是1990年进的上海戏剧学院吧，还记得当时的情景吗？

徐峥：我记得报名的时候碰到一个学姐，她说，"你还来考什么呀，你这个样子不行吧"，所以备受打击。但还是很幸运，挺顺利就考上了。

许知远：你属于考生里经验很丰富的吧，从小就参加各种话剧表演，印象比较深的有那些？

徐峥：我记得高二时在长江剧场里演过一出上海人艺的戏，叫《狗儿爷涅槃》，海报就贴在马路边的宣传栏里，当时觉得很自豪。这出戏是讲土改的，我们也不是特别了解历史背景，但那个时候上海的话剧迷全挤在剧场里头，连过道里都坐满了人，我记得特别清楚，林连昆老师演的狗儿爷。上海人艺的沙叶新老院长还写过一个戏叫《耶稣·孔子·披头士列侬》，当时在上海演出时非常轰动，吕凉演耶稣，魏宗万演孔子，这出戏还有音乐剧的部分，唱了很多约翰·列侬的歌。

许知远：好先锋的一出戏。你毕业的时候演的什么戏？

徐峥：我演的是尤金·奥尼尔的一出戏《进入黑夜的漫长旅程》。毕业演出就在学校的大剧场，据说剧院规模超过一千个座位的话，申报级别就不一样，所以我们学校的剧场一直是九百九十九个座位。

许知远：你是个什么样的学生？

徐峥：我还是比较乖的，很普通。在学校的时候，专业也就是中不溜，不是特别被老师喜欢的那种。但是我就觉得我得找到自己的突破口，交了很多校外的朋友，比如搞文学的朋友，拓宽了视野。等到三年级，比如说交片段作业，别人交一个，我就交三个。

许知远：从学校毕业以后演过什么？

徐峥：毕业以后一直在舞台上演戏，演了好多年，《艺术》《兄弟》《商鞅》《资本论》，等等。《资本论》拍得有点像音乐剧，讲的就是资本进入文化领域之后，怎么样一点一点吞噬掉这个领域。这个戏演完以后，发现真的有很多资本进入了演艺市场。

许知远：印象最深的是哪个角色？

徐峥：太多了。但我印象最深的其实是空的舞台。装灯的时候，所有钓竿全部降下来，一个一个灯往上装，一个一个灯亮起，再调光，这个过程是很美的。

许知远：如果你一直没离开话剧舞台，你会是什么样的状态？

徐峥：我可能会做一个自己的剧团。虽然我现在做影视，但我的理想是希望有一个自己的剧团，最好家里人都在剧团里面。

许知远：这个剧团多大规模呢？

徐峥：不需要很多人。

许知远：西方那种小剧场，有专门为它服务的剧作家，专门为它服务的演员，它自成系统，是个生态系统。

徐峥：导演是你，剧作家是你，演员是你，搬桌子的场务也是你。那是一种很舒服的生活状态。

许知远：现在阻碍你离开的是什么？

徐峥：在影视方面还有一些事情没有完成，包括公司里的事情，很多青年导演的计划，还有一些电影的任务——命题作文。但我希望可以早一点有这个剧团，有老师，有自己培养演员的一个系统，有自己训练的方法，日常我们可以用来排戏。

许知远：毕业以后演舞台剧的那段时光，现在想起来是什么感觉呢？

徐峥：有点浪费，毕业了以后我什么都没有学，浪费了很多时间。如果那段时间能被有效利用起来就好了，或者去国外学习，或者早一点做自己的剧团。不是没有想过，也跟别人讨论过，可是其实并不知道怎么样开始。也没有钱，接不到电视剧，就挣不到钱。单位里给的有些舞台剧也不喜欢，就觉得为什么要演这个戏呢。写得那么烂，你给观众看，跟观众有什么关系？所以那段时间我觉得挺糟糕的。如果回到刚刚毕业的那个时候，我会凑够钱，尽量到世界各地去走一走，或者是看更多的书。

许知远：有特别喜欢的书吗？

徐峥：伯格曼写过一本自传《魔灯》，那本书太好了，我看过很多遍。有的画家很幸运，很早就找到了自己的笔触，拍电影也是一样的，有些导演很早就知道了，可有些人摸索了很多年，好像这样也行，那样也行，抓不到一个重点。

许知远：你什么时候找到自己的笔触的呢？

徐峥：我后来拍电视剧其实已经拍得很烦了，觉得明明可以拍得更好，为什么这么草率就过了呢？而且我去跟编剧聊了半天，聊完以后，剧本还是这样子。我就想，如果自己来做，会怎么做，想要的是什么东西，但是又恨自己不是真正的编剧，没有找到自己的笔触。后来拍《人在囧途》的时候，我突然觉得这个形式好像没有那么难，我在修改剧本的时候，知道怎样去提出一些具体的意见，渐渐就开始有很多具体的创作想法。虽然"囧"这个字大家觉得审美疲劳，但是我发现这个路数可能是我的菜，是我可以驾驭的。你现在让我去拍一部全知视角的电影，我做不来，但我是一个演员，我可以拍一个第一人称的电影。

许知远：为什么是在拍《人在囧途》的时候找到了这种感觉？

徐峥：因为我一直不是很喜欢人物很多的剧作，我觉得我驾驭不了。你看我的电影里其实人物都很少，有大量的对手戏，大量的对话，这可能还是跟小型舞台剧有点像。舞台剧就是尽量减少手段，通过演员的表演和对话来呈现所有的情节。

许知远："囧"系列的那种情感方式和表现方式，你是怎么理解的？

徐峥：这个系列的主角其实都是中产阶级嘛。但是在中国电影的整个受众群体中，中产其实并不是主流。即使我们把中产这个概念看作一个很宽泛的概念，把中国老板这个群体也纳入中产阶层来，更广大、更主流的群体还是所谓的草根阶层。但我觉得我跟他们之间是缺乏交流的。这就有点像他者眼中的所谓"上海人"吧。"上海人"这个群体很容易被其他地域的人孤立起来，因为上海人自己先把自己孤立起来了。上海的历史很特别，它开埠得早，从我们祖上那时，上海的经济就处于领先地位，就已经成了世界性的大都市，各地的人甚至是各个国家的人都涌到上海。那时候，在上海人眼里就开始有了一种"乡下人""外地人"的概念。其实这完全是一种歧视。

许知远：尤其是指我们苏北人。

徐峥：因为当时苏北人在上海做了太多服务业的行业，比如说洗澡搓背的、扦脚的，相当于流落在西欧的东欧人，做的都是最底层的工作，又因为在整个社会系统里头是有阶层分化的，难免慢慢就形成了这样一种对外来务工者的歧视，并且一代代传了下来。其实在"文革"过后，大家已经不再残留有什么阶层身份了，但那种目光还留着，那种基因还流淌在某些上海人的血液里面，以至于上海人变成一种类似异族人的独特群体。比如上海人去北京的时候，北京人会调侃你，"唷，上海人啊"。这个时候情况就反过来了，当上海人在外地时，他就会反向遭遇这种特殊看待的目光。那时候，在全国人民眼里，上海人就像一个异族。

许知远：被分为上海人和其他中国人。

徐峥：对，但是现在情况不太一样了。现在的孩子在学校里都说普通话，从九零后到零零后已经渐渐不太会讲上海话了，方言都在慢慢消失，地域的壁垒已经开始消融了，新的身份要求形成了。

所以，如果城市中产像历史上的"上海人"群体那样，成为一个孤立的少数派群体，那是没办法跟其他阶层、跟外部世界交流沟通的。而在如今新的社会语境下，我们把王宝强饰演的角色放进"囧"系列的故事里之后，把中产和草根放在一段共同的旅程之中后，这个世界突然就被打通了，也就是把中国观众中的两个主要群体——中产阶层和草根群体之间的壁垒给打通了。我觉得这样就变得比较有意思了。

　　许知远：你觉得王宝强身上最吸引你的，或者说最独特的到底是什么？

　　徐峥：王宝强身上有一种天然质感，这是不可取代的。他是中国草根阶层的代表，他的经历，他的喜好，可以代表大部分像他这样的人，他自己又是从跑龙套开始的，而且他成功了。有时候我们会碰到这类原生态的演员，不需要演，天然他就是这个角色，但是如果你再给他一个其他的角色，他就不一定能做好。你用他一次是最好的，你用多几次，他就不一定是个好演员。王宝强刚演《盲井》的时候，我觉得他就是只能用一次的演员，但如今的他居然可以用一百次，他可以在他那个阶层身份中呈现出很多种变化，这是很神奇的事情。

　　许知远：你是哪种演员呢？

　　徐峥：我肯定是学院派，学院派就是好好学习表演理论。一种表演方式就是我把自己变成一个统一的角色，就像《泰囧》《港囧》里的那些角色，就像是我通过很多戏在演同一个角色。但如果我去演《我不是药神》中的程勇，就必须有一段浸泡式的体验，让我自己能够脱胎换骨，完全变样。

　　许知远：这个浸泡过程是怎么发生的呢？比如你用什么手段能够进入程勇的世界呢？

徐峥：我拍程勇的时候，在南京的一个菜市场里趴了很久，后来看到一个卖肉的家伙叼着烟躺在躺椅上，你不知道他在想什么，你看不出来他对生活是乐观的还是消极的，他整个就是混沌的载体，我会去模仿这种感觉。其实人物的状态，通过反复练习，都是可以完成的，最难的还是找到人物和观众交流的核心，要建立起一种认同，建立起一种同情，也就是说和观众达到一种共情。

许知远：你觉得你演过的最难共情的人物是谁？

徐峥：我每一个角色都是在让观众共情，我觉得这是我本身的一个创作习惯。有很多观众会说，这个演员有观众缘，这个演员缺少观众缘，这并不是没有道理的。有些演员就是很会共情，能让观众一下子就站到他的立场去考量。

许知远：比如谁呢？在你心中谁有这种强烈的共情能力？

徐峥：黄渤、王宝强，他们天生就有这种能力。黄渤只要往那儿一站，观众就开始同情他，他天然有一种质感。

许知远：作为一个演员，你现在最想获得的能力，或者说想修补的不足是什么？

徐峥：对我来说，更多的是需要一种意志，这是我最大的不足。我本身是一个很会偷懒的人，我很会让自己处于安全区，我有各种各样的招来应付。我觉得我在表演中始终没有突破到让别人觉得不可置信。我没有那种豁出命、混不吝的东西。但是有些演员有一种不怕死的精神，有一种对完美的非常变态的追求。我的意志还做不到，这是我最缺乏的。

许知远：你觉得谁是这种特别豁出去的演员？

徐峥：张译身上就有那种豁出去的劲儿。章子怡也是一个特别追求完美的演员，她在整个电影里能做到一种非常精心的细致，这对我来说是比较难的，有的时候我觉得还不错，我就对付过去了。

许知远：那作为导演呢？你最想克服的是什么？

徐峥：作为导演大家反而觉得我挺好的，因为我一定会让我的演员处在一个非常舒服的状态，不会给他们太多的要求。所以如果说我做导演有什么不够，那就是我不够狠，因为我自己也是演员，我很呵护演员。我太清楚演员是怎么回事了，我能知道这个演员现在在偷懒，那个演员需要被踹一脚，我清楚他们的各种小秘密和小状况，对他们就会有很多的不忍心，就想算了，就这样吧。所以到我的剧组里来做演员，要么就是会很舒服，要么会很痛苦——就是如果你有心想要突破你自己的话，我也会来推你一把，逼你一把。

许知远：变狠对你来说是个诱惑？

徐峥：也不是很诱惑，我并不觉得非得搞得死去活来才能把戏拍好。因为我觉得演员就是要让他过，让他有成就感，这样也许他会演得更好，我是这样理解的。但有时候最后剪辑到一起，会觉得他妈的还是差了一点。

许知远：你会容易原谅自己吗？

徐峥：一定要原谅自己，不然你就完蛋了。比如说伊斯特伍德拍戏，据说每次拍个三条就觉得差不多了，他很松弛。我觉得对创作者来说，要学会松弛。很多创作者特别希望能够一步到位，好像这就是他人生里最后一部作品了。我不会有这样的心态，我觉得创作是无底的，创造永远是在更新的，一定会有一个遗憾，差不多就行了，别太较劲。

电影帮助我寻找自己的伤口

许知远：不同的创作者会被不同主题的情感所驱动，比如有的人特别爱崇高，有的人特别喜欢戏谑，对你来说，最重要的情感驱动是什么？

徐峥：我觉得温暖很重要，因为人世间已经充满了各种操蛋的东西，所以一个作品还是需要给予人温暖。但温暖其实是一个结果。温暖的前提是成长，我觉得成长很重要。比如我总有一个突破不了的安全区，成长并不是说我一定要去突破它，而是我知道那个安全区的界定是有原因的。所以成长是我开始懂得了，我敢于把我藏住的伤口做一个妥善的处理，让它不再成为一个问题。只有这种成长才能给人带来温暖。

许知远：那对你来说，过去四十多年里有哪些特别重要的成长时刻？

徐峥：这个要说到《囧妈》这部电影的缘起。有一年，我和妈妈一起去玻利维亚旅行。我们本来以为这个旅行很轻松，但其实非常辛苦。首先是在高原上，其次景点之间隔得很远，而且住宿条件很差，所以整个旅行过程很痛苦，和妈妈有很多冲突，吵了很多次架。后来到了"天空之镜"，那个地方很美、很神圣，大家还要参加一些仪式，手拉手围在一起，感恩天地获取能量之类。活动之后，我妈就过来抱了抱我，她说，谢谢儿子。我很感动，我其实是很羞于对妈妈表达情感的。我觉得我妈比我更勇于突破所谓的安全区。后来我们剧组开始回顾大家跟自己妈妈之间的关系，发现中国的原生家庭有一种共性，大部分的母子关系是一种控制与被控制的爱。婚姻的关系里也是这样，我爱你，我是为了你好，大部分人都很习惯于这种模式，由此带来很多的矛盾。

许知远：其实越是硌人的，可能越具有普遍性。我们有一集采访姜文，我问他最大的挫败是什么，他想了一下，说，"我不知道怎么处理跟我妈的关系"。因为他觉得他妈妈一直不重视他。他跟他妈说，我考上中央戏剧学院了，那时候考上中戏是多牛的一件事情，但他妈说，你把那盆衣服洗了。所以他一直要向他妈证明自己是一个厉害的儿子。我觉得这很动人。

徐峥：因为在我们所有人的理解里，都是姜文导演非常强，但是当你了解他强大的背后，其实是为了证明他自己，突然就很同情他。所以跟妈妈的关系就是跟世界的关系，这是有道理的，因为妈妈是一个很原始的驱动力。

许知远：那你拍完这部电影之后，跟你妈的关系变好了吗？

徐峥：很奇怪的是，拍这部电影的时候，我觉得我妈一直在改变，她也不知道我拍什么内容，但我就感觉她每天都在改变。拍《囧妈》这部电影，就像是在治愈我自己一样。电影有时候帮助我去寻找自己的伤口，帮我去面对自己的问题，它哪怕是欲言又止的，哪怕是犹抱琵琶半遮面的，但我觉得起码它是我的一个出口。所以有时候感觉能够拍电影还是很幸运的，你掌握了表达的权力，然后去呈现你感兴趣的部分，还有人买单，天哪，这已经是很爽的事了。

许知远：你现在要承担很多不同的角色，监制、投资、演员、导演，对你来说好像很天然就能完成，实际上是吗？

徐峥：到目前为止还可以。但是我也有点疲惫。起码如果我再准备创造一个新的作品时，我会屏蔽掉几扇门，我不能一直听，我得关起门来想，我必须让自己处在一个单一的角色中，否则信息太乱了。

许知远：对你来说，你觉得自己哪方面的能力更强？

徐峥：我觉得还是创作的部分。当然我们的创作肯定不是最好的，但我们去做能做的部分，在这部分尽量做到最好。

许知远：你之前也是个有名的演员，但《泰囧》之后，突然获得了一个更大的名声，可能《我不是药神》之后又进入了新阶段，你有膨胀的时候吗？

徐峥：我自己觉得没有，但是据我的同学说有，我完全不记得。所以麻烦就麻烦在这里，人膨胀的时候自己是不知道的。如果一个人知道自己现在是在膨胀，他肯定就不膨胀了。

许知远：过去十年对中国的电影工业来说，也是一个少见的迅速膨胀的时代。这种迅速的膨胀感，对你来说是什么样的感觉？

徐峥：会给你带来一种荷尔蒙，让你感觉有无限种可能性，但通过时间的消化，你才发现其实你也就只能干这么几件事。

许知远：但是膨胀是很赏心悦目的，至少一开始是。

徐峥：回过头来看，其实做得并不快，从我上部电影到这部电影，花了四年。虽然中间参与了很多其他事情，但这个速度一点都不膨胀，只是让我感觉像打了鸡血一样，其实还得按部就班来。我现在很希望有一年的时间可以停下来，完全不去考虑创作和专业的事情，而做一些无关的事情，比如说学弹琴。文牧野导演送了我一把琴，我一直没有时间学。总是有很多事情推着人往前走，我一边说，我不要做，但是一边还在联系。在这个过程中，我也意识到，随着你能量的辐射，你渐渐开始不仅仅是为了自己而工作，而是为了更多的人。

许知远：这一点是什么时候发生转变的？

徐峥：就是最近这几年，特别是《我不是药神》以后，因为这部电影的确带来了很多社会效应。它的创作里涵盖了很多美国类型片的元素，但也有韩国社会题材电影的话题性。它把这些整合到一起，变成一部非常当代的电影。它在商业上取得成功，也引起了后续的社会话题，你会发现，你拍了一部电影，的确是可以帮助到不少人，会让事情有一点点改变。以前拍电影就是拍电影，哪有那么多力量产生持续的社会效应？

许知远：这次感觉真的介入社会了？

徐峥：我发现中国观众其实更爱看中国电影，他们更关心和自己有关的东西。一开始当我们提出现实主义题材的时候，大家会有一些顾虑，但没有想到观众的接受程度这么高。一旦成为一个话题以后，他们就有很高的参与感，有很强的共情。所以我觉得现实主义题材在中国完全没有问题。但是现实主义怎样结合类型片里好的元素，让它变得更好看，这其实对剧作提出了更高的要求。中国可说的故事太多了，经济的、教育的、医疗的、法律的，有太多故事可以讲。我其实觉得在当下的时机内，完全应该发展出一种独特的中国电影。

许知远：它得应对一个巨大社会转型中的种种困境。

徐峥：种种困境，种种问题，种种题材。对于一个小国家，比如韩国这样的体量，三千多万观影人次已经是票房冠军了；比如在日本这样一个国家，它的制作费不可能很高，它没法达到那么高的票房作为回报，它在自己国家消化不了，所以必须有国际性。但是中国没问题，中国拍一部电影，现在票房可以达到五十亿了，你想制作成本可以多高。这就是我们国家特有的情况，所以我们的制作水平可以很高的。

许知远：那你觉得韩国这么小的一个市场，为什么类型电影能做这么好？

徐峥：我觉得跟他们题材的开放度更高有关。

许知远：不同的国家，不同文化下，产生不同类型的电影。韩国在社会转型中面临了很多随之而来的暴力，以及对不公的控诉。我们如果做类型电影，核心的情感因素是什么呢？

徐峥：我觉得是一种中国人的德行，天然地与世界谦和的态度。随着我们自己电影工业的发展，我觉得未来一定会出现一种新型的中国电影，既是符合我们这种民族精神的，也是中国观众所能够接受的新形态。我其实很期待我们这种民族价值观可以被输出，让别人能够理解到，能够共情到。特别在年轻人里，我看到他们在这方面有一些创造力。

许知远：你说我们谦和，但我们前往世界各地的中国人给人的感觉，却是非常喧闹的、嚣张的。

徐峥：对，但这是一个表面现象，是需要去修行的部分。因为时代总会造成一些印记，没有办法。但我相信随着一代一代教育水准的提高，人们会不一样。

中国人爱说合家欢，
但背后充满了各种玄机

许知远：跟宁浩合作，他身上什么东西让你觉得可以很好地补充你，或者说给你启发？

徐峥：宁浩身上有一种很敏锐的东西，他可以非常精准地从一个很小的点捕捉到一个核心。而且他很善于消解煽情的东西，但其实他又很细腻，很细致。他还不断地想让自己对这个时代保持一种洞察。可能有些人对《疯狂的外星人》有各种批评，但是我觉得做成这样很不容易，因为其实那是一部作者电影，里面充满了宁浩的论调，充满了他独特的观察。那是一篇议论文，能做成这么商业已经很厉害了。

许知远：中国电影的喜剧传统或者电影传统跟你个人之间的关系，你觉得重要吗？

徐峥：我其实从来没有给自己立过一个志，说我要来做喜剧，我要传承喜剧。喜剧其实是一种语言，我对喜剧的理解更加宽泛一些，我觉得只要皆大欢喜，其实都算喜剧。我不考虑它当中笑了多少次，我没那么在意这个事情。有很多人很在意笑点，我也可以做出笑点来，但是我没那么在意，我更在意影片的结尾。有很多喜剧其实是悲剧，但是有很多悲剧，也可以把它看成喜剧。

许知远：说到语言风格，你怎么看王朔、冯小刚他们开创的那种京腔的嬉笑怒骂的语言风格？

徐峥：的确很有魅力，在那样的一个时代里，他们其实用一种调侃封住了自己的内心，他们内心其实是一个纯情的小男孩。正因为他们自己也知道自己的内在有一种纯情、一种纯真，所以外面愿意包装得更加流氓一点。

许知远："囧"系列的语言风格是什么？

徐峥：没那么纯情，"囧"对自己的人生很不满意，想办法去做出一些改善，内在其实没有那么煽情。

许知远：也没那时候那么强的理想主义色彩。

徐峥：没有。单从家庭和情感关系来讲，你会发现活着活着，一步一步就会出现各种各样的问题。每个人都有自身的局限，你甚至看不清这些问题是从何而来的。这些亲人本应是最最亲密无间的，但渐渐就变成互相最没有办法沟通的人，这是中国家庭的普遍问题。中国人爱说合家欢，但这合家欢背后充满了各种玄机。

都说中国人是最在乎家庭，最讲究阖家团圆的，但我觉得美国人才是更在意家庭的，比如他们的电影动不动就会把故事逻辑落到家庭关系这个核心上。而在中国的电影里，讲家庭关系的有几部？你说不出来，你几乎想不到。这个事情变成无法描述、不愿面对，说不得，特别是跟父母的沟通问题。尤其现在所有人都关注年轻人的文化，追逐年轻人的热点，而老年人被隐藏起来了。当你走到街上去，到处都是跳广场舞的老年人，可是在文化上、在电影题材上，他们被隐藏起来了，被不可见了，没有人想去关注和讲述跟他们有关的事情。

所以要在中国做一部合家欢的电影，好难。中国人过起年来，要在一起待两个礼拜，如果真的要做喜剧，里面有无穷的题材可以开发，有无穷的状况可以发生。

许知远：你怎么看李安对家庭的处理呢？从《喜宴》开始的那

三部曲。

徐峥：那三部电影拍得太好了。还有杨德昌在《一一》里也探讨过这个问题。我觉得探讨得很深入，处理的手法很幽默，对中国家庭现实的描述也很客观清楚。中国式的和解不是像美国人，我对你承认了错误，我们拥抱在一起，说"我爱你"，中国人的表达可没有那么简单。我觉得中国人不是不愿意说"我爱你"，是觉得"我爱你"这三个字太草率了。他不愿意以这么一种草率和简洁的方式来表达，因为要说的内容太多了。

许知远：中国人是通过自我牺牲来表达爱吧？

徐峥：都有。但是我知道有很多中国人在成长，他们渐渐想从这个模式里面摆脱出来，试着学习新的方式。

许知远：什么样的情感特别打动你呢？

徐峥：我看一部电影，哭得特别厉害，你绝对想不到，就是《董存瑞》。那种塑造人物的方式，现在来看也很对，一个充满缺点的人，最后变成英雄。很多人喜欢这样的讲述方式，先塑造一个人物，告诉你他有一个本能的情感需求，但是他最后做出了不同的选择，这样的故事永远打动人。还有一种是另外一种方向的，比如伊斯特伍德的《百万美元宝贝》，完全是反英雄式的。你开始以为这是一部励志电影，可最后一路走到黑。我觉得那是很纯粹的一种悲剧，看完之后我难过得不行。

许知远：我也是的，英雄主义对我的影响挺大的。我记得高三时看了电影《勇敢的心》，打仗之前的那段演讲，真是很打动人。你觉得现在对人的揣摩，哪些地方自己还是很欠缺？

徐峥：我觉得我比较幸运，因为我本身是演员，恰巧有作品成功。大家对我有一种天然的认可。但是作为导演，不管是文学修养，还是阅历等各方面，都远远不够。我现在看书看着看着就头晕，看画面，看视频，我更能接受，所以决定了我本身的信息高度达不到，你让我像傅雷要求的那样去看书，我做不到。而且渐渐我也不再这样去考虑问题，人是要有学问，但也不能被这个事情绑架。吃一大堆大餐，吃完以后消化不了，也没用，所以我觉得消化自己能消化的，做自己能做的事情，在可能的情况下，尽量以一种比较谦逊的态度去广泛接触，就够了。心态放轻松一点，要不然内心会永远陷入无穷的慌乱。

许知远：我当然同意你说的，但同时我又觉得个人的挣扎，不断地寻找，是非常重要的一件事情。我特别怕这种东方式的体悟，到了四五十岁，就假装自己悟道了。我看到的是一种精神的停滞，但其实人的挣扎是永恒的。

徐峥：如果它停滞了，你也要接受它的停滞。面对一片知识的大海，你是没有办法吸干每一口水的。

许知远：难道你不应该死在吸下一口水之前吗？

徐峥：我不这样认为，我愿意量力而为。我觉得知识最终能够产生实践过程、转化出结果来才是更重要的。

许知远：可能我还是觉得挣扎着去吸下一口水的过程是最重要的。我不喜欢东方思维的一点就是，它有很强的封闭性的欲望。

徐峥：有时候我觉得你在家庭里能够做好一个儿子，做好一个丈夫，做好一个父亲，就已经很难很难了，远比你完成好自己更难。你要面对的就是琐碎的日常，你要解决的就是这些最平常的破事儿。做你喜欢的工作，这个过程其实是最好的逃避，而且名正言顺，回到你自己。你不喜欢做这个事情，却又要去做，才是最难。

1975 年　出生于北京

2002 年　硕士毕业于美国耶鲁大学，师从扎哈·哈迪德

2004 年　成立 MAD 建筑事务所，主持设计一系列标志性建筑及艺术作品，包括卢卡斯
　　　　叙事艺术博物馆、加拿大"梦露大厦"、鄂尔多斯博物馆、哈尔滨文化岛等

2006 年　获纽约建筑联盟青年建筑师奖

2010 年　英国皇家建筑师协会（RIBA）授予他 RIBA 国际名誉会员

2014 年　成为美国卢卡斯叙事艺术博物馆首席设计师，获评年度全球青年领袖

扫码观看视频

马岩松

我是从火星来的，
要把现实全部抽空

Chapter 12

2005 年，我初识岩松。他因一座形似梦露的摩天大楼，正赢得国际瞩目，这是中国建筑师首次通过竞赛赢得外国地标性建筑的设计权。他刚三十岁，在这个领域，显得过分年轻。对于大部分建筑师，倘若能在五十岁获得展露自己的机会，就已令人庆幸。

与经常过分醒目的设计相比，马岩松温和、放松，偶尔还有一些迟缓。过去十五年，我看着他设计版图的急速扩张。在中国与世界间，他找到了某种平衡，足够的国际化，也试图表达某种中国语言，尽管它并不令人信服。

在北京的胡同里，在黄山的小径上，我们一起闲逛，骑电瓶车，回忆起少年的记忆，读书时的选择，以及他对名声、影响力的感受。当然最重要的是，建筑对于人、社会的影响到底是什么，他最渴望的语言风格是什么。

我们得先把自己搞明白，
创造自己的语言

许知远：现在让你最着迷的事情是什么呢？

马岩松：我想做国家项目。我很纳闷怎么一到国家项目就好像有一种范式，都是大柱子、大屋顶。一种建筑风格只要出现在长安街上，最后就会变成全中国的风格。全国的火车站都特别像国家博物馆，进去以后是一个大空间，人跟蚂蚁似的。所以我觉得改变国家建筑，就可以改变全中国的建筑。与其我一个一个建筑地做，不如直接做一个国家项目。把天安门广场变成一个森林公园之类的想法，让我挺激动的。

许知远：比如像做哈尔滨机场[1]？它是一个大枢纽。将来再做个火车站，就是这种国家项目？

马岩松：我现在在做好几个机场。我今天能说这话，是因为我发现现在跟政府的合作特别多。而且当你去批评一些现实的时候，有些人能接受，所以我才觉得有合作的余地。我现在做的有机场，有火车站，还有体育中心，这些其实都已经是在挑战过去建筑的标志性、纪念性的做法。

许知远：那哈尔滨机场是怎么考虑的呢？

马岩松：哈尔滨想要一个很大规模的机场。但每次在大机场里狂走的时候，我觉得特别烦，我就想怎么能把人走路的时间变短。第二是空间不要特别高大，我不想人在里面显得特别渺小，所以得

1　此处指哈尔滨机场 T3 航站楼，马岩松团队参与了竞标，最后没有中标。

在尺度上控制一下，让这机场好像趴在地上，像一个大地景观的感觉。但他们其实没有接受这个方案。哈尔滨机场之前的 T1 航站楼，就像人民大会堂一样的，T2 航站楼又是石头建造的苏联式建筑[1]。

许知远：小时候对这些苏式建筑是什么感觉？

马岩松：没感觉。首先这些建筑，你是接近不了的，谈不上喜欢不喜欢。它跟人，至少跟孩子，没什么关系。大概几年前我编了一本书叫《疯狂晚餐》[2]，里面找到的一张图是 1963 年做天安门广场改造时的一个计划。那里不是有国家博物馆和人民大会堂那两个"大柱廊"的苏式建筑嘛，当时还想把整个故宫拆了，把苏式建筑风格延续过去，整个变成一片行政中心，就是这样一张图。我看了都惊了，估计今天很多人看可能都会吃惊，怎么能把故宫拆了。但是我再一想，可能大家现在看人民大会堂和国家博物馆挺顺眼的，但在当时应该也很惊讶吧？在天安门前面搞出两个苏式大建筑，也很莫名其妙。但现在时间长了，大家慢慢也接受了。

许知远：它在当时也代表着未来，代表一种新的力量，新的可能性，新的文明方式。

马岩松：对那种力量感的崇拜，其实和今天中国建 CBD 差不多，觉得像美国就是现代化了。之前建设的时候都是抄来抄去，现在没得抄了，也开始觉得中国是最牛的了，但自己要开始弄的时候，又底气不足。我们还是得创造一种别人都没有的自己的语言。

1　苏联式建筑简称苏式建筑，典型的苏式建筑的特点是左右呈中轴对称，平面规矩，中间高两边低，主楼高耸，回廊宽缓伸展。

2　《疯狂晚餐》是马岩松 MAD 建筑事务所的第一本书。本书使用晚餐餐桌上的对话比喻，收集了涵盖政治、生态、名望、未来等话题的想法和意见。

　　许知远：但是那些苏式建筑也好，包括那种反人类的巨大尺度也好，也是八九十年前那些建筑师的梦想，像机器一样，他们认为这就是代表未来。那时候他们也是年轻人，也是要雄心勃勃地改变未来。你看到他们这种努力的时候是什么感觉？

　　马岩松：我觉得他们没仔细去想。首先苏式建筑代表社会主义这件事就很奇怪，因为苏式建筑那大柱廊明显是抄了林肯纪念堂，林肯纪念堂又抄的希腊神庙，那种希腊式的大柱子，怎么会跟社会主义扯上边了？

　　许知远：因为苏联当时认为自己继承了古老文明，又代表着新文明，所以把那些东西都混在了一起。

　　马岩松：对。我觉得当时可能把之前的先进文化当成了一种样板，把文化里的各种形式，从音乐、文学到建筑，什么都直接学了。但今天没得学了，就应该考虑自己的独特追求，要怎么把嘴上说的那些变成手里做的东西，要怎么把传统的文化或者当下的人文精神，变成眼下真实的环境。这没有任何样式可供参考了，只能自己愣想，有时候是挺痛苦的。我觉得中国建筑师没有经历过这种阶段，他们习惯了借鉴、结合，因为这样相对容易一些。西方有一条文明发展的线，现在在你也要走出自己的一条线，然后有可能还反过来对西方产生影响，但这个可能是要花时间的。

　　许知远：你觉得日本那些建筑师走出来了吗？

　　马岩松：日本在这个方面的意识非常强。他们首先学习西方，然后会一直跟西方做比较，明确什么是主流地位，我的位置到底在哪里。他们非常敏感，一定要和西方建筑不一样，还要有自己的传统，然后考虑这个传统怎么转化成新的东西。

　　我觉得日本有点要走出它自己的文化路线了，但还没有完全走出来。它现在对西方是有影响的，西方已经承认它是一个不一样的东西了。但从建筑领域来说，要改变西方的都市化和建筑观，日本还没有做到。假如这个阶段要走上一百年，那我觉得日本至少已经走到七八十年了，而我们在建筑领域还远远谈不上自己的文化，别说自信，就是自我认识都还不够清楚，还在寻找中。我觉得既然要花这么长的时间，还不如先把自己搞明白了，先把自己要做什么搞明白。你做的东西得能代表你自己，而不是用你学到的东西去代表，不是模仿西方，这不行。

建筑没有对错，
有时候不正确的建筑反而很牛

　　许知远：你大学时是什么样的，碰到过印象很好的老师吗？

　　马岩松：我们大学就是图书馆好，是全北京最好的，清华的研究生、博士生都来。我们那儿有最新的国外期刊、论文。我那时候就开了眼，练就了一手翻杂志翻得特别快的本领。当时一看国外杂志，有弗兰克·盖里[1]的，我说这个建筑都这么疯了，国外建筑都这样了，我一定得去留学。

　　我当时几乎把那个图书馆当成了我的一个庙堂，只有在那儿才能看到这些让人感兴趣的东西。其实我上学的时候，完全不知道建筑是什么。我当时以为毕业了以后要去搞古建筑，搞亭台楼阁，所

1　弗兰克·盖里，当代著名的解构主义建筑师，以设计具有奇特不规则曲线造型、雕塑般外观的建筑而著称。

以一开始完全没兴趣。后来开始激动，就是因为看到国外的这些杂志，还看到一本书，说的是一百个建筑师的故事。他们差不多都是同一个年代的，上下不过几十年，但他们的作品做得那么的不一样，每个人的故事都那么不一样。当时我就觉得，终于有一个没有对错的学科了，之前一直被压抑，老是被别人判断我这个回答是正确还是错误。但有时候不正确的建筑反而是很牛的。

许知远：当时觉得建筑就是要搞古建，盖大屋顶，那怎么会选这个专业呢？

马岩松：是别人让我去的。我一开始考的电影学院，人家说我的考分在电影学院太高了，不需要这么高的分，说我画画还行，可以考建筑。当时建筑挺热门的，反正就瞎报，我们学校有六个人报建工学院建筑系，他们成绩都比我好，我是最后一名进去的。还好最后全上了，要是淘汰一个，那就是我。

许知远：当时想去电影学院，是想学哪个系呢？

马岩松：美术吧，我也不清楚，我觉得能进去就挺好的。我其实挺喜欢画画，画那种漫画。我特别喜欢创造场景，一些非现实感的东西。后来我干建筑也有点按这路子去的。反正先画出来，能不能实现就不是我的事了。我愿意努力去帮助别人实现，但是实现不了，反正我画出来了，我想出来了，把这画拿给人家看过了，也行。

许知远：那时候做学生，对上一代那些建筑师比如盖里，是怎么看的？

马岩松：那个时候觉得他们是英雄，而且谁最贫穷，谁就最有力量，谁就是英雄。当时我记得 1988 年有一个在 MoMA 的展览，解构主义建筑七人展。当时的参展者都是今天的大师，他们当年大

部分四十岁左右，还没有建成什么成功作品，但他们一起做了这个
很先锋的展览，是真正让人激动的那种。我觉得今天的建筑学，就
少了很多这样的勇气，好像被资本和政治绑架得特别厉害。

　　许知远：而且所有艺术类行业都是这种现状。

　　马岩松：那就很可悲。比如欧洲和美国很早就进入商业社会了，
而我们设计的卢卡斯叙事艺术博物馆[1]，特别奇怪，特别不商业，
简直不像能在美国成功的方案。这个项目竞标时邀请了五家建筑事
务所，只有我们一家是亚洲的，别的全是欧洲的，没有一家是美国
的。我中标之后，好多美国建筑师就问"怎么会是你，你这么年轻，
又是中国设计师"——可能由一位欧洲的大师获得，他们会稍微舒
服一点吧。

　　现在美国的建筑师最火的类型也是跟市场结合得特别好的，他
知道怎么样是一个正确的方案，是大家都能喜欢的做法，而很难去
挑战什么。反而中国现在还有机会在建筑上创新，你可以有自己的
想法，当然开发商和政府也有他们的想法，两个想法能够互不干涉
的时候，就能实现一些创新。

　　许知远：那你在中国新一代建筑师里也是个例外，因为其他人
也没有这样的机会，或者很少。

　　马岩松：我就是从没有机会开始的，我也没有任何关系。我觉
得没有人是运气或者机会特别等着他的。我当时得到的第一个机会，
梦露大厦[2]这个，也是因为当时我在中国已经输了无数个竞标，后

1　2014年，马岩松领衔MAD团队赢得芝加哥卢卡斯叙事艺术博物馆设计权，该博物馆
的创始人为"星球大战之父"乔治·卢卡斯。
2　2005年底，加拿大密西沙加市举办公开国际建筑设计竞赛——为规划中的一栋地标性
公寓楼寻找设计，马岩松团队击败其他91个设计方案，最终中标。

来好不容易赢了一个，人家说，"虽然你中标了，但我不打算盖你的方案"。

我当时气坏了，就打开电脑，打算找个国外的项目做做，梦露大厦就是我找到的第一个。我想转移我的注意力，就随便做一个方案去参赛，结果中标了。

许知远：那时候不焦灼吗？

马岩松：完全没有，觉得已经比上学时好多了，能自由地按着自己的想法做。我的老师扎哈[1]，她是从业快二十年都没建成自己的项目，我就想要是按照这时间表来，我至少还有十几年的时间。但其实后来机会来得挺早的，迫不及待就接了。再后来想其实还是有点早。

许知远：你觉得它什么时候来更恰当？

马岩松：我不是特指专业知识，而是觉得年轻人要有观念，然后团队可以帮着一起实现，这个想法是最重要的。后来我发现想法也需要积累和沉淀，有的想法只有人老了才有，年轻的时候是永远不会有的。不过就算你跟年轻人说，你应该多想想，你应该会想得更成熟，他也不想听的。

---

1 扎哈·哈迪德，英国著名建筑师，2004 年普利兹克建筑奖获奖者。

只有任性，
才能真正成为成功的建筑师

许知远：你善于说服甲方吗？

马岩松：我不善于说服。我觉得这个是不可能完成的任务。我还是相信建筑有它自己的情感和语言。能感人就是感人，有时候感动不了，人家不喜欢，我也就算了。

我上学的时候参加竞赛时，画了一张图，又觉得评委们可能不喜欢，就在上面写了一行小字，"谁不选这个方案，谁就是猪"。后来他们真选了。那行字很小，其实是看不见的，但我那时候挺在意这点。现在我觉得这个东西不能强求。

许知远：你是不想表达，还是觉得建筑用语言描述出来也没什么意思？

马岩松：如果你把建筑当成艺术的话，它有自己的语言。没必要每一栋建筑都带一个设计说明。很多设计说明说得好听，做的根本就不是那么一回事，把自己的才华匮乏解释成是为了服务大众。特别无聊。

许知远：过去的十几年，对你个人的职业发展来讲，是个爆炸性的发展。在艺术、尤其建筑领域，很少人能有这样的际遇。你觉得这种迅速的扩张，迅速的膨胀，对你自己心理的改变是什么呢？

马岩松：我并没有扩张，建筑行业很多人的规模做得很大了，很快速地发展。我们最大的变化应该是在短时间内变成了一个在全世界都做设计的公司。从最早的梦露大厦开始——那应该算一个巧合吧，后来又陆续接了几个国外项目，现在来看，好像我们有一半以上的项目都在国外，这是跟中国今天的文化状态很不匹配的。如果你把建筑也当成一种文化的话，那么今天的现实就是，中国的建筑文化确实比较弱。它没有自己的思想性和独特性，它只是在学习他人的方法。我们这一代，包括我们前面一代，我们后面一代，都是在学习方法。有的学得很好，现在我们国内做得很好的建筑师也是因为学习西方学得更纯粹一点。但在西方人眼里，会觉得他们那儿有大把的建筑师做得跟你差不多，不会认为这有什么新的价值。

许知远：这种自觉性是什么时候开始相对清晰和明确的？

马岩松：就是在梦露大厦中标的时候。当时北美的好多团队跟我们一起竞标，我们中标以后，他们当地的媒体就把方案图里的楼叫作"梦露大厦"。我当时都不知道梦露跟我的楼有什么关系，又不是因为梦露去设计的。但我觉得这个昵称挺有意思的，这栋建筑也因此仿佛有了一种女性的感觉。因为大部分城市里的建筑都是特别男性化的，带有资本、权力意味的那种，都像纪念碑似的。我觉得我的好像不同，我当时就在想这种不同是怎么回事。

然后中国的业界当时看我这楼，就觉得挺西方的。他们觉得中国式风格不应该是这样的，应该是楼上面再加个屋顶吧。我就好奇我到底是怎么回事，我从哪儿来的这个东西。后来我想，可能我追求的正是建筑应该有自然的感觉，我希望建筑不是方块和几何的逻辑，我希望它自由，有种混沌感，是一个感性的、自然的写意空间。我觉得这个其实正是一种东方的审美感觉，但在表达出来的时候，我希望它以一种陌生的建筑语言去呈现。既不东方，又不西方，一种全新的语言，所有人都看着陌生。

我不喜欢我做出一个东西是大家都已经想到了的，或者是被期待着做成这样。所以我当时好像就被夹在东西方两种文化的夹缝里了。从那时候起我就觉得，在东西方都有可以去挑战的固有范式，我挺喜欢挑战的，我也希望用我现在的作品再次去挑战，创造出东西方文化里都没有的语言。

许知远：我们这代人，七零后——其实之前几代人也是这样——对西方的焦虑是很强的，因为西方是模板，是参照。现在这种焦虑对你来说还是很大的动力吗？

马岩松：现在我在西方有作品了。所以焦虑可能不在于能不能被西方接纳，而是当你有机会了，你要干吗。这时你又得回过头来看自己是怎么回事。

许知远：你都用什么方式来看自己？

马岩松：就看自己最无意识的那些行为。比如学生时期的作品，拿出来反复看，在什么都不懂的时候，我怎么会这么想。

许知远：现在你重看学生时代的作品是什么感觉？

马岩松：我不太善于分析，必须靠冲动。按规矩考虑问题的时候，我考虑不出来什么东西。必须最后紧张得不行，压力大到不行，或者放松到不行的时候，一下子会有一种强烈的感觉。那个本能的东西，是最关键的。

我那时候做过一个作业，"9·11"事件后的世贸大楼重建项目。所有人都要在课堂上剖析自己的设计，说清楚自己是怎么一步一步想的，所以我也学着那么一步一步来，却发现那种清晰地一步一步推导的方式根本不能把我带到任何地方去，到最后我特别焦虑，做不出来。直到有一天晚上睡觉，我梦到了一个东西，然后马上起来画出来。现在回过头来看，那种胆量、那种不切实际、那种理想性，还有那种说不清楚的非理性的感觉，在当时都特别强。

许知远：什么时候确信自己的才华？

马岩松：我好像都是从别人那儿感觉到的。就好比今天你来采访我一样，你应该不会去采访一个没有才华的人。但其实我还是经常怀疑自己。我最大的一个出发点就是不想跟别人一样，这点逼着我找不同的路径，或者找自己的角度。

许知远：很小就开始这样了？

马岩松：小时候是我想跟别人一样，但人家不让。但当时我就觉得我有自己感兴趣的事。记得上大学的时候，我在学校里面画了一幅很大的画，十几米。我自己去买布，把布缝在一起，画了好几天，画的是两个小孩亲嘴，有点浪漫。有一天我就突然把画挂在了一栋教学楼上，校园里所有人都在看，校园气氛都变了。但是没有人知道是谁画的。我挺喜欢这种让别人震惊一下但是又找不着我的感觉。其实当建筑师就有这种感觉，他做的东西影响很大，在城市里被那么多人使用，但是人们一般不太注意建筑师是谁。

许知远：但现在你的名字是显性的了。

马岩松：是的。但是我也没有办法，新的项目来找我时需要知道是找谁。

许知远：你觉得名声对你的改变大吗？

马岩松：我觉得我的名声还不够大。前一阵贝聿铭去世了，他的卢浮宫那么重要，是所有建筑师都梦想的项目。而如果当时贝聿铭没有那样的名声，也不可能有这样的机会。这样的机会和你的知名度是有关系的。

许知远：去美国上学的时候，贝聿铭是你的一个引导吗？

马岩松：不是。我出国的时候，香山饭店已经建好了。我当时特别不喜欢，感觉他用了折中主义[1]的手法，把现代建筑加上古典符号，而且那些符号还是江南式的。相反，我喜欢他当时的华盛顿国家美术馆东馆，那是一个纯现代建筑。后来香港的中银大厦我也挺喜欢，非常简洁。在香港那么一个商业环境下，显得挺未来的，像刀锋一样，很锋利的感觉，有力量。

后来我从耶鲁毕业的时候，我的系主任说过，你们今天从耶鲁毕业，肯定都不会想去像贝聿铭事务所这类著名的商业的事务所工作。系主任就鼓励大家走自己的路，不要先去别人那儿挣钱。不过我的有些同学因为上耶鲁贷了款，当时就想先挣点钱，把钱还了，以后再实现自己的理想。但当时说去挣两年钱再自己干的这些人，后来都没有自己干。按那条路走下去，挺可惜的。

像我们学校学建筑的一共也没几个学生，毕业后有去商业事务所的，有转行的，即使有些能坚持自己干的，也不一定能干出来。比如说当年留在美国的，恰逢那十年经济特别不好，年轻人都出不了头。其实能真正做自己的事的人特别少。建筑其实是一个挺悲观的职业。当时有个说法是，要不然你生下来就很有钱，要不然就是你老婆很有钱，不然的话就不应该做建筑，因为你得考虑生计，不能太理想，不能太任性。这潜台词就是说，只有任性，你才能真正成为一名成功的建筑师。

许知远：你觉得你是什么时候开始任性的？

1　折中主义建筑（eclecticism architecture）是19世纪至20世纪初欧美复古主义建筑风格之一，特点是根据需要模仿和并列各不同历史时期重要建筑的风格，将它们融为一体。

马岩松：我一直在徘徊。当学生的时候是最任性的，我从来不担心老师能把我怎么样。我想我都交着学费，难道我还不能按我自己想做的做？后来等我有了工作，大概前两年的时候，我觉得我现在连学费都不用交了，肯定得随便做，无所谓中不中标。但等梦露大厦中标以后，突然受欢迎了，有人来找我做项目的时候，我稍微有点感觉被绑架了，被笑容绑架了。那个时候我觉得好像我很有用，我被需要。

许知远：被需要了，是不是就觉得应该不辜负他们。

马岩松：有一个短暂的两三年是这么想吧。我后来觉得那段时间的作品就很有问题，更有服务意识，少了点对自己的……

许知远：挖掘，是吧？

马岩松：现在感觉又自由一点了。对这种大项目，政府、开发商投入很多钱，建筑师要有一种整体上能超越所有这些问题的大方向，得想想我们大家的未来是什么。谁要是出来反对说这个又贵了，那个又复杂了，是不是时间花太多了，这些都不重要，我们要想想更大的。

许知远：这种变化大概是什么时候发生的呢？或者在哪些项目上变得很明显了，有这种转变？

马岩松：也就这几年吧。前几年当你觉得被需要，或者说你需要一些机会的时候，你会有点放不下。但这几年我们等于是机会过剩，可以选择了，国外的项目也多了，在国外相对还受尊重一点，然后被惯的，就会觉得在国内也应该是这样的，你的价值就在这儿。

我想创造抽空现实的建筑，
像一个黑洞

许知远：你没想留在伦敦或者纽约？如果走那条路的话，是不是会跟现在完全不一样？

马岩松：我好像是找着麻烦去的。我觉得如果在西方，那里好像有更多的东西要教给我，我不喜欢那种好多人都觉得比我有经验、比我懂得多的环境。回到中国，我能看不惯很多东西，想试图去改变。我挺喜欢这样的，觉得这样的环境好像更适合我，所以我就回来了。当时我完全没有想到会真正有机会去改变，反正我觉得应该在这儿。

后来是运气比较好，赶上了中国发展带来的很多机会。我认识好多年轻的西方建筑师朋友，都很有才华，但差不多十年时间里没有机会，就错过了。如果到现在还没有什么代表性的作品，再往后就越来越难了，现在给年轻人的机会又越来越少。

许知远：所以你有一个特别意外的位置，是很独特的。你自己也很清楚这点吧？

马岩松：这个时间可能是赶得比较巧。但我觉得关键还是得做好长期的比较孤独的准备，可能得比较享受和⋯⋯

许知远：和世界为敌。

马岩松：跟世界不是一回事的这种状态，要享受它，可能还得做好很长时间的准备。这样你就不焦虑了，而且可能会变成越来越自我的人。如果我的机会不是十年前来的，而是现在才来，我可能又不一样了。

　　许知远：那你觉得十多年过去之后，你的挑战能力和建筑语言的变化非常大吗？

　　马岩松：我一开始觉得自己应该是挺依赖本能的那种建筑师。但现在我发现这种自我、这种本能也并不是从石头里蹦出来的，它和我在北京长大，和我小时候接触过的一些传统文化有关系——虽然我其实不太愿意承认。因为我不是那种特别喜欢古典文化，喜欢书画诗词和园林的人。我从来不刻意去关注园林，但它跟这个城市息息相关，你在这儿成长，它会潜移默化地影响你。后来我接触到了钱学森的山水城市论[1]。

　　许知远：你觉得这种说法虚吗，还是它有很实在的根？

　　马岩松：它一点都不虚。我小时候确实觉得北京哪儿都能玩，胡同里，地下室，屋顶上，树上，都能玩……我还从高处掉下来，摔成脑震荡过。摔成脑震荡后还上蹿下跳的呢。都说三天不打上房揭瓦，就是人一定要上到高处才代表着自由。小孩能上屋顶，天空就代表着自由，他在追求的是这个。我们那会儿下雪后去爬景山，台阶都是斜的，没法走，就用屁股滑下来。还去护城河里滑冰，跳下去一冰窟窿，就掉水里了，各种这样的记忆。

　　这城市对小孩来说，就是一个大游乐园，而对那些街坊老百姓，对文人墨客，肯定又是不同的感受。是这种种不同的感受，让这个城市很有意思，也就让我觉得建筑不只是样式、形状、风格这些东西，它还是自由，是情感。

1　山水城市由钱学森于 1990 年首先提出，是在中国传统的山水自然观、天人合一哲学观基础上提出的未来城市构想。

许知远：咱们这代人好像对城市是一个挺混合的记忆。比如你说起的童年北京，是关于园林、游乐场、屋顶的一些记忆；还有一种北京记忆则是对大院生活的记忆，人都住在一个个建筑的"方盒子"里；另外一种就是胡同生活的记忆，胡同这种形式延续了很多年，但又突然断裂。整个城市的变化都很快，那么多新的丑陋建筑被建造起来，围绕在我们周围，导致我们的记忆变得特别混杂。

马岩松：我始终觉得四合院、胡同还是最自由的。我不是大院长大的，在我眼里大院都是一个一个围起来，自己有自己的世界，但胡同它是四通八达的。我以前先是住在王府井，后来是大甜水井胡同，离天安门广场很近。但如果你进了胡同，就完全不觉得自己在首都的中心。你只会觉得到处是缝隙，有很多自己的空间，做任何事都有可能，就这种感觉。

有一次我带一个比我小的小孩跑出去，那时我也才几岁，我俩在长安街边一看，感觉像一条黄河，根本不可能走得过去。对于孩子来说，世界的尺度完全不一样，特别大，都是大建筑、大马路。后来我们就回来了。但在胡同里这种尺度又不一样。北京就是有两种尺度，有很官方的那种，也有很民间的，可能这种反差会让你觉得一直处在边缘，但如果在一个很安全的、没人管的空间里，你又觉得自己仿佛可以改变很多事。我当时回北京就是这个想法。我在美国的时候，就对中国好多新的城市建筑看不顺眼，我觉得肯定有机会可以做点啥。但当时其实也没啥可做，只是觉得反正先在这儿扎下根，我肯定能做，我肯定能活着。

许知远：长安街和它后面的小胡同，其实这好像也是你对自己的生活体验、职业、建筑本身的某种隐喻。看你的建筑都巨大无比，都像巨大的长安街一样，但用一条小道又可以走上去，人可以躲在那条小道里面。好像这是你思维方式的一个明显的特征？

马岩松：有可能。我喜欢建筑是关于个人的。我去做建筑的时候是从"我"这个角度出发，我想别人来做的时候也是从他个人的角度。我不喜欢做出一个广场，然后就非说这是关于"人"的，"人"往往是指一个很抽象的概念，就好像"人群""人民"，有很多人在这儿。我觉得得有个体的感受才行。

你看景山，那么大一座山，占那么大的地儿。你爬上去，它却并不属于一个公共大广场，它就那么一个小尖，小空间，完全是属于个人的。从银锭桥看西山，那么一座小桥，看那个意境，也就是一个人在那儿所能感觉到的。我挺相信这个的。所以有时候做大建筑吧，它的尺度在那儿，但可能还是想找到个人的感觉。尺度有时候没办法。有些传统建筑矮，它再丑，树一长就能挡住。但今天这个城市建筑，树挡不住，一下子就露出来了。

许知远：那你现在做了啥？你看到自己的建筑会是什么感觉呢？

马岩松：现在有一些项目了，最近这几个还挺大的。小一点的是在胡同里，我做的那些泡泡，其实是那个"北京2050"计划[1]里的。当时没人来找我，我就想未来在胡同里做一些这种泡泡，这里面可能是卫生间，或是社区基本设施。我们所畅想的未来，不是让大家都能像有钱人一样住进一个一个的大别墅，而是每个社区都有自己的进化。所以，"胡同泡泡"先是在北兵马司胡同实现了一个，现在又在前门实现了第二个，慢慢这么来吧。我觉得2050年的事现

---

1 2006年，马岩松团队在威尼斯建筑双年展上提出关于未来北京的畅想——"北京2050"，其中的"胡同泡泡"提案，提出旧城改造不一定需要推倒重建，而是通过加入犹如超越时空的"泡泡"，像磁铁一样更新社区生活条件、激活邻里关系。

在就能实现，还挺乐观的。我这个"北京 2050"计划里，还有一个计划是把天安门广场变成森林公园。

许知远：你现在这个阶段最想把什么情感带到你的设计之中？

马岩松：我现在特别着迷远古的未来感——一种未知的、抽象的东西，你也不知道它是从哪儿来的，好像和远古的自然地貌或者某种神秘的文化有关系。把它放在现实里，周边是现实场景，但是你创造的这个建筑是没有现实的，没有你熟悉的东西在里面。这就像在营造一个黑洞。

许知远：为什么这个东西这么吸引你？

马岩松：因为我觉得现实太简单了。你到任何城市都会觉得很熟悉，很多元素都会让你感受到中国的现实。太现实了，人的生活肯定不能这么直白。比如去衢州做体育公园的时候，一路上路过的飞机场、火车站、公路、CBD，到哪儿都一样，整个中国是一种现实。每个人都在那儿奔命，每个人都是这种状态。

许知远：挺像我们小时候在胡同和街上跑着，突然发现一个防空洞，小孩就钻进防空洞里面玩了。

马岩松：你在那里面，思想状态都不一样了。我就想，如果大家来到这个公园，不但能放松下来，看看绿色自然，还能觉得这个公园怎么有点超现实，有点想象力。大家能想想这些东西，我就会特别高兴。我看到这么多在疲于奔命的人，就觉得太需要有这种改变了，要把现实全给抽空。至少在我能做的这块领域里，我就抽空一下。

建筑师所相信的未来，
就是他的价值

许知远：你觉得建筑师跟艺术家、知识分子的关系是什么？

马岩松：建筑师，首先他是一个行动派吧，他不能只说不练。我不是说艺术家和知识分子只会说，但艺术家可以个人化，甚至可以放大一个社会问题但不解决；知识分子也是，可以批判，对社会问题很敏感。但建筑师谈问题的时候，必须要有一个更好的方案吧，至少是自己觉得还可以的方案，然后试图把方案实现出来。不过我发现，很多艺术家都想去做建筑试试，他们总觉得建筑很牛。

许知远：我觉得是对时间尺度、空间尺度的渴望。每个创作者都希望留下一些印记在世界上，而建筑这个印记是如此之显性，至少可以留下一两百年。某种意义上，建筑也是一个让所有创作者嫉妒的行业。当然如果作品不成功，那也很烦人。

马岩松：不成功的作品，还很难毁掉。艺术家不满意自己的作品，还可以把画烧了，把拷贝扔了。我记得一个建筑师说，他老在同一个城市里建房子，每每建完之后觉得不满意，就老想绕着走，最后这个城市里他哪条路都走不了了。

我其实很怀疑这些建筑能不能存在那么久，现在很多的建筑几十年就已经不行了。我当然希望它时间长，我特别希望造出像路易斯·康[1]那样的建筑，他就是带给你跨越时间的这么一种东西，是所有人内心里最需要的。他的建筑，百年以后还有人来看。

1　路易斯·康，20世纪最著名的建筑师之一，出生于爱沙尼亚，后随家人迁往美国。他最为人所知的是将现代主义与古代遗迹的厚重与尊严相结合的手法，代表作品是纽约的罗斯福四大自由公园。

我也想知道多年以后别人对我的作品会有什么评价，想看看大家是否还在乎这个建筑，会不会特别去看它一趟，进去转一转什么的。但可能我也等不了那么久，所以能在当下把我关于它的所有思考记录下来，也就可以了。不过我去哈尔滨大剧院¹看剧的时候，有人认出我来，说"你就是这儿的设计师马岩松吧"。还有人会因为那个建筑而喜欢上了戏剧。

许知远：这是最感动的，这比什么奖励都强。它朴素又真实，那种温暖。他们怎么跟你描述他们的喜欢呢？

马岩松：就是太美了。一个字顶所有字。

许知远：那建筑这种时间的矛盾对你来说，是给你更多的养分激发，还是对你的耗损更强？

马岩松：我相信建筑是在解决问题，无论这个问题是具体的，还是观念的。建筑需要有这些问题，但它不能长久地依赖于这些问题，不然可能会太纠缠于眼下的东西了。我觉得建筑师绝对不能放弃对未来的想象和描述，然后再把他所相信的这个未来，推到现实里去。

昨天我还看了一篇文章说，建筑学快失去它的价值了，因为它的技术快被这个替代、被那个替代，各个专业被划分得更零碎了。建筑师到底能干什么呢？其实我觉得最核心的是一个方向——建筑师所相信的未来，就是他的价值。

许知远：你觉得你设计里最核心的不一样在哪里？

马岩松：就是我写意，我的语言不定，我的建筑里有树，有与

1　2010年，马岩松团队赢得"哈尔滨文化岛"设计国际竞赛并于2015年建成哈尔滨大剧院。

自然的对话。还有一点就是没结构，不追求材料。因为我不想表现建筑是怎么盖起来的这件事，好多人对这个着迷，什么结构，什么材料。我觉得这些东西一多，就特别容易让人崇拜建筑，因为它看起来有力量感。如果把这些全剥离之后，那建筑还剩下什么——这一点我特别看重。

许知远：对话这件事情，好像是你所有东西中很核心的一个元素？这是怎么来的？

马岩松：可能对话就是我对建筑的理解吧，在不同的地方如何来看待自己。我来到这个地方之后，和我眼下的心态与所在的环境、与这儿的人之间，能发生什么关系。有时候我可能变得急躁，也许是因为我所在的环境很膨胀，有时我又匍匐下去，也是因为环境发生了变化。环境对人的影响很真实，我是受不了到任何一个地方心态都一样的，我觉得那是最自大的一种思考方式。

许知远：你觉得你的反结构、材料不重要、写意的建筑，跟人是什么关系，你希望它里面是什么样的人？

马岩松：我希望那建筑好像是一个戏剧舞台，它越抽象越好，然后在那儿能激发好多戏剧，能发生各种戏剧性的关系。因为很多人在看到物质材料时，就会专注于物质本身，物质代表了现实生活，他们就可能被卷进现实的思考里去了。但到了一个抽象的舞台上，到了美术馆，到了教堂，哪怕是一个刚才还忙于柴米油盐的人，在进入这种特殊的氛围之后他就会不一样，他会重新思考很多事，可能会把很多情感深处的东西调动起来，或者被激发起对未来的想象——这些东西是我想要的。我觉得我的建筑如果能有人在里面，他能感觉到这些。

许知远：这好像是你挺一贯的主题，逃逸，逃开现实，帮助别人逃开，也帮助自己逃开，这是为什么呢？

马岩松：我不知道，总是想保持一个距离，总觉得自己属于未来。我记得小时候，看多了《科幻画报》之类的，我有一次跟邻居的小孩开玩笑，我说我是从火星来的。

许知远：那有时候会怕自己跟日常生活脱节吗？

马岩松：我生活挺日常的，老在外面，到处跑。

许知远：你要去一个陌生的城市，你觉得在哪里最能感受到它？我去一个陌生的城市，特别喜欢第一个晚上去夜市坐坐，大排挡看着就很舒服。

马岩松：亲切，乱乱的，去东南亚全是这种大排档，而北京觉得那是脏乱差。我小时候的东华门夜市就特别好。我觉得像北京这样的城市，总说要保护古城风貌，但保护的却是"风貌"，而不是"人"。风貌不过就是个破屋顶、灰砖那些，雕梁画栋的，建一堆假古董，就像中国的一个"中国城"，没有真正的生活了。以前那些院子、胡同、四合院，是有真正的邻里生活。现在保护的如果只是风貌而不是这些人的生活，那就等于只是保护了一个场景，一个主题公园，生活却越来越少。

许知远：现在感觉人在消失，新的方式在消失。是风貌，是数据，是统计数字，都是抽象的，人没了。数字革命、信息革命，对你的理念有直接的冲击吗？

马岩松：我反而觉得这是物理空间的一个机会。虚拟空间存在后，人们更需要人和人交流的社区、公共空间。现在城市里其实也有公共空间，就是商场，但是人和人不交流。大家就是去逛一圈，感受城市生活。城市和建筑很多时候在决策层面就要考虑应该是怎么样的，这时候大家都可以参与。需要这样的讨论，建筑师就得把这个讨论挑起来。

许知远：好像当下中国愿意挑起这种讨论的人很少。大家都愿意假装超然，害怕卷入到争议之中。

马岩松：中国建筑师面临的最大问题是不知道自己代表谁。他困惑于此，因为他的一半时间要面对甲方，还有一点时间要通过媒体面对大众，然后还有业界，业界还分中国和外国，得关心外国的评论家说什么，中国的学界在谈什么，挺分裂的。在这堆事中间，自己是谁这件事很容易就被淹没了。大家都不想被争议，想成为一个标准的好学生，不敢表达个人的观点。

许知远：你回来以后把这种观念讲给学生时，他们能感觉到吗？

马岩松：能。但是这种感觉很短暂，因为大环境不是这样的。你说的时候他们马上能理解、反应，改变自己的想法和行动。但是一学期以后就回到原来的状态了。我觉得中国的年轻学生挺有才华的，就总是受外界影响，和现实脱离不开。这是一个不断被驯化的过程。

许知远：如果设想一下，三十岁的时候那个机会没有到来，你现在还在规划未来，没有任何自我实践的机会，你觉得你会变成什么样？

马岩松：那我就出漫画书吧，画了好多呢。

1987 年　出生于浙江温州

2007 年　考入中国音乐学院指挥系

2010 年　组建彩虹合唱团

2016 年　《张士超你昨天晚上到底把我家钥匙放在哪里了》《春节自救指南》成为年度
　　　　　"神曲"

2017 年　被澎湃新闻评为年度澎湃人物

扫码观看视频

金承志

如果没有合唱团，
我们可能都在扮演自己不喜欢的角色

Chapter 13

　　在江苏路抽烟时，我们谈起了瓯江旁的白马。一旁菜市场残留的鲜肉与蔬菜味不时飘来。

　　五年前，我去温州采访。一场金融危机正席卷这个城市，资金链断裂的工厂与破产的地下钱庄，是这个城市最重要的故事。之前三十年，它是中国经济奇迹的缩影——温州人不仅将自己制造的轻工品填满了中国的大街小巷，还在欧洲各主要城市建立了无处不在的温州影响力。温州是精明、高度实用性的代名词。

　　令人诧异的是，我却在这城市感到一种浪漫。温兆伦、陈慧珊、黄日华这些过气香港明星的海报四处可见。工厂主看着这些港剧成长，此刻，终于能把少年时的偶像变成自己生意的代言人。在流经温州市区的瓯江旁，我意外地看到有人牵着白马经过，你花上十块钱，就可以饮下一杯新鲜的马奶。在人来人往、霓虹灯闪烁的江边，一个男人挤马奶的场景充满迷幻。

　　金承志后来说，这个白马的片段，拉近了我们的关系。穿街走巷的白马以及马颈上的铃铛声，是他的童年记忆之一。这个三十岁的青年人是中文世界最广为人知的作曲家之一，征服听众的是他的一种奇特能力——他能将自己在上海音乐学院受到的古典音乐训练与网络上的戏谑语言结合在一起，再借助他的合唱团创造性地表演出来。《张士超你昨天晚上到底把我家钥匙放在哪里了》《春节自救指南》，仅仅是这些"神曲"的名字，就引人遐想。

　　他是个令人赞叹的谈话者，细节的丰富与词语之精确，还有适时插入的调侃，都恰到好处。那个童年的、杂乱的温州经验，如何塑造了他，他在北京时的挫败感，以及他对上海的亲密感，都一一呈现。你也知道，他总是有所保留。在法租界散步时，在音乐学院旁的小酒馆里吃炸鸡排时，我感觉到他的谨慎，他要紧紧守住那个更私密的自我，一些时候他还会做出某种攻击，来确认这种防守位置。

我特别乐天，
对任何一种文化冲击都欣然接受

许知远：说说你读过哪些启蒙书？

金承志：我记得我小时候的第一个画面，是我妈妈在嚼鸡骨头，第二个画面就是我小姨在教我背《三字经》。《三字经》是我背的第一本书。小学的时候家教一直未曾断绝，我妈觉得有家教是件好事。他们没有给我补学堂里面的知识，都是说一些歪七乱八的、考试考不到的东西。我有一位老师，学计算机出身的，但他先给我读了《孟子》，然后在我生日那天，他送了我一本《说岳全传》——那其实是很评书化的一本小说，但对一个小孩子而言，其实是挺好玩的。当时看得热血沸腾，看完泪流满面。

许知远：当时几岁？

金承志：小学二年级。然后自己怀着兴致把《三国演义》看完了，看完《三国演义》开始看《水浒传》，看《三国志》，然后就瞎看。我印象最深的其实是《聊斋》，我到现在还很喜欢《聊斋》。

许知远：因为狐狸精吗？

金承志：我还小的时候，一个阳光和煦的下午，我看到一个挑着东西在卖的姑娘，戴着斗笠，在河边。我看到她在看一本《聊斋》，是《红玉》还是哪一篇我给忘了。在那种江南的小桥流水边，有一个挑担子的姑娘在看一本书——我就盯着她看了很久。这些画面都挺有意思的。

实际上，这些就是我的音乐启蒙教育，我在画面的背后获得了音乐。包括来自电视的画面、游戏的画面。比如说那时候我看各种国外的电视节目，不管是电视剧、广告、动画片、纪录片甚至是综艺节目也好，虽然听不懂它们在说什么，但它们的配乐都很用心。

许知远：你说过小时候在温州的记忆，一方面是卫星电视，是无比复杂的一个全球网络；一方面是家乡的河被填平了，又有录像厅，各种人的日常生活。这是一个特别分裂的世界。你现在回忆起来那种分裂感是什么样的？

金承志：我记得很清楚，我对我奶奶的第一个记忆是她把我抱在手上，望着天上的繁星，跟我说哪颗是牛郎，哪颗是织女，星辰是什么，银河是什么样的。我家人给我的第一波知识都是特别美好的东西。我再长大，读小学以后，搬到工业区去居住。那个天是红色的天，但是我也没有觉得有什么，这很酷啊，红天好酷。因为小孩子也不懂，虽然我也很喜欢蓝天白云。好玩的是，我妈喜欢种桃花，我家不管搬到哪儿，门口或院子里都会种一棵桃树。春天到了，我爸跟我伯父在花树下饮酒，喝白酒，有一天，花瓣飘到我爸的酒碗里面，我爸一饮而尽。可能每个人对于美的体察不一样，我觉得那一瞬间是非常美的。

到工业区以后，变成了各式各样的游戏厅、录像厅、马戏团，奇怪的传单，斗殴的街头，杂乱无章、充满烟酒味的桌球台。温州那个时候有很多外来务工人员，会有各自的帮派，比如江西帮、广西帮、河北帮、河南帮，还会有斗殴。我们厂子里有一个员工出去巡视，惹了当地一个帮派，一群人冲到我们厂里面乱砍乱打。那时候我在四楼，拔了一把生锈的剑说，"你们不许进来，就打到这儿了"。我当时小学三年级，觉得要是他们进来我先以命相搏，如果搏不过，我就自刎。这种场景一直在我童年贯穿，有的时候特别美好，有的时候又特别荒诞。

然后就是各种各样的文化冲击。我是一个特别乐天的人，对任何一种文化冲击都是欣然接受的。第一次真正看到西方文明是在北欧。小学三年级，我在北欧待了十五天左右，去了挪威、瑞典、芬兰、丹麦，主要在挪威。那是一个巡演，我一个人去，父母都没有陪同，那个时候我真的觉得自己胆子超大。那时我对过马路都没有概念，不知道看红灯绿灯，直接闯，经常造成交通堵塞——那是温州人的传统，在我们温州是无所谓的。到了那边，我发现车竟然会让人。我当时很傻，看见车停下来等我，想起我妈教过我得让车先过。我就对那车说，你先过。车里面的人就说你先过。后来僵持得车主实在受不了了，下车把我抱起来，到马路边放下来，回去继续开车。

对于在工业区长大的我来说，在挪威看到的是那样一个画面——大家在路上竟然可以跟不认识的人打招呼，早上起来会跟你说你好，我就很懵。我去了以后是跟一群青年交响乐团的人住在一起，全是挪威当地人，而我是小学三年级的英文水平，就只会说你好、再见——但是很酷，他们被我教会了温州话，一群人跟我说温州话。

我走的时候号啕大哭，回到家就跟我妈闹别扭，也不知道为什么。我说我要回挪威。我妈问"为什么要回挪威，难道这里不是你的家吗？挪威哪里好"，我说我也说不上来，就是亲切。我觉得人跟人就应当是这样，但工业区里不是这样。

许知远：那演出是怎么回事，三年级去演出？

金承志：是一个世界音乐节，我去弹钢琴。弹钢琴时的现场也是非常让我震惊的。因为当时在温州这样一个地方——哪怕在全中国——观众的音乐会礼仪是很差的。你在上面弹完，他在下面不抽烟就已经很不错了，还有吃瓜子的。当时人们对音乐会的概念跟看电影差不多，从小我在演奏会上就没有碰见过竟然有人鼓掌。而老外的鼓掌是齐的。你结束一首，他让你返场，掌声都是齐的。

我当时进了后台以后，我就问那个领我上去的人，他们干吗一直鼓掌。他说，他们让你再上去。好，我就跑回舞台，又鞠了一躬。然后他们继续鼓掌，那个掌声如雷，非常整齐。我就又上去了。上去了四五趟，台下丝毫没有停止的意思。

许知远：怎么就开始学钢琴的，家里有这个教育？

金承志：我们家没有人学音乐。我爸是一个商人，跟我妈是青梅竹马，很早就结婚了。我三岁的时候，我妈说要不学钢琴吧，我爷爷说男孩子家家学什么音乐——然后第二天我们家就有了一台钢琴。当然这是比较夸张的说法，我也不知道原始动力是怎么来的，大概在九十年代初，有一个学琴潮。

我非常偷懒，特别讨厌练琴，我妈一出门我就睡觉或者玩。一放假，我的小伙伴就骑车到我家楼下，叫路路，路路——我的小名——去河边玩。我们每天下午的任务就是去河边，干什么不要紧。丢石头能丢一下午，看船能看一下午，打架能打一下午。后来练琴了，我就被我妈关在家里了，特别惨。我爸我妈出去了以后，没事干怎么办？我就跟钢琴玩。比如在电视里听到一段音乐，我也不会记谱，我就用钢琴记下来；车的喇叭声用钢琴记下来，鸟叫声用钢琴记下来。这变成一件好事情，但缺点就是你对乐谱非常不敏感。我到现在也是，讨厌看乐谱，喜欢听一遍记住，然后用钢琴弹出来。

这个转化能力我以为别人都会。我十四五岁的时候，比如同学哼一首流行歌，他哼一遍，我就会弹了，然后帮他配伴奏配和声。他们觉得特别奇怪，为什么你听一遍就会，我说我以为大家都会，原来这个是我的特殊能力。

许知远：从你上小学到中学，其实是温州膨胀最快的时期。那个时代变化非常快，变得更富有、更迅速、更忙碌。你有什么样的记忆？

金承志：最早的记忆就是我之前说的小桥流水，和风旭日。到大一点了以后，我发现又开始变化了，初中就是一个非常大的变化。2000 年是一个坎，2000 年之后的温州已经完成了第一次改造，很多东西已经完全不是原来那个样子的了。

温州人的教育理念本来比较传统，就觉得一定要读书，万般皆下品唯有读书高，但这种想法到了我初中以后就消失了，就变成"你考不上大学，你以后怎么做生意"。当时我们很多老师在教育你的时候都会用很好玩的例子，比如我们数学老师这么说：假设金承志他高中没有考上，他改行去卖杨梅，他连账都算不清楚，所以卖杨梅也需要数学。2014 年之前，我在温州没有看到过茶馆，就小时候有，那十几年是真空的，人们没时间去。

我初中的时候，天天出去跟别人打架。青春期的少年都是这样，打架、抽烟、干坏事。初中三年都是我自己回家，我妈从来没有出现过，突然有一天我要出去打架，冲到校门口那一瞬间，她出现在我面前："金承志你干吗？"我看到我妈，立刻就变成了一个正常人。我妈说今天路过学校，想看看我在不在，没想到发现我拿了一根铁棍站在校门口。我觉得是冥冥当中有一种缘分，安排我妈来到这里，劝阻我。那边十几个人，我要是跨过那条马路，可想而知，我的结果就是被人揍，或者有更差的结果。

那天以后，我觉得可能是上天希望我收手，就再也没有打架，就特别听我妈的话，就在家里面打游戏，组建了自己的游戏战队。整个团队近五十个人，我是队长。我觉得我跟团队一起相处的经验，可能是从那个时候开始的。我们最好的成绩打到过全国第八，我们一群高中生跟职业选手比赛。组团打到高二，我退出了，我觉得要考大学了。我妈问我，你想考什么大学？我说清华吧。我妈说，你这次模拟考多少分？我说两百。我妈说那你可能还缺五百分，然后说，你要不考音乐学院吧。我说我考作曲系行不行，因为我隐隐约约觉得自己会作曲。我妈不了解我，她不知道我会作曲，问我干吗去呢，要不试试指挥系。我就莫名其妙去读了指挥，从那个时候开始才去补了古典音乐知识。所以我并不是一个从小开始接受传统古典音乐教育、一步一步当上指挥的人。

许知远：第一次接触互联网是怎么时候？

金承志：2000 年。一开始是 QQ 还叫 OICQ 的时候，全世界的人在一起瞎聊。再后来我开始泡一个动漫论坛，结交了很多年龄比我大的人。那时我十六，他们大多是二十五六，就在一起聊。所以我很感谢从初中开始我就交到了一群在各个方面都比我成熟的朋友，他们给我灌输了好多优质的想法，这又让我有了精神的一个落脚点。

许知远：是什么时候发现自己对音乐充满了兴趣？

金承志：大三、大四的时候，很晚。但我真正觉得自己离不开音乐是在复旦大学那段时期。

在复旦大学合唱团，我才发现我跟团员们特别契合。虽然大家都来自不同的专业，但他们会为了音乐去辩论——音乐学院的学生为了音乐去辩论其实都不多的，而这种对音乐迸发出来的巨大热情，反而发生在一群不以音乐为专业的人之中。人家会为了跟你辩论，很认真地背很多理论知识，你还发现你有一半听不懂。这个时候就特别好玩，感觉接触到了另外一群爱乐者。这一群爱乐者，可能是我觉得更好玩的爱乐者。

如果你想做一个指挥，
你先要穿得像一个指挥

许知远：说说上大学。在北京是吧，一开始？

金承志：我十八岁，一个人在北京生活。在北京待了三年。有风沙，皮肤好干。傍晚六七点钟，是北京最堵的时候，我看着四环的灯火，那个黄黄的灯，感觉这个城市好像可以把年轻人吞噬掉。城中的这些人在干吗？他们要去干吗？我又在干吗？一个十七八岁的人，一定会问出这样的问题：我与这个世界是什么关系？这是你第一次发现世界并不关心你的那个瞬间。而且我觉得这个话题，在北京尤为深刻。

许知远：所以在北京的经验实际上是疏离和无根的那种感觉？

金承志：部分是。北京让我认识了很多东西，因为它跟我原先的文化不同，是一种碰撞。它用多种方式教会我去认识这个世界，在这之前，我可能只有一套认识世界的方式。人与人交流的方式，人与人吃饭的方式，表达自己的方式，听别人表达的方式。这些在我读大学之前都不会。

我一直说北京是一座伟大的城市，很多人都可以在里面追求自己所要的价值。很多人把在北京闯荡描述成一种很戏剧化的形象——"我以肉身去撞击这个城市"，感觉好像北京怎么你了。我说这不都是你自己选的吗？你愿意来你愿意走，你愿意跟它亲近你愿意跟它疏离，何必要有这么多的挫败感呢？

许知远：我有。

金承志：对，我觉得你会有挫败感，因为你有使命感，我没有使命感，我就不会有挫败感。

许知远：在音乐方面，你在北京受了什么影响？

金承志：北京给的机会更多。在北京可以看到很多好的演出，有很多和大师交流的机会，有很多爱乐者，这个你在温州是根本不可能碰到的。甚至跟上海比，北京都会比上海有更多的机会。

许知远：那为什么在那儿待了一年就来上海了？

金承志：因为我不喜欢跟别人发生关系。如同我之前说的，它们都是很伟大的城市，可能我更喜欢一个不管我的城市。上海是一个对你无所谓的城市，它甚至有点冷漠，只要你别打扰我就行。我的要求也是，我做我的，你别打扰我就行。在上海我最开心的事情是遇到了一群志同道合的同学，大家从来不会管你，你上课上得坏，大家说挺好挺好，不错不错，恭喜恭喜。

我那个时候跟温州那群战队的哥们儿住，他们全都在上海读书。半夜两点他们还在打游戏，我被吵得睡不着。两点钟他们睡了，我就开始看书。我看到四点，然后睡觉，睡到早上八点起来去上课。那段时间除了睡觉就是读谱子，我学得特别开心。那种感觉特别酷，大家在一起不聊别的，我们打招呼的方式不是你吃了吗，要不要去吃碗面，是直接问你有没有勃拉姆斯《第四交响曲》的谱子。这种氛围开始改变我，我开始慢慢找到学习的方法。

包括着装也是，我们指挥系同学都这么穿。你说我平时穿成这个样子（指身上的西装），还有变态的比我穿得严谨十倍，连丝巾都要塞好，他上个街买酱油都要这样。这其实是上海的一个传统，包括我们以前老上音的音乐老师，他在自行选择离世前，还会把本月的煤气费跟工资放在桌子上。我还是相信那句话，如果你想做一个指挥，你一定要穿得像一个指挥。如果你对自己的工作都不尊重的话，你很难去尊重你的团员跟你的聆听者。

许知远：那你在这样的学习过程中，你对其他事情的兴趣，比如对阅读的兴趣也在同时扩张吗？它们怎么相互影响呢？

金承志：扩张。比如我看的书都是偏东亚文学的，这些一定会对我的审美趣味造成一个影响。这个审美趣味就直接代表了我所追求的东西。比如《泽雅集》，很多人都问我为什么写这个。我觉得情绪只是一瞬的，音乐应该是在一个场景，一种情绪中，用一个方式去表达。不能在一个音乐里表达太多情绪，因为音乐是致静的——我认为音乐是静态的，美的东西是静态的，而它得符合古典美。这跟整个东亚文学的审美是有关系的。包括我写词时候也是这么选择的，比如像《泽雅集》这样比较自我的作品，它会更偏向田园的、古典美。

许知远：在上海读书的时候就明确了自己将来一定要从事音乐相关的工作吗？

金承志：没有。觉得可能会干跟音乐相关的东西，但不一定要写作，不一定要指挥，直到我真正爱上合唱。我学的是合唱指挥，我以前一直很厌恶合唱指挥，因为我总觉得它是个偶然的选择。我觉得好像乐队指挥更酷一点，西方的大指挥都是乐队指挥，每个人都是穿着燕尾服上指挥台，相比之下合唱指挥好像低人一等。

后来我发现不应该这么去判断，而要看到底喜不喜欢所从事的行业。实际上越了解这个行业，就会发现，指挥类似于足球队教练的角色，他根本不是大家眼中高高在上的艺术家。作为一个艺术家，大家可能觉得他只需要在台上发光，但实际上一个指挥要做很多很多无聊的事情：给团员做心理建设，关心他们的体能，甚至是一些最细微的东西。比如拿到了一部作品，你要知道这个时期的乐派是什么样的，其次是要注意团员的咬字、发音、语言，有很多无聊的事情。这些无聊的事情都跟艺术无关，是非常工匠化的活儿。我大四的时候开始有越来越多的工作经验，发现原来指挥是个擦屁股的活儿。当你发现这个活儿是这个样子以后，你才开始真正喜欢上它。

在我比较落魄的那段时间，我还想象过这样一个事，假如说我是一个皮鞋厂的老板，每个月啥也不干，光坐那儿就能挣十万块钱，但代价就是绝对不能碰音乐，我能不能接受。哪怕说挺高兴的时刻，想哼个歌也不行。那么我能不能接受？我认真地想了，发现我接受不了。我发现我好像喜欢上音乐了，渐渐地上了贼船。当我发现的时候，我已经有了非常清晰的判断，就是——我离开它活不下去。

许知远：那你所谓的落魄是什么样子的？

金承志：其实是心理上的落魄，那段时间是 2011 年到 2012 年吧，我正式毕业是 2012 年。那个时候，我开始发现世界跟我想象中的不一样，它与我的生活经验之间有着非常大的冲突。十六岁的时候，非常天真，以求知为目的地活着，而那个时候我正好二十五六岁，开始以混得好不好为标准了。后来我们团正好去了台湾演出，当地人对我们特别好，有个观众是果商，还非要给我们送水果。虽然都是小事情，但当时觉得特别感动。演出完，我就直接回了老家泽雅山，在山上待了近两个月，什么事都不干。每天早晨五六点，就听桥头卖肉的吆喝，买完肉就等午饭。然后我爸去钓鱼，我妈去养花，我没事干，溪边坐坐，林子里看看，山上待待。

前三天，特别无聊，每天想找雪碧喝，找烟抽，寻求 Wi-Fi 之心尤其热切。但过了三天之后，这些事就显得没有那么强的趣味了。山上每到夜里，满天星斗，看着山下灯火一点点灭掉时，感觉自己跟现代文明完全脱轨，而小时候背过的古诗又回来了。我感觉这才是生活应该有的样子，我一直远离温州太久了。我十八岁就离开了故土，一旦回来，接了地气之后，养分吸收得特别快。从山里出来以后，就有了巨大的变化。合唱团也慢慢上了正轨。

许知远：2012 年毕业时，公认的你们最好的选择是什么呢？

金承志：出国留学，以后回来留校任教；或者是念研究生，毕业了留校任教。但是这种几率微乎其微。而且像指挥，如你所知，现在舞台上活跃的都是五六十岁的，还有七八十岁的，甚至有八九十岁的。假设现在有一个"承志交响乐团"，艺术总监是许老师，许老师今年四十多，离他离任还有四十年；金承志今年三十，他眼睁睁地从三十等到七十，结果比许老师先去世了。

许知远：这是常见的例子吗？

金承志：不是常见的例子，但有可能是这样子。其实是因为这个行业迭代很慢，岗位又特别少，所以指挥的竞争是非常激烈的。我上次问一个我们声歌系的朋友，他在维也纳教歌剧，我问他：你们同学现在在干吗？他说：志哥，都干交警去了，指挥交通呢。

许知远：创办彩虹合唱团是无心之举吗？

金承志：无心之举。一群指挥系的人想找地方唱歌就唱了，结果一唱唱了那么久。第一个阶段是指挥系阶段，成员都是指挥，坏处是大家都觉得自己说话都能够算话。大家想法很多，排练效率极其低下，而且没有一个总监制，很乱。

第二个阶段是引入校内其他系的学生，我发现我们变得丰富了。但这个阶段还不是我满意的，因为那个时候还是一个十二三人的团队，但凡有四个人请假，整个声部就没了，没法排了。所以我说一定要有足够的基数，缺了谁这个团都不会断，否则谁都觉得自己很重要，我就不来排练，你都得来求我。

第三阶段是开始乱招，只要你喜欢音乐，我就要。那段时间非常困惑、痛苦，因为你招了一群"目不识丁"的人。指挥系的人到了大四、大五，大家都有自己的工作或者更高的追求，不会留在这儿唱歌。我比较傻，就继续教一群很不懂音乐的人。很好玩的是他们学得特别快，因为他们本身有爱好，有追求。然后就到现在了。

我作曲的时候就是非常无用的人

许知远：写出的第一首满意的曲子是哪首？

金承志：《净光山晨景》。一开始写不出来。有一天有个作曲的老师，是我非常好的哥们儿，把我带到他家去玩，玩了一会儿我说我作品还写不出来呢。他说你要不试着把作品画出来，就是用波形去代表你的起承转合什么的。我才想到用文学的方式去对待音乐，用写字的经验去代替它。当时他家有一间和室，推开门里面就一张桌子，下面是榻榻米。然后我进去坐着。一种很奇妙的感觉。丰臣秀吉有一间黄金茶室，也就这么大，就那种感觉：虽然这个东西很小，但里面是有世界的。《净光山晨景》表达的也是这个东西——小山藏世界。净光山才三十九米高，就是一个小山坡，都不能算山，但是从唐朝开始，那里就有伟大的僧人，伟大的建筑，伟大的宝塔。我想，就是那一下佛光普照，将整个世界点燃的那种日出。在那个小房间里，突然间——有点玄啊，仿佛得道般写出了《净光山晨景》。

我把这个作品给我朋友看，他说"不要看这是你大二写的，有很多瑕疵的一个作品，但可能你之后十年都没有办法超越"。他说得也没有错，我现在都觉得我没有一个作品能超越它——可能技法上会比这个成熟很多，但是在意义上，很难突破这个作品想要表达的，它是不懂音乐的人也能感受到的，对吧？我觉得很奇妙。

许知远：说说你的写作吧，写作和作曲之间的关系是什么？

金承志：对我来说写作是解压，作曲是工作。写词的时候，我特别开心。我写词很快，写曲巨慢。我写东西时脑海里是有画面的。一个画面，一个动机，一个情绪，在我脑海里是一个全方面感官的东西，是部电影。有电影就有声音，有情绪，有文字，这些东西是可以变到纸上的。没有画面我不会写。

许知远：这个模式是什么时候出现的？

金承志：我觉得是因为小时候的学习经历。我小时候一周一定要看一部电影。一开始是去录像店租录像带看，然后去租 VCD，后来就变成 DVD。到了高中，我就强行要求自己每周看一部觉得还不错的电影，然后写一篇短影评，写在自己的周记本上，或者写在脑海里。我不会往外发，就是跟自己解释一下这部电影在干吗。

许知远：你在温州的少年时代，感觉哪部电影跟你特别契合？

金承志：《低俗小说》。就是乱来，什么都有。

许知远：对你来说，无用和效率之间的关系是什么？我觉得这两个东西你身上都有。

金承志：是，我作曲的时候就是非常无用的人。我在咖啡厅可以坐一个下午，什么事都不干。很多人觉得作曲就是各种弹钢琴，然后陶醉，喝酒。其实不是。比如《泽雅集》里的《小溪》是怎么写出来的呢，我在咖啡厅坐了一下午，想不出任何东西，但是也挺好的。然后我就过马路，在家附近的巷门口，突然听到后面有自行车铃铛声，丁零——丁零——丁零。

我闪身让开，看到一个妈妈骑着车，她的女儿在后座。这本来是很平常的场景，十二三岁的小姑娘坐在后面，双脚就这么荡着，非常开心地荡着。世界突然之间被软化了，变美好，两旁都是桃花树，一瞬间桃花满天，溪流涓涓，世界全部变成春天。然后才有那句"十二三的小姑娘坐在门槛上"——她坐的自行车后座变成了门槛，她那个天真无邪的样子变成了她在等待她爸打渔回家给她做面条吃。

那一瞬间非常美好，脑海里面就是爽，爽死了，回去就写完了。这是特别无用的时光吧，但是没有前面那四个小时发呆，也迎不来那一个邻家小妹这么可爱地、天真无邪地从你面前经过。

许知远：你觉得《张士超》这首曲子里面最让你得意的部分是什么呢？

金承志：卡祖笛吧。我是这么想的，当一个人绝望到一定程度的时候，他不想说歌词了，音乐响起的是他脑海里的万马奔腾，他崩溃了，所以我觉得这里不应该有歌词。它可以不是卡祖笛，甚至可以是铜管齐奏，只不过我们是个合唱团，那我们就用卡祖笛。他炸了，他疯了，他想死，就是"啊——"这种效果，但是叫出来就没意思了。

我一直在对外强调，《春节自救指南》《张士超》都是非常严肃的作品，可能很多人不理解。《张士超》是个荒诞故事，非常荒诞，就是我用全身上下所有力气讲一件毫不相关的事情。对我而言，《春节自救指南》像我人生的一个记录，它里面的歌词其实写得非常直白。"我童年爬过树"，我想起的是什么画面呢？一个人因为爬树得了一张奖状，上面写的是全班爬树比赛第四十三名，他非常认真地敬了一个少先队队礼。我想起的是这个画面。他觉得这个事情在他的人生道路上特别重要，特别厉害，但是在外人看来这是什么东西啊。

　　然后说"冻伤国定路"，我就想起那个特别痛苦的夜晚。画面是张士超把电话摁了，我跪在地上号啕大哭，就是这个画面。再比如朝阳公园的广场舞，这个人连扇子都准备好了，他的广场舞衣服都准备好了，结果老板从背后拍了拍他的肩膀说，"我们要开会了"。这指的是那首《感觉身体被掏空》，其实它唱的是我自己的一些事情。可能别人觉得你神经病啊去跳广场舞，但你觉得这是人生中最有意义的事情。庸俗地说，这首歌是为了表达一种自我意识的觉醒。

　　许知远：你最珍视的是什么？除了家以外，还有什么呢？

　　金承志：家庭、合唱团，就这两个吧。一方面是故土、父母给我的爱，还有家庭；还有一方面是一群素不相识的人，自由地结合到一起。有人批评这两个，我会生气。我完全不介意别人骂我，但他要是骂合唱团，我就特别不开心。我不喜欢别人去点评我的合唱团。

　　我们的团员设想过，如果合唱团的人没有相聚的话，我们会在干吗。他们给我设想的画面是：我是皮鞋厂老板——他们老是这样。我下班以后坐在酒吧里听别人弹民谣，卖唱的人就是我们团的某一个女高音。还有一个男生就是："哎，先生，飞翔路的房子感兴趣吗？"还有一个人在指挥交通。每个人都在自己的生活里扮演一个他们非常不喜欢的角色。他们可能现在还在扮演那个角色，但由于我们合唱团的出现，他们的生活更有意义了。设想完了就觉得太惨了，还好我们在一起。

　　许知远：背后有权力意志的延伸吗？

　　金承志：没有，我不喜欢控制别人。

许知远：或者说是另一种方式的控制，彼此间强烈的需要。我这么说太阴暗了，不好意思。

金承志：没有没有。我也在仔细思考这个问题。太无聊了吧，如果有这个方面的话，我还不如真的去当交警，那种权力意志体现得更纯粹。

许知远：你觉得创作一首所谓的"神曲"，对你来说非常容易吗？

金承志：我觉得没有一部作品是容易的，难点不一样。"神曲"是可遇不可求的，它有一定的模式，但不一定是全可参照的。这就跟美国电影一样，商业片一定有一个模式，但是我所有模式的作用对象都是我的音乐或者观众。就像你说的，互联网有很多不确定性，你怎么能够保证《十三邀》这个节目就一定能火？你怎么能够保证这个音乐就一定能火呢？有的时候现场观众听了都潸然泪下，拿到互联网上不一定有这样的反应。音乐厅的作品放到互联网其实是有衰减的，所以我不敢打包票，没有人能做到。

1989 年　出生于贵州凯里

2008 年　大学期间拍摄个人首部短片《南方》

2015 年　执导个人首部电影作品《路边野餐》，获金马奖最佳新导演奖

2016 年　获得 GQ 年度人物盛典年度新锐导演奖

2018 年　执导电影《地球最后的夜晚》

扫码观看视频

毕赣

我不想把年轻人想得那么肤浅，
我们是被诋毁得最深的一代人

Chapter 14

我怀念与毕赣和他的小姑爹一起宵夜的场景。或许是酒精的作用，二人都有些情绪激动，表达对彼此的关切与担心。这也是中国人常有的情感方式，我们羞于表达关怀，若有外来者在场，反而令一切畅快。

在《金刚经》与《路边野餐》中，小姑爹的业余演出如此迷人，些许尴尬与迷惘，却有着动人的自由与情感，真实又如梦境。

生于 1989 年的毕赣，有着同龄人中罕见的镇定与自信。他对自我经验的信任，与我形成鲜明的对比——我总想逃离自己的生活，逃入阅读、他乡、别人的生活。

凯里封闭、潮湿，不管是酸汤鱼的热气腾腾，还是毕赣外婆家的坡上平台，都让我仿若进入另一个时空。如果放在一个更长的电影谱系里，他会是什么地位？是昙花一现，还是留下独特的印记？

除去一种不可解释的天分，毕赣或许也恰好代表了一种新的社会情绪，整个时代正在进入一种更为梦境化的情绪，外部越来越坚固时，你只能进入内心，梦是一种自由。他的地域经验、个人感受与此重合。

我常想起凯里，想起一边给客人理发，一边与我聊天的毕赣妈妈，想起小姑爹通过电影，重新找到自我身份的欢愉，它们皆让我温暖。

总说我在隐喻什么，
但这确实就是我的生活

许知远：凯里的主要经济支柱有哪些？

毕赣：应该没有哪种主体性的经济。政府设想的经济支柱大概是旅游吧，每年来旅游的人挺多。

许知远：因为苗侗风情？

毕赣：对。

许知远：你觉得这儿的苗族或者侗族文化对你有影响吗？

毕赣：有本质上的影响——对文化的接受度。我从小就不会觉得只有一种文化。上学时在班里我是苗族人，但在家里，生活和汉族没什么两样。在我们身边，苗，侗，布依，各种民族的人都有，所以我们对文化从来不会有什么局限感。在电影上，我会觉得什么样的电影都是好电影，所以拍电影的时候挺自在的，不会觉得非得怎么做。

许知远：挺自由的。

毕赣：对。凯里是一个历史不长的城市，据我了解，是从其他地方迁过来的。

许知远：等于是民众自己造出来的城，四周没有真正意义上的老东西。

毕赣：在我的记忆里，城乡接合部的那些东西就算老的了。但我们现在走的这条路没变过，从小到大都走这条路，走了无数遍。

许老师来过贵州吗?

　　许知远:没有,第一次。

　　毕赣:跟想象不太一样?以为是个充满幻觉的地方,结果来了发现和其他地方也没什么两样。

　　许知远:但是空间还是不一样,有层次。空间给了凯里特别长的时间延续感。到这儿我就特别理解你对空间的感觉了。

　　毕赣:所以这种空间感其实不是我的创造,而是我生活的地方确实如此。我的逻辑是这样的,拍戏的逻辑也应该是这样的。空间对视觉、对视点的转换,坐在车上,一会儿变成全景,一会儿变成近景。

　　许知远:对,就是这种感觉。好喜欢这个地方,气氛特别对。

　　毕赣:隔三差五我带小孩来,他很喜欢来这边。

　　许知远:有野趣。你知道,当我去了姜文从小长大的地方,看到他们那个大院,就觉得可以理解他电影里所有的感觉了,房顶烟囱,各种意象全都在那里。它是一个非常拥挤的、浓缩的空间,一下子就能理解了。

　　毕赣:所以不是故意为之,电影里面不那样才奇怪。总说我在隐喻什么,来了以后就会发现,这确实不是隐喻。

　　许知远:就是生活。

　　毕赣:对。

　　许知远:你什么时候发现这个空间的特殊性的?

毕赣：我从来没有这种特定意识。一开始拍电影肯定要依靠直觉，然后从成片中发现它和其他电影不一样的地方。比如说，我太太来凯里时，她问我为什么你们这边老是上坡下坡。之前我从来没有意识到这点，她说完我才发现，还真是这样。

许知远：当初想拍这个地方是因为省事吗？

毕赣：肯定有美感上的考量，它肯定不丑；第二确实省事，我想怎么捣鼓，就怎么捣鼓。

许知远：回到这儿之后，你最深的童年记忆是什么？

毕赣：每天就这样待着，跟动物待一块儿。小时候养了很多狗，我的童年记忆是跟狗在一块儿。

许知远：跟动物在一起的童年是什么感觉？

毕赣：很快乐，记忆里面就只有那些动物。

许知远：这两天我们俩交流，我也跟不同的人聊，他们也会讲起一些平时不会跟你讲的话。这种追诉自己过去的方式，跟你电影里的方式相似吗？

毕赣：不太一样。电影更容易隐藏一些，这种方式更直接和尴尬一点。

许知远：你担心对你的亲人暴露你的记忆吗？

毕赣：还好，但是他们看得出来，能意识到那种情愫。普通人都是靠细节说话的，细节对了才是他。但电影里的细节很多时候是经过重重改装的，看不出来了。

许知远：亲情在你的生活或者思考方式里，到底是什么角色？因为我的亲情比较稀薄，我很小就去北京了，极少在一个固定环境下生活很长一段时间，没有那种大家庭的生活经验，又跟父母关系比较疏远。所以我很好奇，在这种比较黏稠的亲情里，人是什么样的，是什么感觉？

毕赣：就想回来待着，哪怕不说话也好。我对这里已经有了惯性，反而对北京会觉得陌生。

许知远：但你进入一种惯性之后，会担心它影响你感受上的丰富性吗？

毕赣：这种习惯本来就是我的生活方式，而且我喜欢这种生活方式。如果它影响了，也没问题，即使有冲突的话，这种生活方式也是优先的。

许知远：这可能就是生活中最迷人的部分。凯里是一个相对封闭的地方，封闭可能帮你孕育出一些东西，独特的、自信的东西。但它也可能带来另一种问题。你真的是很少想这种冲突？

毕赣：没想过。

许知远：去了外面的世界，那些地方对你没有太大的吸引力？

毕赣：感觉去那就是工作，处理完了就回来了。待北京时我也总待在自己家里，很少出去。

许知远：为什么对亲友和熟悉感有这么强的依赖性？

毕赣：不知道，可能有安全感。

许知远：是不是有的时候你的安全感没有这么强，所以需要这些东西?

毕赣:对,要不然感觉还挺不自在的。

许知远:那种不自在源自何处?

毕赣:对陌生的东西都觉得挺不自在的。我是一个很不喜欢旅游的人。你喜欢旅游吗?

许知远:特别喜欢,我特别喜欢陌生的东西,怕熟悉的东西。

毕赣:我们完全相反。我特别不喜欢旅游,去每个国家时,参加影展也好,做宣传也好,我从来不出酒店。除非是有同事在,同事要逛我们就出去逛,我自己坚决不去。

许知远:你不好奇吗?

毕赣:完全不好奇。

许知远:那你的好奇表现在什么地方?

毕赣:我好奇的地方比较少,电影算是比较好奇的一个事情,打游戏也比较好奇。

许知远:它最吸引你的是什么?

毕赣:以前我们很喜欢打篮球,五个人在场上打,每个人的职责不同,角色不同,大家共同赢得一场胜利,那种滋味和感觉我很喜欢。现在打王者荣耀差不多就是那种感觉。

许知远:这种打游戏的方法对你拍电影有直接的用处?

毕赣:我感觉我们这一代的思维都是被游戏训练出来的。像那种主视角射击类的,我的电影里面就有很多这样的镜头,包括长镜头。

许知远：那对你来说，电影的驱动是什么？你肯定要找一个驱动，驱动所有的情节。

毕赣：对，最早通过一些艺术的母题去驱动，可能接下来就会变得更细致一点。

许知远：母题还是相对一致吗？

毕赣：可能还是一样。

我关照不了人类，
我只是一个普通的年轻人

许知远：小时候看什么东西？

毕赣：那个时候 DVD 开始盛行，有很多碟片，像书店、咖啡馆也可以去看。两块钱租一张碟，我会租周星驰的电影带回家看。

许知远：特别喜欢周星驰，是吧？

毕赣：是的。我父母还没有离婚的时候，总带我去电影院看电影，那时候电影院放的都是他的电影。后来他俩情感破裂了。情感好的时候牵着手一起看，情感破裂了两个人一人走一边，中间隔着一个广告牌，我走到广告牌那儿，不知道要往左边还是往右边。后来我就跟我妈看了周星驰的电影。离婚后她离开过凯里，我爸就一个人带我去看，看的还是周星驰。

我们都选择去看周星驰，因为他好笑。生活里面都是痛苦的时候，你看电影肯定要选一个喜剧。

许知远：你觉得你妈妈对你最重要的影响是什么？

毕赣：我感觉她做每件事情、对生活的态度，都是一点一滴积累，一步一个脚印的。因为我们这地方的人很容易好高骛远，做什么事情都想轻松发大财，想一步登天。但是我妈没有，做什么事情就是好好做，也很坚信如果把细节做好，那个东西会让自己丰衣足食。我觉得很伟大。

许知远：关键有股酷劲，身上有力量，我妈也是特有劲。

毕赣：是吧，有生命力，她靠自己，很朴素的英雄。因为各种条件不足，她没有上过学，但是靠自己的个体的能力，经营一家理发店，然后买了房子，买了车，还买了一辆的士。她对生活是很热爱的。

许知远：我觉得她很自由。

毕赣：很自在，没有什么陋习。在凯里，有很多男人女人到了她这个年纪时，比如说儿子已经有自己的工作之后，每天就在麻将馆里面打麻将打牌。我妈从来不，她做事并不是为了赚多少钱，她是觉得那些顾客没有她的话怎么办。

许知远：她对自己有人生的设置，特别好。小时候父母分开的经验，对你有什么影响？

毕赣：我是跟我爸待一块儿的。我记得很清楚，有一天刚陪他去一个二手市场买皮鞋，好像是那种大头皮鞋，然后就去看电影。他把皮鞋穿上了，但是鞋带没穿，还拿在手里。电影看完以后，出来就下大雨了，他把鞋带放我头上，说这个可以挡雨。

我小时候有一个很迷惑的问题，但是我从来不问老师，就是为什么月亮一直在跟着我走。这个问题是长大了以后我才解惑的。我走到哪儿，它就走到哪儿，我每次出门都看它一下，觉得可能真的如我所想，月亮是挺关心我的。

许知远：这是不是代表当时一种特别渴望的感觉？
毕赣：对，渴望被关照。

许知远：这件事情在你日后的成长里有什么影响？
毕赣：后来就不习惯被关照了。

许知远：但是你又需要那种亲情的氛围？
毕赣：因为待在那里舒适一些，自在一些。其实我不太喜欢被人关照，也不喜欢做采访。我很害怕别人尴尬，比如说我们聊天，我很害怕让你没话接，就尽量多说。

许知远：不容易啊。那后来你怎么会选择去山西学电影呢？
毕赣：我当时挑了一个以我的考分能去的最远的地方。

许知远：那时候贾樟柯在山西那个行业圈里是什么样的？
毕赣：我是在 2008 年考学，没记错的话，贾导的《三峡好人》应该是那时候拍的。贾导和之前的导演不太一样，你会发现原来个体做艺术的能量可以发挥到这么大。不只我，是整个这一代人，都可以用个体的方式去做电影，不依靠电影厂或者什么机构。但那时我对电影的了解较少，是学电影以后才慢慢了解到贾樟柯导演的电影的。他对我的影响，就是一个什么都不了解的人是可以做电影的，这个影响已经够大了。

许知远：这好大一个动力。未来如果没有了驱动力的话，你也非常习惯日常，不会产生纠结或者挣扎？

毕赣：很少吧。拍电影这种事情不像写作，作家一定要自己有东西才能写。但是作为导演，不一定非要拍自己心里的东西，也可以拍别人心里的东西，只要手艺被锻炼出来了。

我自己心里的东西，说实话也没多大，都还不到三十岁，我这两部电影已经淋漓尽致了，我想要讲的全部讲完了，我想要抒发的全部抒发完了，痛苦甜蜜全部都在里面。我不知道别人是怎么样的，我是不想写，我连诗都不想写。很多人会觉得很遗憾，但我觉得不写诗是快乐的，写诗是不快乐的，因为你有东西要讲，有东西要分泌。

许知远：什么时候开始写诗的？

毕赣：很早了，十四五岁吧，初中，恋爱的时候。

许知远：一开始是写情诗？

毕赣：对，但我最早应该是写给我妈的。她就一个人，不容易。那个时候不叫诗，现在来看应该算一种祈祷。后来变成一种手段，就开始写给爱人恋人，但是很矫情，一点也不动人，后面才越写越好。

许知远：孩子的出生对你有什么特别的影响？

毕赣：非常特别，他让我有机会成为一个健全的人，跟他一起把童年重新过一遍，这个很重要，所以他出现以后我挺快乐的。

许知远：和儿子一起过一遍童年，跟在电影里过一遍童年，相似吗？

毕赣：有相似的地方，电影里有很童趣的一面。不相似的就是电影里痛苦一点，我孩子的童年一点痛苦都没有。

许知远：痛苦是必要的吗？

毕赣：对普通人来说，最好别要吧。

许知远：那你可以想象自己将来过一个没有痛苦的生活吗？

毕赣：挺好啊。拿着做艺术的手艺拍拍别人的东西，那是接下来最快乐的事情。不要拍自己心里面的，心里最好没有东西。我太太就是这么想的。

许知远：你觉得侯孝贤一直在拍自己心里的东西吗？

毕赣：不一定。侯导已经变成一位大师了，大师会关照其他人，会关照人类。我只是一个普通人，而且只是一个年轻人，我关照不了人类，关照自己都很吃力。

许知远：随着年龄的增长，会渴望去关照人类吗？

毕赣：开始渴望，先关照人，再关照人类。其实这两部电影里面已经开始有了，对人的一些关照。我在拍《地球最后的夜晚》之前不关心，因为我自己有很多问题，我的状况我都解决不了。自己已经没有什么忧虑、郁结了，才会有心情去关心他人。

许知远：之前的郁结是什么？

毕赣：人和人之间的关系吧，在一种枯燥的生活里。

许知远：怎么就突然解脱了？

毕赣：我觉得拍电影是一种很好的解脱，用尽浑身解数拍完这两部，我自己一下子就非常轻松了。

许知远：你说过人的关系，在时间和空间的变化过程中，可能变得越来越黏稠或者稀薄。这样一种对关系的理解，是在拍两部电影的时候发生的，还是更早以前就有？

毕赣：我觉得拍电影是一个让我成熟的很重要的阶段，如果不拍电影的话，我成熟得会比现在慢很多。拍电影时，你要强迫自己去思考很多关系，以及怎么解决那些关系，当无法解决的时候要怎么去表达。但是如果不拍戏的话，我不会想这些，只会随波逐流地在生活里，浑浑噩噩，那样其实也不舒服，很不自在。艺术可以让你像一个旁观者，好像那个人不是你，能产生一种疏离感、回避感。

许知远：一些东西可以回避了，但是另外一些东西会变得更突显，更无法回避，真实的情感就更真实地出现在你眼前。

毕赣：我之前说过一个例子。小时候，我有时住在澡堂旁边的房子里，那里很潮湿，电路都是有问题的，每天晚上醒来听到我父母在吵架，那个电灯都会闪。所以我的电影里总有闪烁的电灯，有闪电，或者类似的那种闪烁的东西。在记忆里面，它应该是很没安全感的一个意象吧。但我觉得把它拍到电影里就会变得很有安全感，把它关在那儿，它就变成电影里面的东西了。

许知远：能关的现在都关了？
毕赣：对，我已经全关好了。

许知远：踏实了。你的创作非常依赖自我经验，但是过度依赖自我经验可能又会滑向沉溺。

毕赣：沉溺也无所谓。因为你的作品首先要解决自己。任何一个艺术工作者都是这样的，一定是自我的诉求为先。为了解决这个自我的诉求，你如果需要沉溺，我觉得没有问题。不必在乎别人怎么评价你的作品。

许知远：那自我的反省体现在什么地方呢？

毕赣：拍出来以后会开始反省，然后你再去写的时候就会不忍心，所以场景里才会有每个人的动人一刻。比如你的朋友就是说谎骗人，可他到底真的那么可恶吗？最后你写着写着，他就变得不可恶了。

语言里设置有太多的障碍，反而电影更真实一些

许知远：你会关心同代人的精神状况吗？对同代人是什么样的感觉？

毕赣：觉得他们其实挺焦虑的，行动力也差。我最替他们担忧的是没办法表达自己的焦虑。

许知远：你觉得他们的焦虑来自何处？

毕赣：可能跟我一样？我也不是很了解。我的那些普通朋友，他们的焦虑都是来自最基本的物质焦虑，精神层面他们从来没有意识到自己该不该焦虑。那我是该提醒他们现在要焦虑一下还是不提醒呢？很多时候我都欲言又止，我觉得我讲得不一定对，我的姿态也不对，我应该和他们一样。

许知远：这个折磨或者困扰你吗？

毕赣：我刻意地让自己别那么好为人师，刻意地要求自己尊重别人的生活，尊重别人的逻辑，尊重他们思考问题的方式。

许知远：或者说，你会想把自己的这种关切放在电影、放在创作里吗？

毕赣：对，因为创作是我的地盘，我的地方。

许知远：你觉得侯孝贤的电影试图去说这个事情吗？

毕赣：我觉得侯导不会，他好像就在旁边等你，拍出你的样子来给你看。侯导其实不是老拍自己、拍自己熟悉的东西。他的创作生涯经过好几个阶段，从《童年往事》，到后来的《悲情城市》，然后到年轻人的焦虑，拍更现代的电影。

许知远：你好奇他这种创作怎么来的吗？

毕赣：不太好奇。见面我也不问，见面就在后台一起抽烟。

许知远：为什么不想问？

毕赣：你很难去问一个创作者，因为他的电影里明明白白全部都有。语言里设置有太多的障碍，有欺骗性、假定性，反而电影更真实一些。

许知远：你好像很早就开始对沟通缺乏信心。

毕赣：因为在我生长的整个环境里面，沟通都是无效的。其实后来在剧组，我也不是一个很会沟通的人。我觉得沟通一定是有条件的。比如说现在，我讲话你能听懂，你讲话我也能听懂，或者我们试图在听懂。

许知远：我们假装在听懂。

毕赣：假装的听懂也可以，也能建立沟通的条件。但是从小到大，在跟家人、朋友沟通时，你能明显意识到，大家讲的都不是一件事情，你讲的事情他们都很难理解，他们讲的事情即便你理解了也很难沟通。在剧组里也一样，每个人有自己的立场，你只能把你的立场告诉他，把最正确的逻辑告诉他，然后照着这个办。没有那么多其他的事情。

许知远：那你是怎么吸收新的信息和感受的呢？

毕赣：我很少从别人的话语里获得什么新的信息。

许知远：你是通过眼睛来获得？

毕赣：对，用自己的阅读。而且阅读的不一定是文学，我看的书绝对不多。我觉得阅读大部分是对人的阅读，生活里面的阅读。

许知远：你对人怎么阅读？

毕赣：就在那儿看着他。不需要他跟我来讲话，就在旁边看着他就好。

我觉得普通人更能理解到深刻的意思是什么。他每天花二十四个小时去生活，因为他没有别的办法。我们是有捷径的，我们逃避生活，可以通过写书、拍电影，但一个普通人呢？一个保安，他在保安厅里面待着。这段时间最让我感动的，就是我看见他在保安厅里面拿手机看电影。

许知远：王家卫打动过你吗？

毕赣：打动过。他的电影对年轻人应该都有帮助。

许知远：王家卫对你来说是什么样的影响？他也处理很多关于记忆的问题。

毕赣：上学的时候，刚看王家卫觉得挺好，但是现在回头看会觉得比记忆中更好。在我的整个电影认知里，他越到后期越好，但当我重看他早期的作品时，就发现他早年拍得也这么好，所以他的好可能是电影本身的好，而不是来自他的主题，是电影的工艺好。

许知远：他的技术非常好。

毕赣：或者叫工艺吧，"技术"这个词可能太冰冷。我看他总会想起安东尼奥尼。我感觉安东尼奥尼是黑白的王家卫，王家卫是彩色的安东尼奥尼。

许知远：那你怎么评价自己的工艺呢？

毕赣：我觉得现在很好，是我要追求的。

许知远：跟谁像呢？

毕赣：其实跟谁都不像。你来了凯里后就会发现跟谁都不像，不来的话会有一些误区。人们看电影时总习惯去找一些源头，因为电影的坐标就那么一些。

许知远：因为电影是一个年轻的艺术。但是你对这个无所谓？

毕赣：我无所谓，别人说我像谁都没关系，这是他的理解。我现在处于一个阶段里面，还在建立自己的一些语言系统。

许知远：你说的这个语言系统中，有没有特别显著的不足？

毕赣：我有跟我同事提到过，有时候对角色神情的捕捉，我能力还不够。大部分导演我看都不够，我说这个也不算狂妄。

许知远：谁特别够呢？

毕赣：王家卫特别够，安东尼奥尼特别够，侯孝贤特别够。电影就是这样，一个人坐在那儿，你会问他为什么伤情了呢。但是你看大部分电影的时候不会问，你都感觉不到他伤心。那个神情是很难捕捉的。大部分时候我精力有限，都没想过这些事情，反复看电影的时候才会开始反省。

许知远：就像你写诗，诗也有它的工艺和技术，电影这种工艺和其他门类的工艺最根本的区别是什么？

毕赣：根本区别就是拍电影你得依靠别人。写诗你是依靠词汇，花时间感悟，但只要在词汇里面穿梭，表达出来就行。难是难在对自我、对词汇的寻找。但是电影你要依靠别人。

许知远：你要穿梭在别人当中。

毕赣：对。比如你要告诉你的主创，这个房子为什么要动，这是一个很难解释的问题。这样的时刻我都很矛盾。大部分时候我都说你们先做出来，做出来我们再一起来感受。电影不同的就是太多人需要你去协调，所以最终电影是一个产品，这是它的流程。

许知远：如果票房特别不好，商业上的不成功对你自己基本上没什么影响？

毕赣：我会挺惭愧，毕竟花了投资人的钱，下次拍电影会考虑是不是应该有个更安全的界线。这个界线我还在摸索当中。

坚定自己说梦话的态度，
是一件挺伟大的事

许知远：你去选景时，是空间感还是其他什么东西打动你？

毕赣：都是一些莫名其妙的细节。比如说丹寨，我来这边就发现全是大雾，就决定在这边拍。之后就有意识地找一些更细致的场景，愿意花更多时间去看待它。

许知远：除了凯里，还有哪些城市的场景对你有触动？

毕赣：城市很少，如果非要拍的话，那就是像大海、沙漠这些很宽泛的场景吧。我可能还是比较浪漫化，年轻人嘛，没有那么多深刻的思考，我不知道城市的历史，也没有感触，以至于对生活中的人可能也不会有那么大的感触。但是我一听到"一个海边的人"，有些感触就产生了，我愿意去了解他。

许知远：现在要进山洞了是吗？进矿？

毕赣：嗯，汞矿。汞是用来炼金的。

许知远：所以当年这里是一个点石成金的地方。

毕赣：后来就用来做监狱，特别的魔幻。整个拍电影的过程，就是穿过这个洞的过程。

许知远：这地方是怎么找到的？

毕赣：我拍戏的时候喜好乱逛，一边乱逛，一边在手机上记一些东西。当地人告诉我有这么一个地方，问我有没有兴趣。我进来一看就被迷住了，感觉是另外一个世界。我的第一反应——这是我的王国，所有感觉都来了。

许知远：这个地方是不是帮你完成了很多的细节，还有剧情的推进？

毕赣：当然，因为这些地方是优先的。在这样一个跨度大、复杂错落的空间里，应该有一些简单质朴的感情，而不是要表达更深刻或哲学的东西。

拍戏的时候我每天都站在这个位置，可以看到后面的工程，很多灯光师站在那边，我很像在一个外星球的军事基地里。

许知远：剧本基本都在凯里写的吧？

毕赣：不一定，在上海北京写得多，因为家庭琐事很多。

许知远：掉到一张黏稠的网里去了。

毕赣：是，每天各种各样的事情，没有空闲写剧本。但是北京冬天舒服，穿个短袖在那里打字，打完了就去看场电影或者找个朋友喝酒，回来继续写。过个十天半个月又回凯里来，处理一下家庭的事，在家里写一段时间。家里的方便就是有很多场景，我是有感触的。

许知远：那你写稿子的时候是怎么想的？

毕赣：就让它顺产。制片催也没用。后来他们会给我讲一个假时间。

许知远：你其实知道是假时间？

毕赣：不能让我知道，我知道是假时间以后就无效了，因为我从生理上就会写不出来。

许知远：你从小就这么镇定吗？

毕赣：以前没有。因为别人有要求才会这样。

许知远：什么时候感觉到的？

毕赣：最近慢慢感受到的，面对的事情更多了。有个特别好玩的事情，我在拍《地球最后的夜晚》，最紧张的时候晚上看世界杯，不睡觉。剧组的工作人员都开始生我气了，他们就去找小姑爹，让小姑爹劝我，说筹备了这两年才拍一部电影，不能让他每天晚上看世界杯，第二天工作状态不好。当时小姑爹回复的是，世界杯四年才一次。

许知远：那你觉得拍电影有过什么样的干扰？

毕赣：我从来不保存我自己的东西，这个习惯后来带来很大的麻烦。团队慢慢建立起来以后，他们重新找我的那些短片，很费劲。我也没有剧本，连电脑里都不存，写完我就丢了，或者在哪个电脑里我都不知道。到现在为止，我都不知道哪一稿是我的最终稿。但现在 iPad 很方便，你可以查日期。

许知远：那样也挺美妙的。

毕赣：我其实挺向往的，反而是现在被打破了以后，有一种身不由己的感觉，你没办法隐藏起来。但这种生活你说你不需要吗？你也需要一个体面的生活，所以是一个悖论。但好在你可以回家，或者悄悄待在公司里面，这种理想的状态稍微能够保持。

许知远：会去拍关于太空的吗？

毕赣：挺想的，下一部本来想拍一部科幻的。

许知远：可以开始在更大尺度里看人。霹雳贝贝[1]是很孤单的，但一个人在太空中也是很孤单的。

毕赣：在太空里面，我肯定是孤单的。但霹雳贝贝在人群当中的孤单，是真正的孤单。

许知远：你觉得你看过的导演里面，还有哪个是特别孤单的？

毕赣：好像普遍都孤单。

许知远：没有更世俗的方式来慰藉这种孤单吗？

毕赣：我觉得一些社会关系就是慰藉，包括婚姻关系、亲子关系，人们不断地通过这些关系去建立更多的情感。

许知远：孤单是你的母题吗？

毕赣：可能它对每一个创作者来说都是第一感觉，时间、记忆、梦，也都是。

许知远：这些时间、记忆、梦，你围绕它短的长的都拍一遍，在这个过程中，你会发现这些东西越来越丰富，越挖掘越多。

毕赣：对。拍《路边野餐》的时候，关于时间，它不是科学意义上的时间，是关于一个普通年轻人怎么看待时间，时间的用途是什么。然后在时间交织的地方，会有什么人，有什么场景。等拍完就觉得感受到了记忆的样子，有点像玻璃的材质。

记忆和梦一拍完，又会觉得我拍的那些时间和记忆特别像轮廓，

1　《霹雳贝贝》是由中国儿童电影制片厂出品，宋崇导演的中国第一部儿童科幻片，该片于 1988 年上映。影片讲述了手上带电的小男孩贝贝摆脱孤独，寻求友爱和理解的故事。

它里面更多的描写到底是什么？感觉要深究的话，可以一直拍下去。

许知远：里面的困惑会越多。

毕赣：困惑和解惑是同时到来的，不断更替。创作者很像猴子捞月，你觉得月亮是在水中的，当你把月亮捞起来的那一刻，你觉得你得到了它，但捞起来之后其实月亮就没有了。所以永远都在失败，只有那一刻得到了，然后你又得再重新伸手下去捞一次。

许知远：那么你觉得对于你的电影来说，得到的那一刻是指你最后一版剪辑完成的一刻，还是其他什么？

毕赣：就是最后剪辑完成，我自己在电影院里检查片子的那一刻，就完了。

许知远：我觉得或许它可以划分成很多细微的捞月一刻。

毕赣：对，最终的那一刻会很动容。你觉得当初创作是那样，但是等放映完了，那一刻就没有了。因为大家开始误读它，每个人的生命经历、理解都不一样，被观看的时候它就变成了商品，会被更多人讨论、喜爱、憎恨，然后它就不再属于你了。

许知远：是不是拍完之后，重返故地对你就没什么吸引力了？

毕赣：挺有吸引力的，挺有感触的。因为好多东西都忘了，故意忘记的，现在又慢慢地想起。然后会很后怕、恐惧。

许知远：这种恐惧是什么呢？

毕赣：恐惧肯定是拍摄难度太大了，选择做这样的事情有冒险的感觉。还有就是更能体会当时工作人员的不容易，拍的时候不会去管这些。

许知远：再回来又是另一种感觉。

毕赣：是，你一会儿出了这个洞，你也会像经历了南柯一梦。因为你刚刚得到的所有东西，都没有了。

许知远：你觉得你最想传达的梦是什么？

毕赣：我最想传达的其实很简单，在真正世界末日的时候——所谓世界末日无非就是你最绝望的时刻，在你即将找到女人的时刻，你了解了她很多东西，但你发现她实际欺骗了你，伤害了你。在这样的镜头下，你能做的不是要挽回什么东西，就是甜蜜一吻，非常简单，一点都不深刻，而且很周星驰。

我觉得自说自话，坚定自己说梦话的感觉、态度，是一件挺伟大的事。然后生活里面你又在做一件很平庸的事情，不把自己当回事。我特别喜欢这种生活，我希望自己是这么生活的。

许知远：那电影呢？是不是像一个经验和记忆的储藏室，也要过一段时间再重新打开？

毕赣：这样的打开方式才对，在它们还崭新的时候，打开的方式不对。但这就是矛盾的地方，电影就是要及时让大家看到，有更合理的票房是整体的诉求。

许知远：你怎么面对这个矛盾？

毕赣：我没法面对，因为拍完我就给制片方了。最理想的还是，我觉得过个十几年吧。人在每经过七八年的一个周期，都一定会有变化，再来看会好很多。但这个太理想主义了，一部电影而已，又不是什么伟大的东西。

我们这代人是提前衰老的，
但其实心理状态还很幼稚

许知远：年轻一代非常喜欢你的电影，它们变成了一个符号。你觉得是什么让他们有这么多的触动？

毕赣：我觉得可能不是电影本身，一个中年人的生活他们真的有那么在乎吗？我不知道。但是当中年人像一个少年一样，在电影里面放荡，我感觉是能触动他们的。因为我们这代人是提前衰老的，信息爆炸，但其实年纪都不大，涉世也未深，心理状态还很幼稚。

许知远：涉世未深，同时提前衰老。

毕赣：没办法，我们这代人就是这样的。我最害怕的是，他们是因为成功学喜欢上这部电影的。

许知远：肯定很多人是。变成一个成功故事的一部分，你觉得烦人吗？

毕赣：烦人，因为创作者是永恒的失败者，没有人是在创作里面成功的。

许知远：但是你这个成功学的模式，激励了很多年轻人要投入这个行业。

毕赣：是的，当时很多人跟我说要辞职去做电影，我第一反应当然是开心。但另外我也担心，因为这个追求是要付出代价的，我害怕他们最后是不是会觉得我骗了他们。

许知远：对于他们来说你是很顺利的，似乎没有付出太大的代

价。一个生于 1989 年的年轻人，可以获得这样的关注，很快又有拍更大制作的机会。

毕赣：对他们来说，我可能是提前衰老了，而不是很顺利。

许知远：未老先衰能克服吗？

毕赣：这是普遍性的特征。

许知远：你觉得应该去反抗吗？

毕赣：我是一个不反抗的人，反抗什么呢，都不知道反抗什么，但是我不顺从。不顺从，不反抗。

许知远：不负责。

毕赣：我只对艺术负责。刚才说到年轻人，作为同一代年轻人，我特别希望他们关心自己，把时间用在自己的身上，慢慢回归到自己。你没有其他途径。

许知远：但是随着慢慢长大，你就会意识到，如果不关心更广阔的东西，你也不能真正关心到自己。

毕赣：也许我能慢慢地意识到这个问题。

许知远：我觉得你已经开始了。关心更普遍的东西，某种意义上，也是在关心自己。

毕赣：我还没辩证过。但是我觉得年轻人应该关心自己。

许知远：因为他们同时也不关心外面，真正的外面。

毕赣：但是我不想把他们想得那么肤浅。因为我自己是他们中的一员，我了解他们面对的焦虑。其实他们也不是那么关心自己，

因为没有人去关心他们——没有人去关心我们。我们也在关心上一
代的人，但因为你们更有伤痕，就显得好像我们没有伤痕就不值得
关心，我们是被诋毁得最深的一代人。这样的年轻人很多，我认识
的很多朋友都是这样的。你怎么看他们？

许知远：我不那么了解他们。

毕赣：所以你也不关心他们。

许知远：我不知道怎么关心。

毕赣：不知道怎么关心，其实就是不关心。

许知远：可能我还在解决我自己的问题吧。说到不关心的时候，
忽然浑身发凉了。

毕赣：心凉。

许知远：对。可能我内心深处还是比较渴望那种非常显性的英
雄主义。

毕赣：跟你那个时代有关系。你有一个很典型的精英知识分子
的理想主义，这是可爱的一面。

许知远：比如我就会关心塞内卡[1]，古罗马的一个哲学家，那
个时候一切都变得非常堕落与糟糕，他很努力地想保持某种东西，
他是怎样做的。这个特别击中我。我好像一直比较害怕日常的生活。
我也不知道这种害怕是从哪儿来的，可能我也没怎么过过那种日常

1　卢修斯·阿奈乌斯·塞内卡，古罗马时代著名的斯多亚学派哲学家、政治家、剧作家。
他主张人们用内心的宁静来克服生活中的痛苦，宣传同情、仁爱。

的生活。

毕赣：是不是它无效的细节太多了？

许知远：对。但是没有日常，人又会变得抽象，疏离。

毕赣：这也是我想问的。你们这代人是不是太抽象了？

许知远：是，普遍有这种问题。我来做这个节目，来到凯里，其实我特别开心，你知道吗，我开心死了。

毕赣：可以日常一点，有支点。

许知远：对，我其实很想了解这一切，逼近这一切。我的经验是靠很多外在的东西、外在的探索来完成的。你生长在这儿，这些经验自然积累在你的心里。我没有这种经历，没有这种记忆。其实我挺羡慕你的，我觉得你怎么那么自足呢，我怎么内心有那么多冲动，烦死我了。

毕赣：我也烦我自己。你烦自己哪些？

许知远：我觉得我太渴望外部经验了，而且觉得它永远都吸引我。但是你对自己的很多东西好像很笃定，而我非常不确定。

毕赣：生活经验不一样，你说你的家庭一直在变迁。对我们来说，变迁的都是城市乡镇，但是家族变得很少。

许知远：有一块是很稳定的。

毕赣：而且我笃定的是那些很纯粹的东西，好像不笃定它，世界上就没有什么值得笃定的了。

许知远：你自己最挣扎的事是什么？

毕赣：是童年的时候，但是那个时候不知道自己在挣扎，你以为世界就是这个样子的，你以为自己是一只动物，动物就应该每天在野外游走。

许知远：还好当时不知道。

毕赣：有点后怕。现在都没有什么挣扎了，就是稍微彷徨一点。可能在拍《路边野餐》之前，也跟年轻人一样有挫败感，没有生活的资源，得靠父母。只不过后来电影给了我太多，这一点我蛮幸运的，我有条件去解决自己的一些困惑。

许知远：你觉得你在凯里的这些朋友，跟在北京的相似吗？

毕赣：不一样。因为北京更圈子化，那些人都有很多共性。凯里跟这些都没关系，就是谁告诉我他生小孩了，谁告诉我他婚姻产生问题了，谁告诉我他又买了一套二手房准备去置业。我听了都会很开心，为他们有不同的人生感到开心。

许知远：跟贾樟柯电影里的上一代年轻人相比，你觉得他们相似吗？

毕赣：贾导电影里的年轻人反抗意识比较强一点，对生活的反抗会更极端。在凯里，我的朋友们不做极端的事情，没有什么极端的事情。我们凯里的年轻人不知道自己是虚无的，但是北京的年轻人慢慢意识到自己的虚无。凯里的年轻人觉得自己很充实，他们把最大的理想都放在爱情上面，放在婚姻上面，他们的虚无是对婚姻关系的虚无，而不是对人生的虚无。

许知远：再过十年二十年，到四十多岁的时候会反戈一击？

毕赣：那个时候他们已经变成酒鬼了。

许知远：也解脱了。

毕赣：解脱了。在准备反省的时候，我觉得大多数人都已经放弃了。

许知远：你怎么评价自己的生命力？

毕赣：拍电影其实挺消耗时间、消耗生命的，三年一部三年一部，一下子好多年过去了。我的记忆其实还停留在2012年拍《金刚经》的时候。因为从2012年到2018年这五六年的时间，都是在拍戏的过程里，我没有自己的记忆，所以我没有感受到我有生命力。

许知远：这种记忆替代会困扰你吗？

毕赣：不会困扰，但它是一个事实。这几年的时间里，我周边的朋友们变化非常大。从学校到结婚生子、离婚变故、做生意失败，他们经历了人生很重要的阶段，但是我整个阶段都是在电影里面。

许知远：就是打一个大型游戏去了。

毕赣：或者说是在监狱里面。拍摄的地方很多时候也是在废弃的监狱里，所以拍完电影刚回到家是很不适应的。以前我看新闻说，坐牢的人出来，回家一看DVD不会用，我就觉得挺心痛的。自己拍完电影回来，当然会用这些工具，但是跟家人的沟通是有空白的。他们变化很多，小孩一下长很大，有时你会下意识去想，是不是再回监狱会比较好。

许知远：很多人不都是吗，迫不及待地回到自己的监狱里。

毕赣：拍电影的人有那种感觉。因为电影的世界太完整了，太实在了，有视觉，有听觉。现实反而是被掏空的，缺失的。

许知远：但是你未来很多年可能注定要过这样的生活，现实和虚幻变得更模糊了。

毕赣：非常模糊。我现在最困惑的问题就是电影和生活之间的问题，其他的我都不焦虑不困惑。每次回到家，朋友的变化实在太大了。拍电影之前他跟我说他准备结婚，拍完电影你发现他已经离婚了。

许知远：你说的这个，我有一个小小的共鸣。比如说做媒体，我发现我最深的交流都是跟陌生人发生的，一次性的，在短短的时间内就消耗完了。

毕赣：我觉得采访的本质就是暴力，迅速的，破坏性的。

许知远：对，很暴力性的。但其实慢慢能体会到，暴力中也有快感。

毕赣：对，只能从暴力里面寻找一些快感，找到一些共识。

许知远：但是电影也一样，拍几个月也是很暴力的，强迫你进入一个莫名其妙的生活。人渴望暴力，渴望被破坏。

毕赣：我挺羡慕体育运动员。自己没有这样的身体条件，有的话我特别想从事这样的工作，包括电竞。不用想这些那些的，只要把手艺练好，然后在球场里面展现出来就好了。那是我非常向往的一种生活方式。

许知远：你拿了金马奖以后，回到这个地方，这里的文化部门是什么样的反应？

毕赣：文化部门肯定会较为迟缓一些。当地其实不知道我们在拍电影，他们是通过媒体才知道的，这对他们来说很遥远。这其实是我原来最理想的一种生活方式，就是你的作品在特别远的地方，没有人知道你的另外一个面目，回到当地你就是一个很平凡的凯里人，跟他们一样。

许知远：其实到凯里来之后，时间感确实发生了很多变化。

毕赣：你会更理解电影里的那种节奏。

许知远：觉得在这儿挺容易思念一个姑娘的，挺容易去想一个人，没想好想谁。

毕赣：特别伤感，有想念的条件和土壤，但你没有想念的对象。我看那些片子，拍那些上火车的人，上完了镜头一转出来，这些人在吃饭，特别感人。之前不知道为什么感人，因为从小生活就是这样的。

许知远：尤其菜还是糟辣椒炒的，就更感人了。

毕赣：香。是不是糟辣椒炒的？我应该提醒一下外婆。

如果没有毕赣，
我现在很可能正在坐牢

陈永忠
毕赣的小姑爹，参演《路边野餐》《地球最后的夜晚》

许知远：跟汤唯搭戏是什么感觉？
小姑爹：说实话还是感觉挺不真实的。

许知远：你紧张吗？
小姑爹：和她演戏肯定还是有点紧张。但真正演了以后好像也不是特紧张。在演那场戏的时候，毕赣拿着两瓶二锅头一下把我灌晕了，那时候就放松了。

张姐张艾嘉，我也算看她的戏长大的，年轻的时候在录像厅里看，那时候她真的是女神。我听毕赣说，张姐要和我演戏，我心里特别紧张，但是我从来没有跟毕赣说过。

许知远：接触之后，对女神什么感觉？
小姑爹：演戏的前辈，人特别好。好多大明星，搞高姿态，张姐就一点没有。我和她虽然没有对手戏，但是我听剧组的好多人都在说，我自己能感受到。

许知远：你觉得他们几个凯里话说得怎么样？
小姑爹：只有黄觉说得好。因为觉哥是广西人，会说西南官话，和我们本地话比较接近。还没有开机的时候，毕赣就把他先叫过来，扔在毕赣外婆家，让他早一点融入凯里的语言氛围里。毕赣也会叫我带着觉哥、李鸿其穿着电影里的戏服，到凯里那些老街、有特色的地方去转转。

许知远：是不是你二十年前的生活会比较迷茫，拍电影的时候摆脱了日常的生活，跟他们在一起特别有自由感？

小姑爹：是，那时候拍戏，我不跟组。有戏的时候毕赣就打电话给我，"小姑爹，有你的戏快过来"，我骑一个摩托车就过去了，特别随意。

许知远：你对着镜头会发怵吧？

小姑爹：发怵。

许知远：那怎么办，怎么克服这个心理障碍？

小姑爹：我们不是专业的，毕赣在挖掘潜能方面，比较有他自己的办法，他不会和我们说专业的术语，就直来直去。打个比方，他跟我说你和朋友聊天，那些表情平时怎么做的，在镜头前就怎么做，不要看镜头，不要太刻意地记住这是在表演，不要太刻意注意自己。几次以后，我觉得自己好像越来越自然了。那时候人也少，也没有预算。拍《金刚经》的时候才四五个人。其实想起来，那个时候最开心、最快乐，没有什么多余的想法，我们爬山、钻山洞，不像后来剧组大了，各个组都要去协调，非常耗时。

毕赣：拍《金刚经》的时候，我们不是在山里面拍嘛，晚上九十点钟，拍完了收工回去，面包车坏了。大家一起推着面包车，推了好久，推到一个老乡家，就这么随遇而安地去他家，煮了一顿鱼，吃完把车修好，回家。

许知远：演了好几部之后再回身看当时的表演，是什么感觉？

小姑爹：现在看以前的表演，还是比较羞涩吧。

毕赣：粗糙。

小姑爹：对，粗糙。

毕赣：粗粝的美感。

许知远：你担心自己将来会变得越来越熟练吗？身上最纯真的东西会慢慢被挤掉？

小姑爹：这个也不太会吧。人已经到这个年纪了，不会像年轻人一样那么浮躁。

许知远：你演的角色有没有很难体会的，或者相对比较容易理解的？

小姑爹：《地球最后的夜晚》里的这个角色，我觉得没有太难理解的地方。和我的经历有一些重合，就像是本色出演。

许知远：你在演的时候，是不是以前的记忆泛出很多？

小姑爹：这部我没有台词，在《路边野餐》里还有一些台词，念出来时，我脑海里就浮现了以前的那些场景，特别感动。我看《路边野餐》的时候都看哭了，别看毕赣小小年纪，台词看着简单，但是包含的东西挺多。他没有经历过，怎么能够写出这些东西。

许知远：他要是没拍电影，在这儿混江湖混得出来吗？

小姑爹：还不知道。

毕赣：这个我不知道，估计有点难。

许知远：对毕赣小时候是什么印象？

小姑爹：比较沉默，不爱说话。我觉得拍电影以后，他把以前的那些空白全部都填满了。

许知远：突然发现他跟以前不一样了？

小姑爹：也不是说不一样。他以前和我往来稍稍多一点，我们在家里做什么，他在旁边也不爱多说话。后面和他走得特别近，是因为一起拍片。

毕赣：2010 年吧，拍了一个习作，算作业。

小姑爹：是第一次。当时他说小姑爹我想拍一部电影，来给我客串一下。我说你要拍的时候叫我就行了。那时候我就随便答应了一下，真没想到他没过多久就把小伙伴都叫到了凯里，把机器摆好，就叫我了。我吓住了，我说你是真来呀？我一点准备都没有。

许知远：那时候你在做什么工作？

小姑爹：没工作，在家里闲着。

许知远：那生活靠什么？

毕赣：我感觉那个时候，小姑爹应该属于家族里的边缘人物，最近两年拍电影以后，得到了尊重。你自己感觉呢？

小姑爹：那时候在凯里名声也不是太好，反正能生活得下去，也只能这么说。

许知远：像毕赣这么大的时候，你最想做什么呢？

小姑爹：那时候的梦想是走捷径赚快钱。

许知远：这是好多年轻人的梦想。

毕赣：现在的年轻人也是这样。

小姑爹：人都想好，没有谁不想变好，谁不想读大学，谁不想好好找一个工作，都想。但为了生活没办法。

许知远：所以人生也是很平衡的。你之前的那些经历，突然在这个时候以另一种方式表达出来了。

小姑爹：那天在凯里有媒体问这个，我说就当现在是人生的第二春吧。第一春已经过了，人生最好的那个青春时代已经过了。

许知远：你觉得什么时候是最好的时候？

小姑爹：我觉得人生最好的时候，应该是十六七岁到二十八岁这一段。但最好的阶段我都没有好好享受。

许知远：你觉得他享受了吗？

小姑爹：他也没有好好享受。以前他在家里也不太快乐，我觉得他拍戏之后，想法能表达出来，别人也认可，才快乐起来。

许知远：你现在想做职业演员吗？

小姑爹：想。

许知远：什么时候开始这么觉得的呢？

小姑爹：拍《路边野餐》以后吧。那时候女儿刚考上大学，她跟我说，爸，你能不能答应我一件事。我问什么事？

毕赣：让你找份工作。

小姑爹：对。那时候，她从来不好意思说她爸是干什么的，人家要问，她最多只说妈妈在哪里上班。她说要不干脆你现在去找一份工作，不管挣多少，随便做什么，哪怕卖苦力，家里都不会看不起你，都会支持你。你不要再像以前那样了。她是第一次说这个事，我觉得她长大了。我说行吧，雪儿，爸答应你。

我们这种人不好找工作，哪怕去做个保安，都要你到派出所开个无犯罪记录证明，特别麻烦。那怎么办？最后也是通过朋友的朋友才找到了。

那时候，刚刚拍完《路边野餐》的长镜，剧组都已经回去了，就剩后面补拍的那一部分。我那会儿已经在上班，保安的工作要三班倒。上白班的时候不能拍，上完夜班要回去休息，第二天和毕赣他们补拍。那时人的状态特别不好，特别疲惫。拍的过程中我就想，如果能做个职业演员也挺好的，因为自己喜欢电影，没有想过会大红大紫，就是玩嘛！

特别感谢毕赣。如果没有他的话，我也不知道现在在干啥呢。也许好一点在上班，也许在坐牢，估计坐牢的机会要大一点。

毕赣：现在也是坐牢，拍戏也在监狱里。

小姑爹：我是实话实说。

许知远：将来如果走上职业演员的路，除了他的片子你还想试什么样的角色？

小姑爹：拍完《路边野餐》以后，毕赣问我想演什么片子，我说我想演那种拿枪打子弹不用换弹夹的。那时候我们看的都是港台那些片。

许知远：你特喜欢谁，狄龙？周润发？

小姑爹：不喜欢。

毕赣：万梓良。

许知远：为什么呢？

小姑爹：特别喜欢他演的那个大哥大。

许知远：你觉得他演得最像，是吗？

小姑爹：他演那个片子的时候，我还在坐牢。我们车间最大的官是教导员，相当于团级干部。他特别喜欢我，在里面和我认兄弟，但也打过我。那时候我们监狱好像各方面比其他监狱要开放，每星期都会放一场电影，星期六的时候放三场录像。那天晚上刚好有这场，他就叫我去聊天。我说我要看录像去了，不和你吹牛了。他说明天我单独给你把那个录像带拿来，你一个人看。第二天他真的把录像带拿来了，在一个小房间里泡了一壶茶，让人把我叫来，我就和他坐在地上看。那部片子让我特别喜欢万梓良。

许知远：你喜欢过去的凯里还是现在的凯里？

小姑爹：各有各的喜欢吧。现在的凯里虽然现代化一点，人却没有以前纯真了。不过现在的凯里比以前好太多，可以说好几十倍。

许知远：是呀，你就是象征，你现在都去演电影了。

小姑爹：也不是，凯里以前治安挺乱的，一眼不舒服就要打。在舞厅里，那些漂亮女孩，你拿个打火机一个一个照过去，你喜欢谁就跟谁跳舞。处在那个环境下，好像你也不太觉得怎么样。但是从那个圈子里退出来以后，慢慢觉得有点可怕。

许知远：这也得长大一点才能慢慢意识到。你是什么时候意识到的？

小姑爹：四十多吧。好像人家二十多、三十多岁就有那种想法，我这么大的年龄还混什么，回家抱孩子去吧。

许知远：看到你的变化，你闺女是不是特别开心？

小姑爹：以前我女儿从来不跟我说话的。以前我那些朋友在家里坐着，我女儿放学回家，他们拿钱给她，她从来不要。女儿好像知道我干啥，从来不跟我打电话，不跟我说话。和毕赣拍了电影以后，现在差不多每天晚上都要打电话、视频。

毕赣：最大的意义是得到了女儿的认同。

许知远：那你心不都化了？

小姑爹：我这一辈子最骄傲的事就是有这个女儿。她特别争气。

毕赣：做一个朴素的英雄，得到了他最想得到的人的认可，这就足够了。

许知远：现在算是你这么多年最开心的时光了？

小姑爹：算。和毕赣拍电影这几年特别开心。我家里亲戚、朋友都势利眼，现在都对我另眼相看了。

毕赣：家庭聚会都要拉上他一起合影，我看到的时候蛮开心的。能感觉到他拍戏以后的快乐。电影使我们快乐，这是非常重要的一点。

"变成一个成功故事的一部分，你觉得烦人吗？"

"烦人，因为创作者是永恒的失败者，没有人是在创作里面成功的。"